湖南人文科技学院教材建设资金资助
湖南省教育科学“十一五”规划 2006 年度立项课题成果
湖南省高校优秀教材

定向运动教程

主　编　刘玉江　戴江洪

西南交通大学出版社
· 成都 ·

图书在版编目（CIP）数据

定向运动教程 / 刘玉江，戴江洪主编. —成都：西南交通大学出版社，2023.3
ISBN 978-7-5643-9196-6

Ⅰ. ①定… Ⅱ. ①刘… ②戴… Ⅲ. ①定向运动 – 高等学校 – 教材 Ⅳ. ①G826

中国国家版本馆 CIP 数据核字（2023）第 037734 号

Dingxiang Yundong Jiaocheng
定向运动教程
主编 刘玉江　戴江洪

责任编辑	郭发仔
封面设计	墨创文化
出版发行	西南交通大学出版社 （四川省成都市金牛区二环路北一段 111 号 西南交通大学创新大厦 21 楼）
发行部电话	028-87600564　028-87600533
邮政编码	610031
网址	http://www.xnjdcbs.com
印刷	四川森林印务有限责任公司
成品尺寸	185 mm × 260 mm
印张	15.75
字数	389 千
版次	2023 年 3 月第 1 版
印次	2023 年 3 月第 1 次
书号	ISBN 978-7-5643-9196-6
定价	45.00 元

前 言

定向运动是一项非常健康的智能型体育项目，是智慧与体能并重的运动。它不仅能强健体魄，而且能培养人独立思考、独立解决问题的能力，以及在受到压力的情况下迅速做出反应、果断抉择的能力。

本教材是作者基于在湖南人文科技学院从事定向运动二十几年教学和训练的实践经验编写的，系统地介绍了定向运动的基本知识、定向运动的教学开展过程，详细归纳和总结了定向运动训练与竞赛的方法和经验，遵循技能形成规律，注重理论与实践的有效结合，是专门针对高校定向运动课程编写的教材。

本教材紧密结合实践教学，注重科学训练，既适合学校的定向运动课程教学，又适合定向运动队的日常训练，还可以作为广大定向运动教练员、运动员和定向运动爱好者的参考书。

本教材的内容分为三大部分，第一部分和第二部分由刘玉江负责编写，第三部分由戴江洪负责编写。另外，本教材采用了湖南人文科技学院其他教练和老师提供的大量教学、训练和比赛地图，以及图片影像，在此表示衷心的感谢。

由于湖南人文科技学院定向运动教学与训练的条件有限，编写时间匆促，教材中难免会有一些我们没有考虑到的情况和不足之处。我们衷心希望广大读者提出宝贵的意见，以便我们继续改进，共同促进定向运动体育项目的发展。

编 者

2022 年 9 月

目 录

第一部分 定向运动基本知识

第二部分 定向运动教学

第三部分 定向运动训练与竞赛

第一部分 定向运动基本知识

第一章 定向运动概述

本章导读： 掌握定向运动的概念，了解定向的特点、功能、比赛方法及国内外定向运动发展概况，提高学生对定向运动的兴趣，促进学生积极参与。

关键词： 定向运动；徒步定向；IOF；PWT；OAC；SOCN

Orienteering（定向）源自瑞典语 Orientering 一词，其原义是：借助地图和指北针，穿越未知地带。定向通常被人们看作军人、野外勘测者、徒步旅行者、登山者、探险者必须具备的一种重要的生存能力。随着越来越多的人参与以回归自然为主题的户外运动，定向又成了一种必须掌握的生存技能。

国际定向运动联合会（International Orienteering Federation，IOF）（以下简称国际定联）2004 年将定向运动（Orienteering）定义为一项参赛者借助地图和指北针，在尽可能短的时间内到达若干个被分别标记在地图上和实地中检查点的运动。定向运动的参赛者可以是个人，也可以是由两个人以上组成的队。

按照运动模式，国际定联将定向运动项目划分为徒步定向、滑雪定向、山地自行车定向和轮椅定向。其中，徒步定向（Foot Orienteering）也被称为定向越野。

第一节 定向运动的特点与比赛方法

一、定向运动的特点

定向运动的特点是多方面的。就运动的方式而言，定向运动有其自然属性即自然性方面的特点；作为一种社会活动，定向运动有其社会属性即社会性方面的特点。

（一）自然性方面的特点

1. 运动性

定向运动是一项运动，与其他体育运动项目一样，是一种身体活动，是以人体运动的方式为主要特征进行的活动。科学的人体运动形式都具有特定的规律、规则与规范。

2. 智慧性

定向运动是一项体能与智能相结合的运动。就智能而言，首先要有地理学、测绘学、军事地形学等相关知识以及运用这些知识的能力。

3. 环境性

定向运动是在森林、山区、公园、风景名胜区等野外环境中进行的，这是它与在体育场馆中进行的各项运动的一个显著区别。

4. 趣味性

定向运动的环境、活动与比赛的方式、方法，充满刺激和趣味性，可提高人们参与的主动性和积极性。

（二）社会性方面的特点

1. 群众性

定向运动是一项群众性体育项目，男女老幼都能成为这项运动的参加者和爱好者。据国外有关报道，参加定向运动比赛年龄最小者仅 8 岁，最长者 80 岁。由此可见，定向运动是一项大众化的体育项目。

2. 竞技性

定向运动的竞技性十分突出，尽管人们不能观赏到整个比赛过程中的激烈对抗，但是运动员们那种你追我赶的情形仍然是我们可以想象的。在定向运动比赛中，谁也不知道谁是冠军。因此，在整个比赛过程中，运动员都信心百倍，勇往直前。

3. 游戏性

定向运动的游戏性是非常明显的。它本身就起源于瑞典童子军的“寻宝游戏”，直至现代各式各样的定向比赛，仍然带有很大的游戏色彩。

4. 实用性

定向运动的实用性同样十分明显。在瑞典，它最早就是军队的一种训练形式。在现代，定向运动不仅可以作为军事训练的一项内容，还可以作为学校体育教学的一项内容，也是现代社会的一项休闲旅游项目，更是培养学生综合素质的一个重要手段。

二、定向运动的比赛方法

定向运动的比赛形式各种各样，最主要的形式是个人赛和接力赛。参赛者要根据性别、年龄和线路难度进行分组。例如，在比赛当年 12 月 31 日已满 17 周岁且未满 19 周岁者，分别划为青年男子组和女子组，代码分别为 M18 和为 W18；在比赛当年 12 月 31 日已满 19 周岁且男子未满 35 周岁，女子未满 30 周岁，分别划为成年男子组和女子组，代码分别为 M21 和 W21。如有必要，可根据线路难度将每个年龄组分为几个难度组，按难度递减的顺序分别称为 E 组（精英组 ）、A 组、B 组、C 组和 N 组（初学者组）。如成年男子精英组为 M21E，成年男子 A 组为 M21A，成年男子 B 组为 M21B，成年男子 C 组为 M21C，成年男子初学组为 M21N。比赛当年 1 月 1 日男子已满 35 周岁、女子已满 30 周岁，且在当年 12 月 31 日男子未满 55 周岁、女子未满 50 周岁者，分别划为中年男子组和女子组，代码分别为 M35 和 W30。比赛当年 1 月 1 日男子已满 55 周岁、女子已满 50 周岁，分别划为老年男子组和女子组，代码分别为 M55 和 W50。公开组不限年龄及性别，代码为 open；女子可以申请参加同年龄男子组的比赛，少年组和老年组运动员只能参加本组比赛，其他年龄组运动员可以跨组参加比赛。任何年龄段的运动员只能代表一支队伍参赛。

定向运动的出发方式也各种各样，最主要的方式是间隔出发和集体出发。在个人赛中，一般采取间隔出发方式。间隔出发是指运动员按相等的时间间隔逐一出发。长距离赛出发间隔为1～3分钟，中距离赛为1～2分钟，短距离赛为1分钟，团队赛为1～3分钟，百米定向赛为30～60秒，具体间隔时间由竞赛委员会根据各组参赛人数和比赛实际情况确定。对于间隔出发的比赛，运动员的出发顺序一般是通过计算机随机抽签决定的，运动员的出发顺序可以是公开的，也可以是保密的，但是同一个队的运动员不能先后连续出发。如果抽签后两个同队运动员连续出发，那么下一个出发的其他代表队的运动员应被插在他们（同队队员）中间。如果同队运动员抽签排在最后位置，则前面出发的其他队运动员应被插在他们之间。在接力赛中，一般采取集体出发方式。集体出发是指同一组别的所有运动员同时出发。在接力赛中集体出发方式仅适用于第一棒出发的队员。集体出发之前，每个运动员都会被分配到唯一的一条线路，每个运动员的线路都不相同，但难度和距离基本是相同的。

定向比赛中，从一个检查点到另一个检查点，要求参赛者选择一条最适合自己的路线。相邻两个检查点间的距离以直线为最短，但实际情况中，沿直线前进往往不是最佳选择。沿直线前进，你可能遇到不可翻越的障碍，也可能在没有明显特征的密林中不断地拐弯绕道而迷失方向，还可能因不得不翻越陡峭的山地而过早地耗竭自己的体能，消耗宝贵的时间。因此，在整个参赛过程中，参赛者必须高度集中注意力，在控制好身体运动状态的同时，标定地图，通过地图了解实际地形的通视度和易跑性，找出导航特征，运用多种定向技术在地图上找出两个检查点之间各种可能的路线，结合实际地形、个人综合能力和经验迅速地进行分析判断，果断地确定最适合自己的行进路线，然后运用各种定向技术确保自己沿着选定的路线前进。这种迅速果断的路线选择能力，以及借助地图和指北针导航，以最快速度按顺序到达目的地的能力，就是定向运动的精髓所在。

在比赛前，你还会得到一张检查点说明表。检查点说明表是国际定联制定的一套对检查点位置进行精简说明的通用符号体系。它的应用减少了路线选择的偶然性，使路线选择技能在比赛中变得更加重要。

积分定向是另一种常见的定向运动形式，包括一个起点、一个终点和若干个检查点，但检查点没有规定顺序，根据地形的难易、距离的远近、各点间位置的相互关系被赋予不同的分值。参赛者必须自己设计出最佳的路线组合，以便在规定的时间内取得最高的积分。如果超时，将按一定的比赛规则扣除一定的积分。积分定向比经典的定向需要更高的智慧和技能，特别是对运用数学知识的能力和逻辑分析能力有较高要求。积分定向目前尚未有完备的竞赛规程，主要用于教学和训练中。

三、定向运动比赛项目的分类

按照国际定联定向运动赛事竞赛规则，定向运动可以根据比赛时间、比赛性质、比赛成绩的计算方法、比赛距离和到访检查点的顺序进行分类。我们以按顺序到访检查点为基础，对国际定联认可的定向运动比赛项目进行分类（图1-1）：

然而，定向运动与田径不同，长距离、中距离、短距离及接力定向赛不是以比赛距离，而是以胜出时间为主要因素来划分的，并从不同层面体现了定向运动的特有属性（表1-1）。

- 按规定的顺序到访检查点
  - 按比赛成绩计算方法
    - 单程赛
    - 多程赛
    - 资格赛
  - 按比赛时间
    - 日间赛
    - 夜间赛
  - 按比赛性质
    - 个人赛
    - 接力赛
    - 团体赛
  - 按比赛距离
    - 长距离
    - 中距离
    - 短距离
    - 其他距离

图 1-1　国际定联赛事正式比赛项目分类

表 1-1　定向运动比赛项目的分类特征

	短距离赛	中距离赛	长距离赛	接力赛
检查点	技术难度低	技术难度高	技术难度低和高的检查点相结合	技术难度低和高的检查点相结合
路线选择	路线选择难度大，要求注意力高度集中	路线选择范围小或中等，要求持续集中注意力	路线选择很重要，包括若干大范围的路线选择	路线选择范围小或中等
跑的特征	跑速非常高	跑速高，但要求运动员结合复杂地形调整跑速	体能要求高，需要耐力和速度	跑速高，常常与访问相同或不同检查点的其他运动员相遇
地　　形	易跑的公园、街区或林地，允许观众沿途观看	对技术要求高的复杂地形	对体能要求高的地形，有良好的路线选择可能性	中等复杂地形，有一定的路线选择可能性
地图比例尺	1∶4 000 或 1∶5 000	1∶7 500 或 1∶10 000	1∶10 000 或 1∶15 000	1∶5 000 或 1∶10 000
胜出时间（高水平精英运动员）	12～15 分钟	30～35 分钟；资格赛时间稍短	男子 90～100 分钟；女子 70～80 分钟；资格赛时间稍短	每个赛段 30～60 分钟。总时间：男子 135 分钟；女子 120 分钟
概　　要	是一种快速、可视、简单易懂的比赛形式。可以在人口集中地域进行	要求速度快、在较长时间内进行精确定向，即使小的错误也会对比赛结果产生“致命”的影响	不但检验所有的定向技能，而且也检验速度和耐力	由三人组成团队参加比赛。项目的要求类似于中距离赛。对观众和参赛者来说，比赛非常激动人心

在不同的地形中进行同一类定向比赛，由于地形特征的差异，如特征多少和特征间是否有明显的差异、地貌起伏变化、地表面的易跑性和通视度，以及由此导致的路线选择上的差

异，在相同时间内，同一组参赛者所跑的距离将有明显差异。用距离来命名定向运动项目，可能只是为了表述上更加简洁和方便。

第二节 定向运动的起源与传播

一、定向运动的起源

现代定向运动的萌芽，最早出现在19世纪末的斯堪的纳维亚半岛的森林中。早在1886年，“定向”或“方位”一词就已出现在瑞典的军营中。当时，它是一个军事训练术语——借助地图和指北针穿越陌生的地带。斯堪的纳维亚半岛上覆盖着一望无际的森林，在这样的地形中，安全穿越茫茫林海的技术与能力显得非常重要，定向也成了军队在斯堪的纳维亚半岛森林中的重要军事训练内容。

1895年，在瑞典首都斯德哥尔摩附近，瑞典和挪威联合王国的两个军营举行了历史上第一次正式的军事体育比赛“在陌生地形中的步兵传令竞技比赛”。至今，在世界上许多国家中，军事训练与定向训练仍保持着密切的联系。

1897年10月31日，在挪威首都奥斯陆附近，Tjalve体育俱乐部举办了世界上第一次公开的定向比赛，参赛者仅有8人。尽管如此，这次比赛仍被认为是定向运动历史上的第一座里程碑，这一年被认定为定向运动的元年。此后，定向俱乐部开始零零星星地在挪威和瑞典出现。1901年，在斯德哥尔摩附近，Sundbvberg俱乐部举行了一场类似的比赛，有6名参赛者参加了比赛。

1899年2月6日，在挪威特隆赫姆（Trondheim）附近举行了世界上第一场滑雪定向比赛，比赛路线长度为20km，有12名参赛者。此后，瑞典人和芬兰人开始以旺盛的热情投入到这种新型运动项目的开发中。1900年，在瑞典举行了世界上第一场滑雪定向接力赛；1906年，芬兰也举行了一场类似的比赛。

20世纪初，斯德哥尔摩业余运动协会主席，瑞典童子军领袖E. 吉兰特少校开始试着将定向运动改造成一种大众化的运动形式。当时，田径运动在瑞典开始衰落，参加田径运动的年轻人越来越少，他想利用自然的乡村风光激发年轻人的跑步热情。为了使这种在自然环境中的越野跑变得更有吸引力，促使运动员返回竞技性赛跑中，他将借助地图和指北针进行定向的原理融入越野训练和比赛中，让运动员利用地图和指北针选择路线来进行训练和比赛。他取得了极大的成功，这进一步激励他将定向运动推广到更广泛的人群中去。

二、定向运动的传播

1919年3月25日，在离斯德哥尔摩不远的南部度假胜地，吉兰特组织了第一次正式的大型定向比赛。有220人参加了比赛，比赛路线的长度超过12千米，设有3个点，第1名的成绩为1∶25′39″，比赛取得了巨大的成功，证明这种新的运动形式适应面广，具有相当的吸引力。后来，这次比赛被看成定向运动历史上的第二座里程碑，标志着现代定向运动的正式开始。

1920年，吉兰特为竞技性定向运动制定了所有的基本原则，包括竞赛规则、路线分类、检查点位置的选择、按年龄分组的方法和竞赛组织机构等。吉兰特创造并奠定了现代定向运动的基础，为现代定向运动的推广和发展作出了巨大的贡献，被人们尊称为“现代定向运动之父”。

在20世纪20年代，现代定向运动在瑞典迅速普及开来，并向整个斯堪的纳维亚半岛扩展。例如，1922年，吉兰特组织了第一个地方性的锦标赛。接着，1922年11月，世界上第一次夜间定向比赛在斯德哥尔摩举行。1923年，瑞典举行了第一次地方性的定向锦标赛，1925年在哥德堡（Gothenburg）举行了第一次女子定向比赛。1927年，在瑞典东南部城市乌普萨拉举行了一个区域性的定向接力锦标赛。接力赛冠军队的队员之一，E. Tobe在1961年成为国际定联的首任主席。

到1930年，定向运动已在瑞典、挪威和芬兰牢牢地扎下根来。1932年，在奥斯陆举行了世界上第一次有三个国家参加的国际性比赛，瑞典队战胜了挪威队。此后，定向运动进一步扩展到瑞士、匈牙利、苏联和丹麦等国。如1935年，匈牙利举行了一届全国锦标赛；1937年，丹麦举行了一次全国锦标赛。同一年，即1937年，世界上第一个全国性的定向组织，瑞典定向运动联合会成立。

这一时期，科学技术的发展也为定向运动本身的发展完善提供了巨大的帮助。在现代定向运动形成之初，由于地图既不详细又不准确，检查点只能被放置在大的、明显的地形特征上。因此，比赛中耐力、运动能力较高的运动员更有优势。到20世纪30年代中期，由于地图学的发展，地图质量得到明显改善，识图和用图的能力与技巧变得越来越重要，耐力运动能力在比赛中失去了以前的优势，只有各方面能力全面发展的运动员才可能有取胜的机会。

1933年，Silva公司创始人，瑞典仪器设备制造者兼定向运动员G. Tillander及瑞典优秀定向运动员Kjellstrom三兄弟中的A. Kjellstrom和B. Kjellstrom，一起开发出测量更加精确、反应更加灵敏的测角器型充液指北针，为定向运动的发展与提高发挥了重要作用。B. Kjellstrom在1946年将定向运动带到美国，并为定向运动在北美的推广与发展作出了巨大的贡献，被后人尊称为“北美定向运动之父”。

20世纪30年代后期，第二次世界大战的爆发使定向运动在欧洲的发展和普及步入了低谷。例如，在德国占领挪威期间，由于担心斯堪的纳维亚人中熟练掌握定向的人太多，他们对挪威荒野地形的了解和熟悉可能为挪威抵抗运动提供帮助，希特勒取缔了定向运动。

第二次世界大战后，定向运动的发展开始进入一个新的时期。这一时期，定向运动发展的主题是组织机构的建立、赛制的发展与规范。它们使定向运动走出欧洲，在世界其他国家和地区发展，并趋于成熟。

1945年，有3个斯堪的纳维亚半岛国家分别成立了全国性的定向运动联合会。同一年，第一本定向运动专业杂志在芬兰出版，这标志着定向运动的发展和传播走上科学化和现代化的道路。作为定向运动两个萌芽地之一的芬兰，终于得到了它的第一个第一的荣誉——世界上第一本定向运动专业杂志的诞生地。

1946年，瑞典、芬兰、挪威和丹麦成立了世界上第一个定向运动合作组织——北欧定向理事会，后来成了推动国际定联成立的核心力量。1959年，在瑞典召开了有11个国家参加的国际会议，主题是讨论成立国际定联。两年后，在丹麦首都哥本哈根的另一次国际会议上，国际定联宣告成立，成员国包括瑞典、芬兰、丹麦、挪威、瑞士、东德、西德、捷克、匈牙利、保加利亚等10个国家。

第三节　定向运动发展概况

一、世界定向运动的发展

20 世纪 40 年代末，世界定向运动得到了快速发展，1948 年，第一张定向专用地图出现在挪威的定向比赛中。而在此之前，定向运动员所用的地图都是标准地形图。1950 年，第一张彩色定向专用地图也出现在挪威的定向比赛中。这两项地图上的创新，标志着定向运动的发展有了质的飞跃，有力地促进了定向运动在世界上的扩展。

组织机构的建立与完善促进了定向运动赛制的发展。1962 年，首届欧洲定向锦标赛在挪威举行。1966 年，第一届世界定向锦标赛（WOC）在芬兰举行。1975 年，第一届世界滑雪定向锦标赛（WOCS）在芬兰举行。1983 年，第一届非官方的世界杯定向赛（WC）举行。1987 年，第一届欧洲杯滑雪定向赛举行。1989 年，第一届世界杯滑雪定向赛（WCS）举行。1990 年，第一届世界青少年定向锦标赛（JWOC）举行。1994 年，第一届世界杯青少年滑雪定向锦标赛（JWOCS）举行。1998 年，第一届世界大师定向锦标赛（WMOC）举行。1999 年，在同一年内举行了第一届世界大师滑雪定向锦标赛（WMOCS）、第一届世界杯山地自行车定向赛（WCM）、第一届世界杯轮椅定向赛（WCT）、第一届山地自行车定向锦标赛（WOCM）。

组织机构的建立与完善也促进了定向运动赛制的规范化和标准化。例如，1969 年，国际定联发布了第一部国际定向运动制图规范（ISOM1969），此后又对 ISOM 不断进行了补充和完善，先后发布了 ISOM1975、ISOM1982、ISOM1990、ISOM2000、ISOM2017，直到今天的 ISSPrOM2019（国际短距离定向地图规范）。1978 年，国际定联在世界定向锦标赛中首次应用了国际检查点说明符号。检查点说明符号的应用减少了路线选择的偶然性，使路线选择技能在比赛中变得更加重要，比赛也变得更加公平。此后，国际定联又发布了国际检查点说明符号 1990 年版、2004 年版和 2018 年版。

在此期间，各赛事的竞赛项目也在发生变化。如 1988 年，世界滑雪定向锦标赛增加了短距离赛（Short Distance race）；1991 年，世界定向锦标赛增加了短距离赛。国际定联的成员也在不断增加，1969 年，国际定联的成员中首次有了欧洲以外的两个国家——日本和加拿大。截至 2022 年 10 月，国际定联的成员国（地区）已经达到了 75 个。此外，各国（地区）定向运动发展的水平也在提高。

在国际定联成立初期，国际性赛事的获胜者绝大多数来自斯堪的纳维亚半岛国家。渐渐地，他们失去了压倒性的优势，其他一些国家，如匈牙利、瑞士等，也开始成为国际性赛事中的获胜者。1995 年，俄罗斯运动员成为获胜者。1996 年，乌克兰运动员赢得了冠军。此后，有许多俄罗斯运动员成为国际性比赛的冠军。

多年来，国际定联一直在努力使定向运动成为奥运会比赛项目。1978 年，国际定联得到国际奥委会承认，定向运动被接纳为奥林匹克体育运动项目。1998 年，在日本举行的冬季奥林匹克运动会上，定向运动成为比赛项目。这表明，定向运动成为夏季奥运会比赛项目的可能性正在提高。

在定向运动成熟期的后期，还有两个事件必须提及：1994 年的世界杯赛中，电子打卡系统的第一次应用；1996 年，世界公园定向组织（Park World Tour，PWT）成功地举办了第一届世界公园定向巡回赛（The Park World Tour Series，PWT）。电子打卡系统的应用改变了路线设计的部分规则，使比赛路线变得更加复杂和有趣，同时也提高了定向运动对场地的适应性和比赛的公平性，它的应用使定向比赛的质量得到明显提高。第一届 PWT 赛事的成功举行被看作定向运动史上一次里程碑式的赛事。

由于传统的定向运动自身存在的一些缺陷，如属于体验型运动，场地大多位于树木密布的森林中，以及赛事过程转播困难等，使现代媒介一直难以将这项运动以直观的形式展现在观众的面前，无法在定向运动的推广和普及过程中发挥作用，定向运动的发展也缺乏商业化的推动力。

1996 年开始的 PWT 赛事创造了一种全新的定向运动理念，使得传统的只在森林深处进行的定向运动能够有机会从幕后走到台前，进而在人们十分熟悉的公园、校园，乃至城市街头进行。定向运动开始走上了大众化和商业化的道路。

PWT 赛事克服了传统定向运动比赛在森林中进行比赛场地要求较高、观赏性较差的弱点，以一种更为开放的形式组织比赛，使观众有了近距离接触的机会，而且可以进行现场直播，从而将这项世界上最富有挑战性的体育运动带到观众与摄像机的面前，使观众不仅能在现场感受到定向运动扣人心弦的魅力，还可以在电视机旁与运动员一起分享这份刺激与乐趣，极大地满足了现代人的自然情节，在全世界掀起了定向热。PWT 赛事的创新，一方面使定向运动开始从森林走向城市，使定向运动有可能真正成为一种任何人在任何地方都可以从事的大众化运动项目；另一方面大大增加了定向运动的观赏性，吸引了众多媒体的关注，促使定向运动开始真正走上了商业化的道路。

这种形式新颖的定向形式，最终也获得了 IOF 的认可。2001 年，在芬兰举行的世界定向锦标赛上，这种新的比赛形式以 Sprint orienteering 名义被列为正式比赛项目。在 2003 年瑞士世界定向锦标赛上，组织者更是对 Sprint 定向比赛进行现场直播。2004 年，IOF 停止执行 2000 年才开始实施的 2000 年版 IOF 定向运动比赛规则，开始执行新的定向运动比赛规则——2004 年版 IOF 定向运动比赛规则。在 2000 年版规则中，定向运动按比赛距离被区分为标准距离（Classic distance）、短距离（Short distance）和其他距离（0ther distance）比赛。在 2004 年版规则中，将 Sprint 定向正式列为比赛项目，将比赛按距离区分为长距离（Long distance）、中距离（Middle distance）、短距离（Short distance）和其他距离（Other distance）比赛，并对各种距离定向项目的特性进行了明确的规定。从比赛特点来看，2004 年版规则中的长距离、中距离分别对应 2000 年版规则中的标准距离和短距离。对此，2004 版规则也进行了专门的确认。2001 年启动的国际短距离定向运动（Sprint Orienteering）地图制图规范（1SSOM）项目也几易其稿，接近成熟。2004 年版国际检查点说明表也在 2004 年开始执行。在 PWT 赛事开始后，IOF 成员国也由 46 个迅速发展到 62 个，PWT 赛事无疑对此产生了巨大影响。

此外，高科技在定向运动的应用，对定向运动的变革也起到了推波助澜的作用。赛事组织和比赛结果 Organizers 分析软件的出现，使得教练员和运动员能更好地对自己在比赛中的状况进行分析，改进训练方法，提高比赛成绩。高科技也为赛事的现场解说提供了很大的帮助。在 2003 年瑞士世界定向锦标赛期间，德国 Leica 公司利用装载在运动员身上的 GPS 结合 3D 地图对赛事进行了转播，使传统的在森林深处进行的定向赛事也开始实现观赏性上的突破，为未来的商业化奠定了基础。

另一方面，高科技在定向运动中取得的成功也促进了国际定联赛制的改革。从 2003 年起，原本两年一届的世界定向锦标赛改为每年一届，使得这项定向运动中最高规格的赛事能够以更高的频率出现在世人的面前。

对个人而言，定向运动的确具有很大的吸引力。奥运会金牌获得者 C·Brasher 在提到他第一次参加定向运动的感觉时说："它是世界上最好的运动之一。它也代表了人类对回归自然的渴望。定向运动成为主流体育项目的日子可能就在眼前。"

二、定向运动在我国的发展

定向运动在中国的传播最早始于香港，然后才到达内地。早在 1979 年，香港定向运动爱好者就在各界人士的支持下成立了"香港野外定向协会"。1982 年，香港野外定向协会与驻港英军及皇家警察定向联合会一起组织成立了"香港野外定向总会（OAHK）"。同年，香港野外定向总会成为国际定联的正式成员。香港定向运动，不论是从组织机构、赛事制度，还是从教学、培训及训练体系和定向理念上，都比内地要规范和完善。香港定向人对定向运动在内地的传播也作出了重要贡献。国际定联，特别是世界公园定向组织对定向运动在中国的推广和水平的提高作出了巨大的贡献。

在许多国家和地区，定向运动最初的发展往往随着一些欧洲优秀定向人临时性或长期性移居该国，以一种全新的体育运动形式从欧洲传播过来。北美地区、澳大利亚都是这样的例子。而我国内地定向运动的开始和发展似乎在重复国际定向运动由萌芽到形成的历史，也是首先从军队开始的。定向运动最初在国内的起步，始于部分部队院校官兵借助一些有限的定向运动资料，依托常规军事训练科目中与定向运动十分相近的"按方位角行进"等内容进行的自我摸索。他们中的一些人目前仍在为定向运动的推广和普及工作者。1983 年 3 月 10 日，在广州市白云山，中国人民解放军体育学院举行了"定向越野试验比赛"。1983 年 5 月，在重庆南山，解放军后勤工程学院也举行了定向越野比赛。1983 年 5 月，在郑州，解放军测绘学院还举行了难度更大的夜间定向越野比赛。这些活动标志着定向运动在我国内地的传播拉开了序幕。

1984 年 12 月，通过香港野外定向总会，国际定联与广州定向运动爱好者建立联系，并向他们提供了国际定向运动规则等资料。1984 年 7 月，原国家体委派出由原北京体育学院大学生组成的中国大学生定向运动代表团，参加在瑞典举行的第 4 届世界大学生定向越野锦标赛。1985 年 12 月，IOF 派瑞典定向运动教练白山保、索伦、斯蒂芬三人来广州讲课，介绍定向运动，使内地开始有机会直接了解定向运动。

1987 年 3 月，《军事测绘》杂志社组织翻译出版了《国际定向运动制图规范》《国际检查点说明符号》。同年，解放军出版社出版发行了张晓威编著的《定向越野》。1989 年 3 月，测绘出版社出版了由李德银、陈松乔编著的《定向越野指导》。这些书籍和资料的出版发行，对定向运动在国内的传播发挥了重要的作用。中国测绘学会普及工作委员会还于 1991 年 3 月组织翻译了《国际定向运动竞赛规则》，并在此基础上制定了中国《定向运动竞赛规则》并向全国发行，为规范的定向运动在中国推广奠定了基础。

此外，1986 年 12 月至 1991 年 6 月间，中国测绘学会、国内体育系统和教育系统先后单独或者联合举办了 5 次全国性的定向运动教练员培训班。

在此期间，国内军事院校、测绘部门、体育系统和教育系统都为定向运动做了许多工作，开展了许多活动。原国家体委也在1987年将定向运动正式列为体育项目。但是，早期的这些活动可以说基本上都是将定向运动看作一种军事体育项目，主要是以军队的军事训练、测绘部门的科普工作为中心进行的，而且参与人数少，社会影响不大。但不管怎样，以上的这些工作都为定向运动在国内的推广做好了铺垫。

1991年12月，原国家体委批准中国无线电运动协会下设"中国定向运动委员会"，使定向运动作为一种体育项目开始在国内有组织地推广。1992年7月，中国成为国际定联成员国。1995年，"中国定向运动委员会"更名为"中国定向运动协会（Orienteering Association of China，OAC)"。这些都为定向运动在我国有组织的推广和发展奠定了良好基础。

1994年9月26日，首届全国定向运动锦标赛在北京怀柔举行，标志着国内定向运动赛制建设的开始。1998年，OAC还在北京密云县举办了"98亚太地区定向锦标赛"。

教育系统在定向运动的推广中发挥了重要作用。1993年4月，原国家教委在北京化工学院举办全国高等院校定向运动教练员培训班。1994年和1997年，中国地质大学举办了两届地矿部定向运动培训班。1995年8月，原国家教委"中国大学生国防体育协会"在吉林市成立，同时举行了首届中国大学生国防体育节暨定向越野锦标赛。1997年11月16日，教育部在湖南大学成立"中国大学生定向运动培训中心"，作为全国性的定向运动教练员培训基地。教育系统还先后三次组队参加了"93世界大学生定向运动比赛""97世界中学生定向运动比赛"和"98世界大学生定向运动比赛"。

从当时的情况来看，作为一种新兴的非奥运比赛项目的组织管理机构，中国定向运动协会并没有自己健全的办事机构。中国定向运动协会主要依托国内测绘系统和教育系统的力量开展活动，定向运动的推广主要围绕着学校进行。在此期间，学校定向运动主要是作为国防教育的一部分，并且重点在军训试点院校开展。由于当时国内体育教学大纲的规定和体育教育理念的影响，学校体育部门少有与定向运动发生联系的机会。因此，定向运动实际上仍没有独立成为一个体育项目，定向运动推广活动也没有引起太多的体育工作者的注意。

1998年11月，世界公园定向组织与OAC和清华大学合作，分别在十三陵公园和清华大学举办PWT赛事的两站比赛。这些赛事的举办给举步维艰的国内定向运动带来了一种全新的定向运动理念和机遇，促使国内定向运动的推广开始加速。

1999年1月10日，PWT与中国大学生国防体育协会签订了为期3年的合作协议，在部分高校举办定向运动知识讲座，帮助开展教练员和制图员培训工作，帮助制作校园和公园定向地图和组织比赛。1999年7月，在第二届中国大学生国防体育节暨定向越野锦标赛和第六届全国定向运动锦标赛中，都使用了由PWT提供的电子打卡系统进行裁判工作，显著地提高了比赛的效率和比赛的公正性。到2004年底，世界公园定向组织已在我国绘制了100多幅标准的定向地图。此外，我们还必须特别提到世界公园定向组织技术总监杨瑞先生(Jaroslav)。杨瑞先生1998年首次来到中国后，每年都有相当长的时间在中国传授定向运动理念和技术，目前活跃在国内定向界的中坚力量，大多都从他那里受益匪浅。PWT的这些工作为我国定向运动未来的高速发展奠定了基础。

在1999年6月国家做出全面推进素质教育决定以后，定向运动作为一种提高学生综合素质的特殊手段被逐步引入到学校体育课程中。1999年，浙江省原教育委员会专门发出文件，将定向运动作为体育教学改革的重要内容列入大、中学体育课程。湖南省教育厅也于

2002年9月发出《关于推广普及定向运动的通知》，全面部署各级学校开展定向运动的有关工作。除了一部分大学，如清华大学、湖南大学、东南大学继续将定向运动作为国防教育的内容外，还有一部分大学，如浙江大学、湘潭大学、广东肇庆学院、汕头大学和中国地质大学等将定向运动列入大学体育课程内容中。2003年秋，湖南人文科技学院体育系和湖南科技大学体育学院，首次在体育教育专业中开设了定向运动课程。同一时期，广东肇庆学院也在体育教育专业中进行了开设定向运动课程的尝试。定向运动真正开始以体育项目的形式走进了大学体育课堂。

许多省、市教育系统还纷纷举办全省性的定向运动培训班，将定向运动列为省级大学生、中学生运动会正式比赛项目。如上海市从2000年开始在学生运动会上增设定向越野比赛项目；2003年，湖南省和广东省将定向运动列为大学生运动会必报项目，一年后又将定向运动列为中学生运动会正式项目。定向运动全面进入学校并培养了大批定向运动爱好者，为我国定向运动的可持续性发展奠定了坚实的基础。

作为国内定向运动发展、规划和管理的最高机构，OAC为定向运动的快速发展做了许多准备性的工作。2001年4月，在湖南大学，OAC组织召开全国定向运动发展战略研讨会。2001年9月3日，OAC在首都师范大学举办首届定向地图制图培训班。从2001年起，OAC还为国内定向运动赛事制定或修订了一系列规范性的文件。2003年3月，OAC在南京东南大学举办全国首批定向裁判员考核。在2002年5月的全国体育大会上，定向运动被列为正式比赛项目。这些工作都为国内定向运动赛事的规范化和水平的提高奠定了基础。

同一时期，休闲健身和回归大自然运动兴起的时代背景和发展趋势，为定向运动进入市场，开始社会化推广和商业化运作提供了原动力。定向运动与旅游结合起来，如定向运动已成为云南国际文化旅游节、中国杭州西湖博览会的主要内容之一。许多商业性的专业定向运动俱乐部成立，并受到一些特殊群体的热烈欢迎，如北京的三夫、埃特曼等体育休闲俱乐部专门为跨国公司、知名企业的白领阶层举行商业化的定向活动，但同时也反映出真正意义上的定向运动大众化在国内还没有开始。

2003年发生的四个事件标志着定向运动在我国已进入了快速发展时期，并对定向运动未来在国内的走向产生巨大影响。一是中国定向运动协会决定组建国家队；二是定向运动被确定为2004年在上海举行的全国大学生运动会正式比赛项目；三是定向运动被确定为2004年新学年开始实施的《全国普通高等学校体育教学本科专业课程方案》中主干课程的教学内容；四是隶属于教育部学生体育协会的“中国学生定向协会（Student Orienteering Association of China，SOCN）”在浙江成立。

定向运动被确定为全国大学生运动会正式比赛项目，大大地激发了各省市教育系统发展定向运动的动力，使定向运动在我国的发展开始加速。而SOCN的成立，标志着定向运动真正开始以一种体育项目的形式出现在国内最大的定向运动群体中。SOCN的成立有利于教育系统以体育运动的模式，有组织有计划地开展高规格的定向人才培训和赛事组织工作，从而有力地促进定向运动的发展和水平的提高。如SOCN成立后就先后举办了两届高水平的定向教练员培训班，SOCN在其筹备期间和成立后，协助教育部学生体协与OAC及国家测绘总局科普办联合举办了2002年和2003年全国学生定向锦标赛暨全国定向锦标赛。2004年，全国学生定向锦标赛和全国定向锦标赛开始分开举行。SOCN利用自身的资源，协助教育部学生体协与国家测绘总局科普办联合举办了2004年中国学生定向锦标赛。目前，全国学生定向锦标赛已成为与全国定向锦标赛并列的两大赛事之一，其规模甚至超过了全国定向锦标赛。

《全国普通高等学校体育教学本科专业课程方案》的实施无疑将对国内定运动未来产生难以估量的影响。截止 SOCN 成立以前，定向运动在国内的发展，包括许多定向书籍的写作和出版，都是以军事训练和国防教育为主线的，缺乏从体育的角度对定向运动自身规律的研究和认识。在我国内地，定向运动作为一个独立的体育项目，其概念和内容体系一直没有被建立起来。定向运动的教学、培训和训练均不能在定向运动的理念指导下进行，大大制约了我国定向运动水平的提高。定向运动课程在体育教育专业中的开设，一方面将为我国定向运动的发展和普及提供大量高规格的专门人才，更重要的是将促进定向运动的学科建设，构建起完整的定向运动理论和实践体系，让定向运动走上科学化、高水平发展的道路。

三、我国学校定向运动的现状

（一）定向运动在高等学校的开展

近年来，随着教学改革的不断深入，我国高等学校定向运动得到了较大的发展，定向运动在高校逐渐受到欢迎。

1. 定向运动进课堂

在 1999 年 6 月国家做出全面推进素质教育决定以后，定向运动作为一种提高学生综合素质的特殊手段被逐步引入到学校体育课程中。1999 年，浙江省原教育委员会专门发出文件，将定向运动作为体育教学改革的重要内容列入大、中学体育课程。湖南省教育厅也于 2002 年 9 月发出《关于推广普及定向运动的通知》，全面部署各级学校开展定向运动的有关工作。除了一部分大学，如清华大学、湖南大学、东南大学继续将定向运动作为国防教育的内容外，还有一部分大学，如浙江大学、湘潭大学、广东肇庆学院、汕头大学和中国地质大学等将定向运动列入大学体育课程内容中。2003 秋，湖南人文科技学院体育系和湖南科技大学体育学院首次在体育教育专业中开设了定向运动课程，同一时期，广东肇庆学院也在体育教育专业中进行了开设定向运动课程的尝试。定向运动真正开始以体育项目的形式走进了大学体育课堂。

许多省、市教育系统还纷纷举办全省性的定向运动培训班，将定向运动列为省级大学生、中学生运动会正式比赛项目。如上海市从 2000 年开始在学生运动会上增设定向越野比赛项目；2003 年，湖南省和广东省将定向运动列为大学生运动会必报项目，一年后又将定向运动列为中学生运动会正式项目。定向运动全面进入学校并培养了大批定向运动爱好者，为我国定向运动的可持续发展奠定了坚实的基础。

2. 建立了高水平运动队

在各高等学校的努力下，教育部、国家体育总局同意高等学校建立高水平定向运动队，湖南大学、湖南人文科技学院、东南大学、北京航空航天大学、首都师范大学、中国地质大学（北京）、北京工业大学、天津财经大学、吉林农业大学、中国矿业大学、浙江工业大学、山东大学、中国地质大学（武汉）、中南大学、湘南学院、深圳大学、四川师范大学、贵州大学等高校都建立了高水平定向运动队（见图 1-2）。随着高等学校高水平定向运动队的建立，我国定向运动的竞技水平也得到了很大的提高。2007 年的全国定向锦标赛，天津财经大学女队囊括了全部女子项目冠军，并有 4 名运动员（3 女 1 男）进入国家队。

图 1-2　学生在上定向课

3. 校内定向活动丰富多彩

目前，很多高校都组建了定向运动队，成立了定向运动俱乐部或协会，促进了校园定向运动的积极开展。如很多学校将定向运动列为校运动会的比赛项目，湖南人文科技学院的定向运动协会还每年举办一次定向比赛（见图 1-3）。

图 1-3　湖南人文科技学院定向协会会旗

4. 校际定向竞赛交流开展活跃

自 2003 年中国学生定向运动协会成立后，每年定期举办的学生定向锦标赛规模越来越大。很多省、市也相继成立学生定向协会，定期组织各省、市的定向比赛和教练员、裁判员培训班。

（二）定向运动在中小学的开展

随着定向运动在全国的迅速普及与推广，定向运动在中小学也得到了快速发展。广大中小学生都比较喜欢这项富有挑战性和刺激性的户外体育运动。很多中小学都把定向运动作为体育教学内容，在课外体育活动中也把定向运动作为学校业余训练的重要项目（见图 1-4）。各省市自治区、各县市教育部门也陆续修改了体育竞赛制度，将定向运动列为竞赛项目之一，定期举办中小学定向运动竞赛。

图 1-4　2013 年全国学生定向锦标赛开幕

四、国际各国内定向运动比赛

（一）世界定向大赛简介

（1）世界定向锦标赛（WOC）：目前世界上设置项目最全、最具竞争力的赛事。比赛设徒步定向、滑雪定向、山地自行车定向和轮椅定向等项目。其中徒步定向始于 1966 年，每两年一届，2003 年起改为每年一届。

（2）世界青少年定向锦标赛（JWOC）：为 20 及 20 岁以下青少年举办的比赛。赛事始于 1986 年，每年举办一届，比赛分男女两组进行。

（3）世界大师定向锦标赛（WMOC）：为 35 岁以上选手举办的比赛。赛事始于 1996 年，每年举办一届。

（4）世界杯定向赛（WC）：始于 1983 年，每两年一届，2004 年以后改为每年一届。

（5）世界定向排位赛（WRE）：始于 1998 年。该项赛事为各国家或地区协会提供举办高水平国际赛事的机会，提供积分。中国定向运动协会于 2004 年成功申办 2005 年世界定向排位赛。

（6）世界公园定向巡回赛（PWT）：比赛设若干站，在世界各地城市或公园巡回举行，设总奖金、总排名，只有世界最优秀的前 25 名男女运动员有资格参赛。比赛始于 1996 年，每年一届。

（7）瑞典五日定向节（O－Ringen）：世界上规模最大的定向运动赛事和定向旅游节。比赛设计有 100 条路线，每年夏天吸引世界各国 25 000 多名男女老少定向运动员相聚瑞典。

（8）芬兰 24 小时定向接力赛（Relay event）：世界上规模最大的定向接力赛。每年 6 月，2 000 多个队在芬兰白昼地区持续比赛 24 小时。比赛设男子组（7 棒）和女子组(4 棒)。

（9）瑞典 10 公里夜间定向接力赛（Relay event）：世界上最刺激的夜间定向接力赛。每年 4 月末在瑞典举行。

（10）世界大学生定向锦标赛（World University Orienteering Champion－ships）：比赛始于 1978 年，每两年举行一届。

（11）世界中学生定向锦标赛（World Schools Orienteering Champion－ships）比赛始于 1998 年，每两年举行一届。

（二）国内定向比赛简介

（1）全国大学生运动会定向运动比赛：这是我国级别最高的定向赛事之一，2004 年首次被列为正式比赛项目。

（2）全国定向锦标赛：我国规模最大、影响最大的高水平定向赛事。比赛始于 1994 年，每年一届。早期参赛单位以学校为主，发展到现在已经逐渐走向社会，户外俱乐部、测绘系统、部队、行业体协等都广泛参与进来。

（3）全国定向冠军赛：我国级别最高的定向赛事之一。只有在全国定向锦标赛上成绩优秀的运动员才有资格参加。参赛选手水平最高，比赛设计难度最大。全国定向冠军赛是中国定向运动协会选拔国家队的主要依据。比赛始于 2004 年，每年一届。

（4）全国学生定向锦标赛：我国教育系统规模最大的高水平定向赛事。比赛始于 2002 年，每年一届。

（5）全国城市定向系列赛：在全国各城市举办的定向系列赛事。比赛始于 2002 年，不定期举办。

（6）全国定向越野挑战赛：是中国定向运动协会以定向运动为主线，结合各种户外运动项目，拓展开发出来的新型定向赛事。该赛事对运动员的综合素质要求较高，且观赏性强。2004 年开始进行赛事组织探索。

第二章 定向地图与指北针

本章导读：地图与指北针是定向运动两个必备的基本工具，我们要了解定向地图构成的基本要素，掌握等高线显示地貌的原理与特点，掌握指北针的构造与运用，为今后提高定向运动技能打下坚实的基础。

关键词：地形图；定向运动地图；等高线；比例尺；等高距；地形；地貌；地物；基本地貌形态；地貌符号；地物符号；指北针

第一节 国家基本地形图

在讨论定向越野地图之前，我们得先了解和认识国家基本地形图。由于我国的国情决定了绝大多数学校定向运动教学与训练都没有办法大量使用彩图，主要依靠国家基本地形图，有的地方和学校甚至只能用国家基本地形图进行教学和训练。国家基本地形图也是制作定向地图的底图之一。国家基本地形图是国家地理信息的载体，是说明地球表面的事物和现象分布状况的平面图形，简称地图。它是一种按一定比例尺表示地貌、地物平面位置和高程的正射投影的平面图形，主要由地貌、地物和地图比例尺构成。所谓地貌，就是地球表面高低起伏的各种状态，如山地、谷地、平地等。所谓地物，就是分布在地球表面上自然形成和人工建造的固定物体，如江河、湖泊、居民房、道路、建筑物等。地貌和地物统称地形。

一、地图比例尺

比例尺也称缩尺，表示图纸上长度跟其相应的实际长度之比。地图上某两点之间的距离与相应的实地两地之间水平距离之比，称为地图比例尺。地图比例尺＝图上距离：实地距离。地图长度单位一般为厘米（cm）。如某幅地图上路线长 1 厘米，相当于实地距离 10 000 厘米，则此幅地图比例尺为 1∶10 000，或 1/10 000。

根据使用地图的目的与要求的不同，地图比例尺大小有所不同。一般是以地图比例尺的大小来衡量地图的详细程度。

图幅面积相等的地图，比例尺越大，其图幅所包括的实地面积就越小，地图上所显示的实地的地形内容就比较详细；比例尺越小，其图幅所包括的实地面积就越大，地图上所显示的实地的地形内容就较简略。如同样图幅面积的两幅地图，若地图比例尺为 1∶10 000 的地图与地图比例尺为 1∶100 000 的地图比较，则地图比例尺 1∶10 000 大于地图比例尺 1∶100 000。在比例尺为1∶10 000的地图上，1 平方厘米相当于实地 10 000 平方厘米；而在比例尺为1∶100 000的地图上，1 平方厘米相当于实地 1 000 000 平方厘米。显然，地图上相同面积所对应的实地面积小的地图，所显示的实地的地形内容较详细。所以，地图比例尺为1∶10 000的地图要比地图比例尺为1∶100 000的地图所显示的实地的地形内容详细。

地图比例尺通常有三种表示形式：

(1) 线段式——在地图上以厘米单位线段表示。如：地图上1厘米代表实地100米，则在1厘米线段上注明1厘米等于实地100米。如图2-1所示。

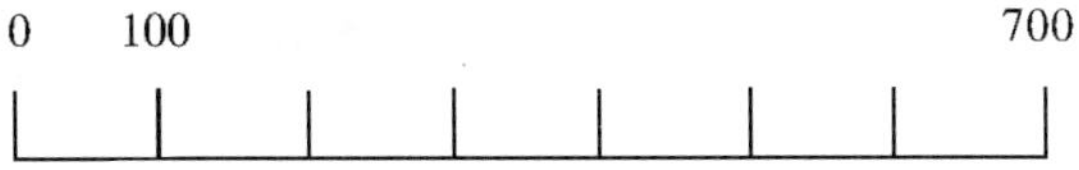

图2-1　线段式地图比例尺

(2) 数字式——在地图上以数字比例式表示。如：地图上1厘米代表实地100米，则在地图上写成1∶10 000或1/10 000。

(3) 文字式——在地图上以文字直接表示。如：地图上1厘米代表实地100米，则写成图上1厘米等于实地100米。如图2-2所示（图上1厘米等于实地100米）。

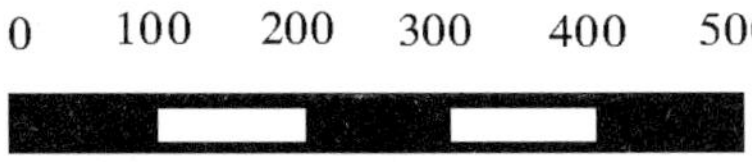

图2-2　文字式地图比例尺

二、等高距

相邻两条基本等高线间的实地垂直距离叫等高距。等高距的大小决定着表示地貌的详略程度。同一地区，等高距大，则等高线条数少，表示地貌就简略；等高距小，则等高线条数多，表示地貌就详细。但等高距的大小受地图比例尺的限制。地图比例尺越大，等高距就越小；地图比例尺越小，则等高距就越大。因此，大比例尺地图表示地貌相对详细，小比例尺地图表示地貌相对简略。我国现有的1∶10 000比例尺地图等高距为5米。

三、地貌

地貌是指地球表面高低起伏的自然状态。地图上显示地貌高低起伏的方法很多，国家基本地形图和定向地图都采用等高线显示地貌。

（一）等高线显示地貌的原理

等高线是地球表面上高度相等的各点连接而成的曲线。由此，可这样来设想等高线的构成原理。如图2-3所示，假想把一座山从底到顶按相等的高度一层一层水平切开，山的表面便出现一条条大小不等的截口线，然后把这些截口线垂直投影到平面图纸上，便出现一圈套一圈的曲线。因为同一条曲线上各点的高度都相等，所以叫等高线。

（二）等高线的种类

等高线按其作用不同分为首曲线、计曲线、间曲线与助曲线四种，见图2-4。

首曲线，也叫基本等高线。它是一幅地图中按注明等高距所绘的细实线，用以显示地貌的基本形态。

计曲线，也叫加粗等高线。从规定的高程起算面起，每隔五个等高距将首曲线加粗成一条粗实线，以便于在地图上判读和计算高程。

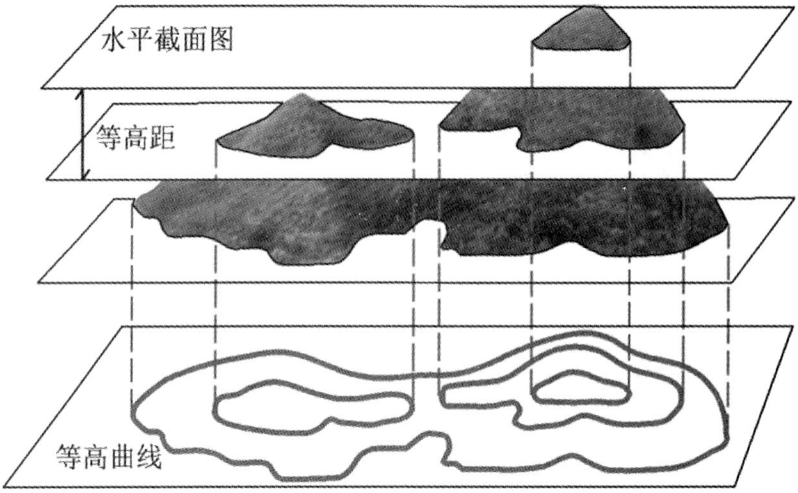

图 2-3　等高线显示地貌原理

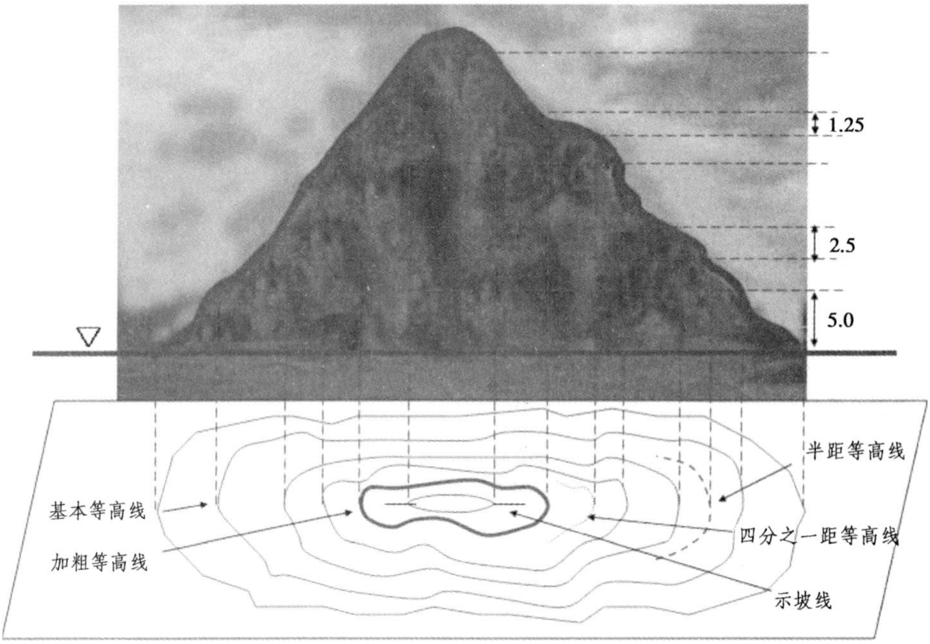

图 2-4　等高线的种类

间曲线，也叫半距等高线。主要用以显示首曲线不能显示的局部地区地形，按二分之一等高距绘细长虚线。

助曲线，也叫辅助等高线。用以显示间曲线仍不能显示的局部地区地形，按四分之一等高距绘的细短虚线。

（三）等高线显示地貌的特点

（1）在同一条高线上，各点的高度相等，并各自闭合。

（2）在同一幅地图上比较，等高线条数多，山就高；等高线条数少，山就低。

（3）在同一幅地图上比较，等高线间隔大，坡度平缓；等高线间隔小，坡度较陡。

（4）等高线的弯曲形状与相应实地的地貌形态相似。

地貌是地图的主要要素，也是定向越野要重点掌握的内容。要想从地图上了解到实地的高低起伏及具体形态，必须弄懂上述四个特点的真正含义，尤其是第四个特点。

四、图上基本地貌形态

基本地貌形态包括：山顶、山背、山谷、鞍部、山脊等，见图 2-5。

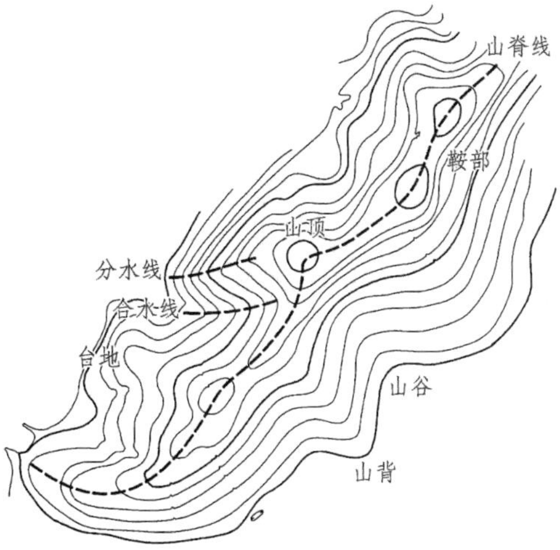

图 2-5　基本地貌形态

（1）山顶：地面形成高耸的部分称山，山的最高部分称山顶。在地图上以等高线形成的小环圈表示山顶，有时在小环圈外侧绘制有示坡线表示凸出的山顶。若在显示山顶的小环圈内侧绘制有示坡线，则表示如火山口似的凹形山顶。

（2）山背：从山顶到山脚的凸出部位称山背，亦称山梁。在地图上以成组的等高线向外凸出的曲线表示山背，这些成组的等高线凸出部位的顶点的连线即为分水线。

（3）山谷：相邻两山背之间低凹狭窄的地方称山谷。在地图上用等高线表示山谷时，以等高线所围成的闭合曲线的凹入部分表示；成组等高线向内凹入部位顶点的连线称为合水线。

（4）鞍部：相邻两山之间的地形如马鞍状的部分称为鞍部。在地图上用一对表示山背的等高线和一对表示山谷的等高线组合来显示鞍部。

（5）山脊：山头、山背、鞍部凸出的高处连绵相连，如同兽脊凸起的部分称为山脊。在地图上为山头、山背、鞍部凸出的高处连绵相连的曲线即为山脊线。

五、我国基本地形图图例（图 2-6）

独立房屋		突出房屋	
破坏房屋		棚　　房	

门洞	水塔
烟囱	宝塔
水轮泵、抽水机站	露天设备
液体、气体贮存设备	纪念碑、柱、墩
亭、教堂、塔形建筑物、清真寺	土地庙、庙宇、气象台（站）
地下建筑物出入口	发电厂（站）、变电所
窑、粮库	独立大坟、坟、有树坟
矿井、废弃的矿井	科学观测站、电视发射塔
卫星地面接收站	游乐场
岗亭、岗楼	汽车站
停车场	加油站
飞机场	纪念像、艺术塑像
文物碑石	古迹址、遗址
学校、医院	电力线 杆上的 塔上的
通信线	管道
围墙	自治州、地区、地级市界
县、自治县、县级市界	乡、镇、国有农场、林场、牧场界
双线铁路	单线铁路
等级公路及公路技术等级代码	建筑中的等级公路
等外公路	建筑中的等外公路
大车路	乡村路
小路	

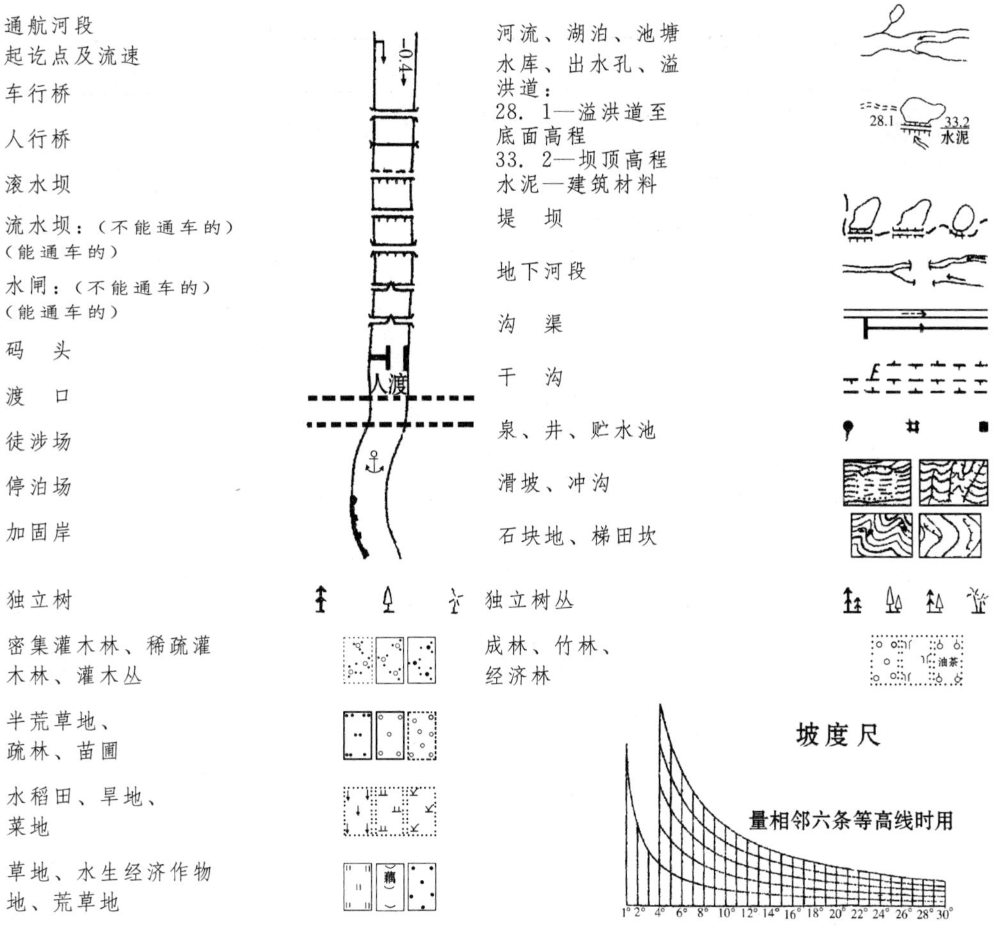

图 2-6　我国基本地形图图例

六、图上起伏的判定

判定起伏就是在地图上判定哪是上坡、哪是下坡。判定起伏时，首先要对判定的区域进行总的地势分析，在该区域内，找出其明显的山顶，分析这些山顶彼此之间的联系，找出山脊及其他主要分水线、合水线的走向，然后结合河流、溪沟的具体位置，判定出总的升降方向。在总的地势分析之后，进行具体分析时要注意基本的一点，即在地图上，凡属运动路线与某条等高线近似平行是平路外，其他现象（与某条等高线越来越近或越来越远或相交）则不是上坡就是下坡。具体分析时，可根据高程注记和地貌的基本形态判定。

地图上有高程注记时，可以根据高程注记判定起伏。高程注记递增的为上坡方向，递减的为下坡方向；等高线上的高程注记字头朝向上坡方向，相反方向就是下坡方向。见图 2-7，A—B 为上坡，A 处高程为 149.8，B 处高程为 179.5。

同时，可根据地貌的基本形态判定起伏。地貌的一般特点是：山地高，平地低；山顶高，鞍部低；山背高，山谷低；山脊高，山脚低。根据地图上等高线的图形识别出地貌的各种基本形态，结合具体运动路线，起伏则一目了然。如图 2-7，运动路线的起伏为：B—C 为下坡，C—D 为平路，D—E 为上坡，E—F 为下坡。

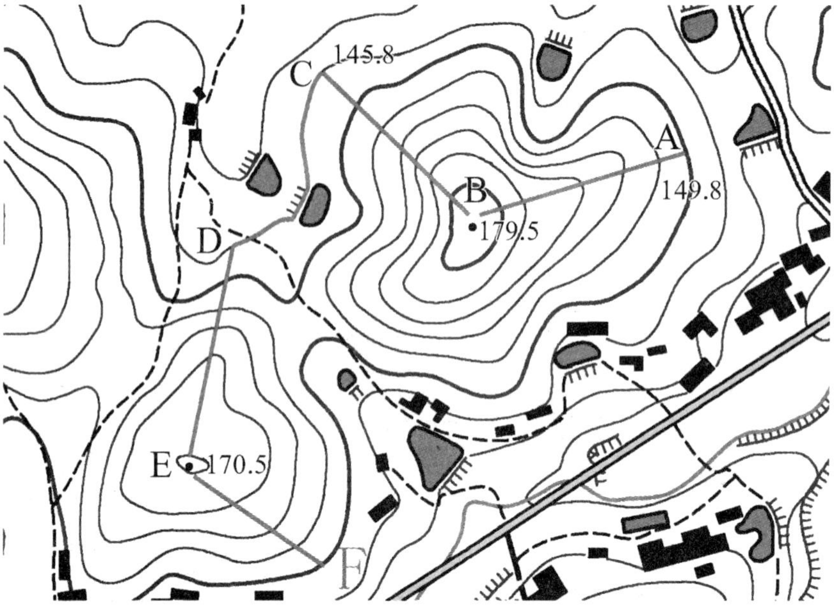

图 2-7　图上起伏的判定

第二节　定向运动地图

图 2-8 是一张正规的定向运动竞赛地图。它是在基本地形图的基础上，通过专门的制图软件（OCAD）制作，用于定向运动训练和比赛的专用地图。这种地图上的地貌、地物符号要求更准确精细地表示实际地形中的状况，且用各种颜色和符号表示不同的地貌、地物，以及实际地形的可通行状况。定向运动竞赛地图一般由地图比例尺、地貌符号、地物符号、磁北方向线、地图图例注记、路线和检查点符号化说明等七大要素组成。

一、定向竞赛地图比例尺

国际定向运动联合会规定：定向地图比例尺一般为 1∶15 000。1∶10 000 的地图一般使用于接力赛和短距离比赛，同时也使用于年龄较大（≥45 岁）的组别和年龄较小（≤16 岁）的组别。因为年龄较大会看不清地图上的细线条和小符号，年龄较小还不具有识别复杂地图的能力。

在教学中经常使用从 1∶2 500、1∶5 000 和 1∶10 000 比例的地图。大比例图（比如 1∶2 500）可以容纳更多的细节，如游乐场的设备等，而且线条尺寸也将扩大 50%。

其他比例的地图可以应用于其他类型的定向比赛。

从实际出发，定向地图不能大于实际的需要，一般不要超过 A3 型纸张。

二、定向竞赛地图等高距

定向地图等高距一般为 5 米。在平坦地形中可以用 2.5 米的等高距。不允许在同一张地图中使用不同的等高距。

图 2-8　2018 年全国定向冠军赛暨世界定向排位赛地图

三、地貌符号

读识定向地图，首先必须掌握地貌符号，了解它的特征与作用，还要在颜色上进行区分。不同颜色的符号有不同的含义，它是影响读图和路线选择的关键。下面这些地貌符号必须熟记（见图 2-9）。

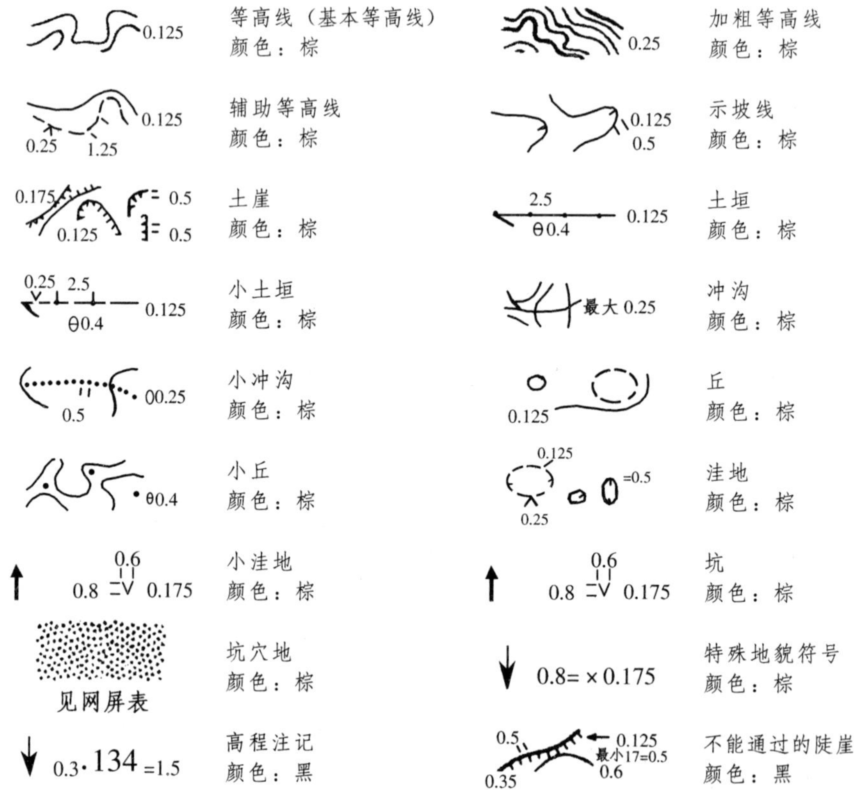

图 2-9　地貌符号

四、地物符号

地面上的各种地物在定向地图上是用符号表示的，地物符号是由图形和颜色组成。地物符号依不同的表示方式可分为三类：

（1）依比例尺表示的符号。实地面积较大的地物，如城镇，森林、湖泊，江河等，其符号图形的外部轮廓是按比例尺缩绘的。这类符号的轮廓线与实地地物的轮廓相似，在地图上可以了解其分布形状，依比例尺可量取相应的实地长、宽和计算面积，轮廓线的转折点可供定向越野比赛组织者设置检查点，也可供运动员在运动途中确定运动方向和确定站立点。

（2）半依比例尺表示的符号。实地的线状地物，如道路，沟渠，电线，围墙等，这类地物符号的长度是按比例尺缩绘的，而宽度则不是。因此，在地图上只能量取其长度，而不能量取其宽度。线状地物的转弯点、交叉点同样可供比赛组织者设置检查点和运动员在运动途中确定运动方向与确定站立点用。

（3）不依比例尺表示的符号。实地面积很小而对定向越野运动有影响和有方位意义的独立地物，如窑、独立坟、独立树等，在地图上长与宽都不能依比例尺表示，只能用规定的符号表示。在定向运动中，独立地物比大面积地物与线状地物作用更大。因为它不但位置准确，而且大多数独立地物突出地面，明显易找，有利于运动员概略定向和精确定向。

专用定向地图采用不同颜色表示不同的地形内容和可跑性，使之层次分明，清晰易读。一般原则是：蓝色表示水系，棕色表示地面起伏，绿色表示植被，其他内容用黑色。对于禁区或不可逾越的障碍还要用蓝、黄颜色或专门符号表示，见比赛地图。下面这些地物符号，要熟记（见图 2-10）。

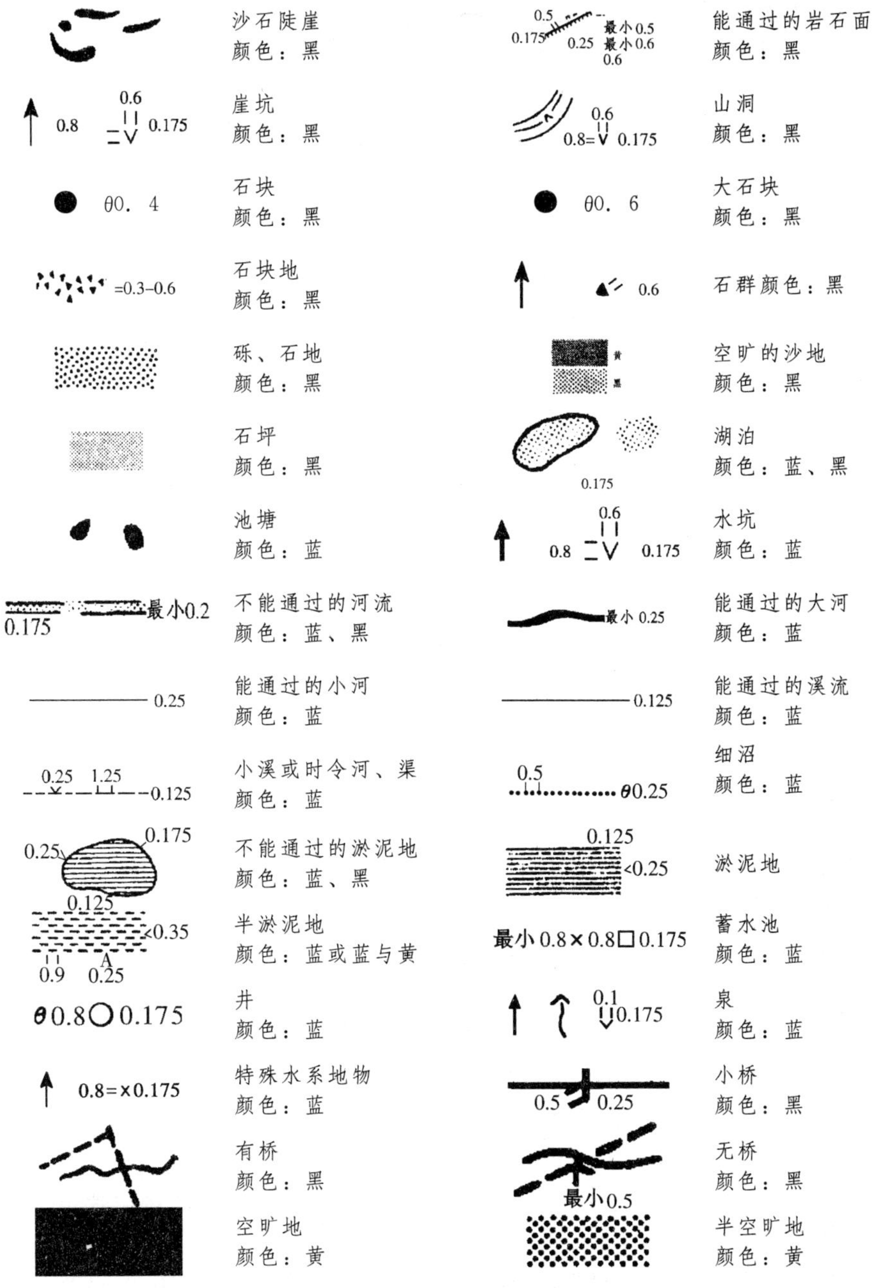

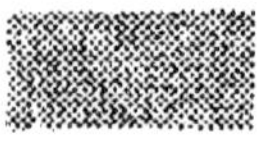
凌乱空旷地
颜色：黄（50%，40 线/cm）

植被：难跑
颜色：绿

单向林
颜色：绿

明显的林边
颜色：黑

不明显地类界

机动车道
颜色：黑和棕

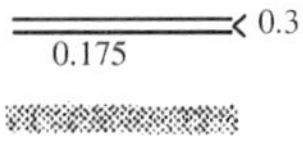

次要公路
颜色：黑和棕

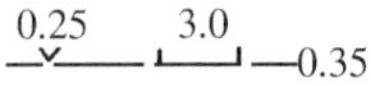

大车路
颜色：黑

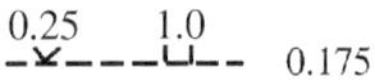

小路
颜色：黑

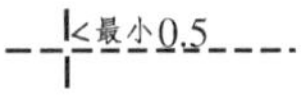

不明显的岔路口
颜色：黑

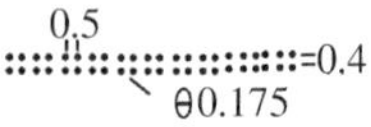

宽要道
颜色：黑与黄或绿

输电线、架空索道
颜色：黑

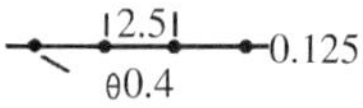

石垣
颜色：黑

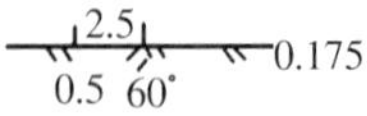

高围栏
颜色：黑

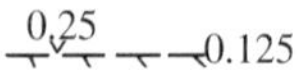

旧围栏
颜色：黑

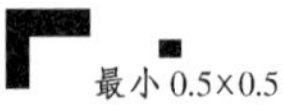

房屋
颜色：黑

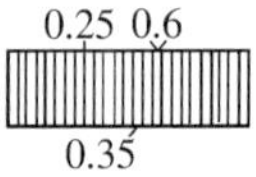

禁区
颜色：黑或紫

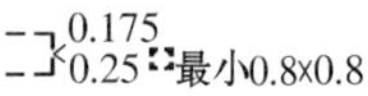

废墟
颜色：黑

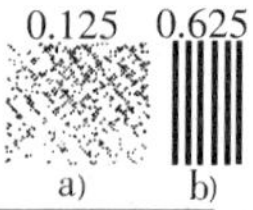

植被：慢跑
颜色：绿

植被：通行困难
颜色：绿

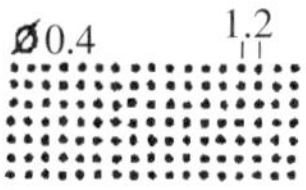

果林
颜色：黄和绿

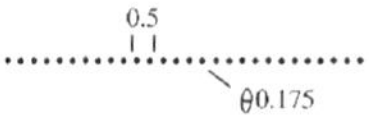

明显地类界
颜色：黑

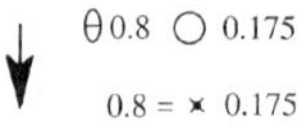

B413 特殊植被植物

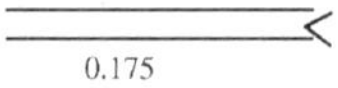

主要公路
颜色：黑和棕

土路
颜色：黑

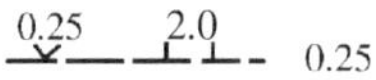

人行路
颜色：黑

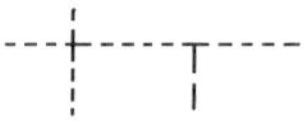
明显的岔路口
颜色：黑

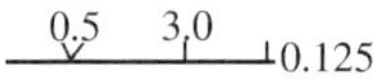

窄林道
颜色：黑

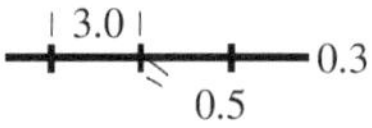

铁路
颜色：黑

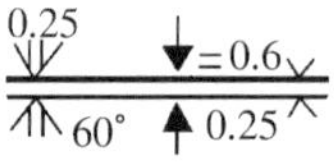

隧道
颜色：黑

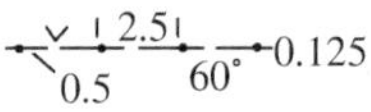

残破石垣
颜色：黑

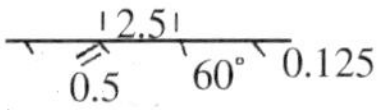

围栏
颜色：黑

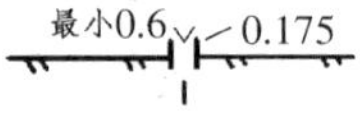

出入口
颜色：黑

建筑群
颜色：黑

停车场
颜色：黑与棕

运动场
颜色：黑与黄

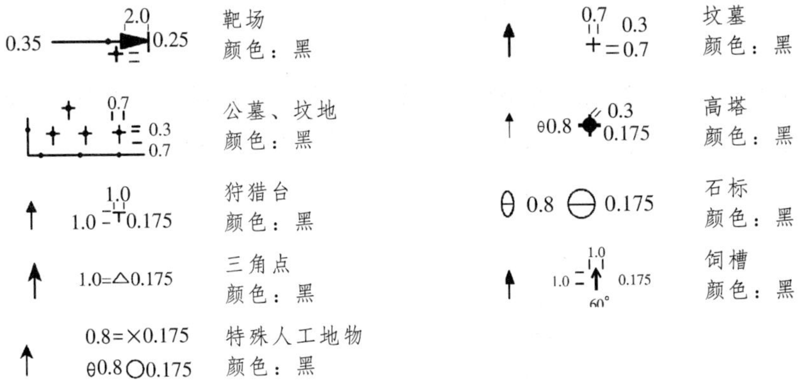

图 2-10　地物符号

五、图例注记

图例注记也是定向竞赛地图的重要内容，在比赛中对快速读图、精确定向和寻找检查点有很大帮助，见图 2-11。

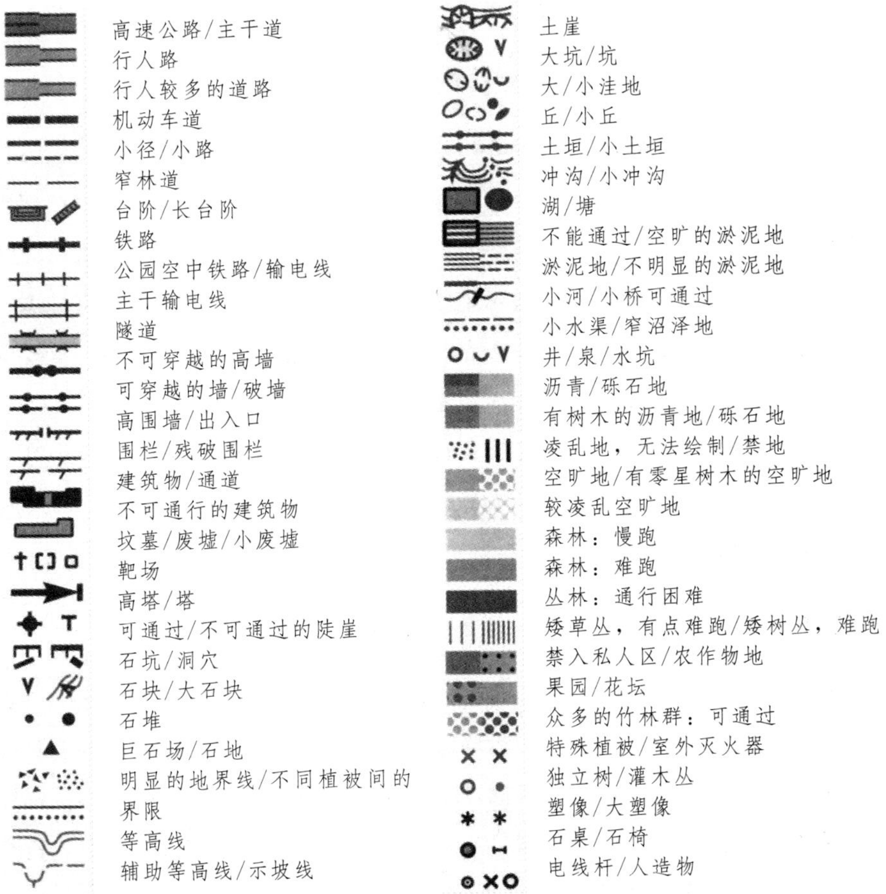

图 2-11　定向地图图例

六、运动路线

一条完整的定向运动路线由一个起点、若干个检查点和一个终点组成。如图 2-12，起点或发图点（假如不在起点时）用等边三角形表示，其一角要指向第一个检查点。

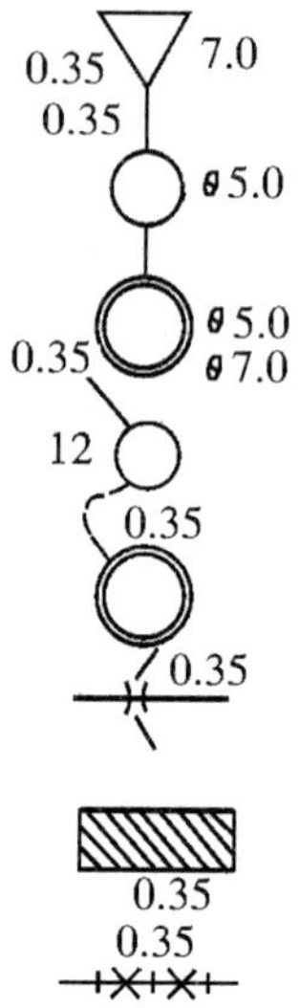

图 2-12　定向运动路线

检查点用圆圈表示。其尺寸的确定受检查点周围细部地形的影响。为使某些重要细部更完整，圆圈也可部分断开。

终点用双圆圈表示。三角形或圆圈的中心表示地物的精确位置，但并不肯定就有标志。

检查点要依次编号并使字头朝北。起点、检查点、终点要按顺序用线联结。遇到重要的细部，连线可以部分断开。必经路线在图上用虚线表示。

绘在图上的这种符号表示穿越街道和铁路的人行横道与地下通道。界外区用此符号表示。

界外的道路（禁行区）用若干“×”表示。

七、检查点说明

一般情况下，检查点采取符号化的形式（见图 2-12）说明，特殊情况下，可将符号表与文字说明同时提供。检查点说明符号是为定向运动参与者提供一种无须语言翻译就能够准确理解检查点说明的可靠方法。检查点说明的目的，是为地图上描绘的检查点特征、点标旗与该特征间的位置关系提供更精确的说明。找到一个设置良好的检查点主要依靠读图，检查点说明只能起辅助作用，并且应该尽可能地简短。

（一）检查点符号化说明（如表 2-1）。

表 2-1　检查点符号化说明

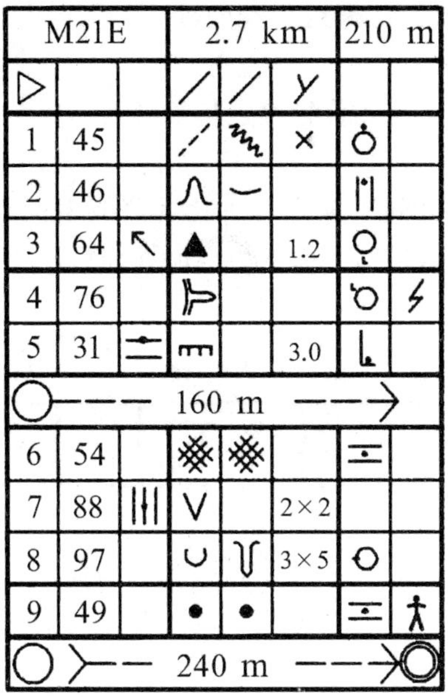

（二）检查点文字说明（如表 2-2）。

表 2-2　检查点文字说明示样

男子 21 岁精英组		直线距离 2.7 km	爬高量 210 m
起点位置		大路与大路交汇处	
1 号点	代码 45	点标旗位于小路与河流的交叉点的北测	
2 号点	代码 46	点标旗位于浅的山谷的上部	
3 号点	代码 64	点标旗位于西北边高 1.2 m 的石头的南脚下	
4 号点	代码 76	点标旗位于山凸的西北脚下，有现场直播	
5 号点	代码 31	点标旗位于上面的 3.0 m 高的陡崖底下	
沿着距离为 160 m 的引导标记离开 5 号检查点			
6 号点	代码 54	点标旗位于两个难通行植被间	
7 号点	代码 88	点标旗位于中间的土坑，土坑面积 2×2 m	
8 号点	代码 97	点标旗位于 3×5 m 深的小洼地的西峡边缘	
9 号点	代码 49	点标旗位于两小丘之间，有裁判员	
最后点到终点情况：240 m 喇叭形通道至终点			

（三）符号化说明表的结构与内容

1. 表头

表头包括的内容有赛事名称、组别（可选项）、比赛路线代码、比赛路线长度（千米，精确到 0.1 千米）、爬高量（米，精确到 5 米）。

2. 起点位置

位于检查点说明的第一行，有点像检查点特征说明。

3. 各检查点说明

按检查点到访顺序排列，其间可插入有关比赛路线中的必经路线长度和性质的特别说明。每隔二行，第三行的检查点说明下面的横线应该加粗，特别说明行的上下边线也应该加粗。如图 2-13 所示。

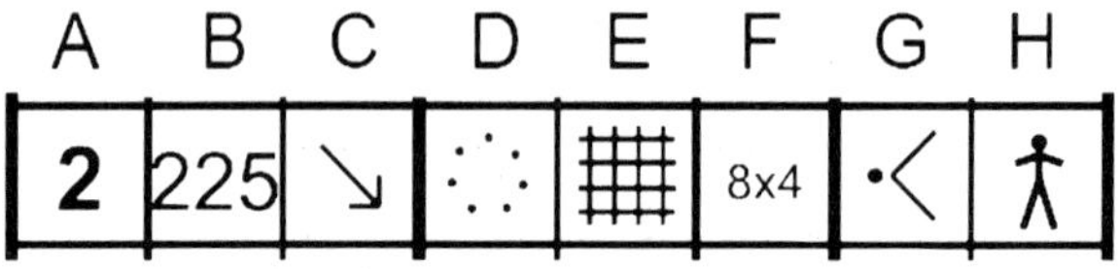

图 2-13

A 检查点序号　　B 检查点代码　　C 相似特征物中的哪一个
D 检查点特征　　E 检查点特征性质的进一步说明
F 大小　　G 点标位置　　H 其他情况

4. 各列的定义

每个检查点按以下方式进行说明。

A 列——检查点序号。除积分定向赛外，检查点序号按比赛路线规定的到访顺序编号。

B 列——检查点代码。检查点代码应该是一个大于 30 的数字。

C 列——相似特征物中的哪一个。当检查点圆圈内有两个或两个以上的相似特征时，使用本列，如东南边的。

D 列——检查点特征。检查点特征是地图上位于检查点圆圈中心的检查点位置处的特征，如林中空地、独立石头等。对检查点特征的说明都以国际定向地图规范（ISOM 2000）为基准。

E 列——检查点特征性质的进一步说明。

F 列——特征物大小。当地图上的检查点特征由不依比例尺的符号描绘时，应该给出检查点特征的大小。

G 列——点标旗位置。点标相对于检查点特征的位置关系，如西拐角外、南边脚下。

H 列——其他说明。提供对参赛者可能具有重要意义的一些其他信息，如电台、饮料供应点等。

5. 特别说明

特别说明插在检查点说明之间，提供某一检查点后必经路线的性质的特别说明，如离开检查点，沿着栏绳行进 80 米；或规定必须通过的通道，最后一个检查点到终点的路线的性质，指出从最后一个检查点到终点的距离，以及两点间是否有栏绳。

6. 符号的定义

以下表格中给出了 ISOM 代码，以显示检查点说明符号与 ISOM2004 规范定义的地图图式间的关系。

（四）对符号化说明表的进一步解释（见表 2-3）

表 2-3 对符号化说明表的进一步解释

符号	命名	定义
		C 列——相似特征
	北边的	检查点特征是两个相似特征中靠北边的那个特征，或检查点特征是多个相似特征中最北边的那个特征
	东南边的	检查点特征是两个相似特征中靠东南边的那个特征，或检查点特征是多个相似特征中最靠东南边的那个特征
	上面的	检查点特征位于另一个相似特征的正上方
	下面的	检查点特征位于另一个相似特征的正下方
	中间的	检查点特征位于多个相似特征的中间
		D 列——检查点特征
地貌		
	阶地	山坡上平的部位
	山凸	一条等高线的凸出部位，或坡地上的“鼻状”突起
	山凹	一条等高线的凹入部位；山谷（通常指小山谷）；山坡上一小块倾斜的凹陷区域
	土崖	能从周围环境中清晰地识别出来的地表面上陡峭的变化
	采石场	平坦或倾斜的砾石、沙石或石头开采场所
	土墙	凸出在地表面上的狭长的土墙，可能有的部位带有人造的石质墙面；用符号 8.11 来补充说明土墙是倒塌的
	冲沟	受雨水急流冲蚀而成的沟壑、沟渠，通常没有水
	小冲沟	受雨水急流冲蚀而成的细小沟壑、沟渠，通常没有水
	山顶	在地图上用等高线描绘出来的山顶
	丘	明显的土质或沙质小隆起；用符号 8.6 来补充说明丘是石质的
	鞍部	两个较高地表突起之间的低矮部分

续表

符　号	命　名	定　　义
	洼地	地表面凹下的部分，其四周的地表面均高于它，但没有形成明显陡边，在地图上用等高线表示
	小洼地	小而浅的、天然的洼地
	坑	地表面有明显的陡边的凹陷处，通常为人造的；用符号8.6来补充说明坑是石质的
	坑穴地	地表面带着许多坑和小丘的部位。由于这些特征太小或太多，无法在地图上进行个别地描绘，包括动物的洞穴
	蚁穴	由蚂蚁或白蚁建造的土堆
岩石和石头		
	陡崖、堆石护坡	能通过或不能通过的陡崖、堆石或岩面敷面的护坡
	岩柱	高的、天然的岩石突起
	洞穴	岩面上或山边的洞穴，通常是地下工作场所的出入通道
	独立石头	显著的独立岩石或石头
	石头地	被石头覆盖的区域，由于石头太多，在地图上无法分别地描绘出来
	石头群	许多石头紧密地簇集在一起形成的，在地图上无法分开描绘的小而明显的石头簇集群
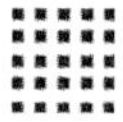	砾石地	被小石头或小的岩石覆盖的区域
	石坪	岩石表面没有土壤和植被，可奔跑的区域
	隘路	两个相对的陡崖或堆石护坡间可通过的间隙
水系		
	湖	通常情况下不能通过的大面积的水域
	池塘	小面积的水域
	水坑	有水的坑或洼地
	河、溪、水道	天然的或人造的，水流动或静止的水道

续表

符　号	命　名	定　　义
	小水道水	渠天然或人造的，季节性有水的小水道
	细沼	因非常狭窄而不能用沼泽符号来描绘的狭窄的沼泽或滴流
	沼泽	带有沼泽植被的永久性的湿地
	硬地	一块沼泽地中的非沼泽部位，或两块沼泽地之间的非沼泽部位
	井	在地面上明显可见的，有水的竖井或不能流动的泉，通常有人造的结构围起来
	泉	水道的源头，有明显泉水流出
	水箱水槽	盛水用的人造容器
植被		
	开阔地	无树的区域、草地、草场或旷野，也表示荒地或高沼地
	半开阔地	带有零星树木或灌木丛的开阔地
	林地的拐角	林地延伸进入开阔地的部分的拐角或尖端部位
	林中空地	指林中没有树木的小空地
	难以通过的灌木丛	林地中一小片由于树木或下层丛林过分浓密，难以通行的区域
	树篱	人工密种而成线状，难以穿越的树木或灌木
	地类界	两种不同植物间的明显分界线
	小林地	开阔地中的一小片林地
	独立树	开阔地或林地中与众不同的，有良好方位作用的单棵树，通常也给出树的类别
	树桩	树被砍倒之后留下来的突出于地面之上的部分；树倒地之后翻露出地面的，有或没有树干根部
人造特征		
	路	在日常气候条件下可以行车的碎石铺面或沥青铺面的路或土质路面的路
	车道小路	人造的，人或动物行走形成的可见的小路；可供农用车、越野车等车辆行驶的路

续表

符　号	命　名	定　　义
	林道	林间明显的、没有明显的小路穿过的线状间隙
	桥	跨过水道或其他线状特征的通道
	输电线	输电线、电话线、空中索道或滑雪用的上山吊索
	电线杆	输电线、电话线、空中索道或滑雪用的上山吊索的支架
	隧道	从地下穿过公路、铁路等路的通路
	石墙	石质界墙，或石头敷面的堤；用符号 8.11 补充说明石墙是倒塌的
	栅栏	用金属丝或木制的边界；用符号 8.11 补充说明栅栏是倒塌的
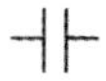	通道	穿过或跨越墙、栅栏或管道的路，包括门、墙和栅栏两侧供人畜通行用的阶梯
	建筑物	直立的砖头、木质或石质结构
	铺砌地	常备的用于停车或其他用途的有坚固的铺筑面的区域
	废墟	已经倒塌的建筑物的遗迹
	管道	地面上的输气、输水、输油等管道
	塔	高的金属、木质或砖头结构，通常建在森林中用做瞭望塔
	狩猎台	固定在树上，供射手或观测者坐的结构
	界碑堆石标	经人加工过的石头或石堆，用作石冢、纪念碑、界碑或三角点
	饲槽	用来盛装动物饲料的结构
	炭灰地	地面上带有明显的木炭燃烧残迹的区域；坡地上的一小块人造平地（台地）
	纪念碑雕像	纪念碑、纪念物或雕像
	走廊	拱廊，室内过道或穿过建筑物的路
	阶梯	一个阶梯，至少有两个台阶

续表

符　号	命　名	定　　义
特殊特征		
╳	特殊特征	如果使用该符号，符号的定义必须在赛前公告中提供给参赛者
○	特殊特征	如果使用该符号，符号的定义必须在赛前公告中提供给参赛者
E 列——检查点特征性质的进一步说明编号		
	低的	检查点特征相当低矮或平坦，但是该特点没有在地图上反映出来，如山、低地
	浅的	检查点特征相当浅，但是该特点没有在地图上反映出来，如山凹、浅地
	深地	检查点特征相当深，但是该特点没有在地图上反映出来，如坑、深地
	被丛林覆盖的	检查点特征位于下层丛林或灌木丛中的，部分的被植被覆盖，但是该特点没有在地图上反映出来，如废墟、被丛林覆盖处
	开阔的	检查点特征位于比周围树木较稀疏的林地中，但是该特点没有在地图上反映出来，如沼泽、开阔地
	多岩石的多石的	检查点特征位于地表多岩石或多石的区域，但是该特点没有在地图上反映出来，如坑、多石处
	沼泽般的	检查点特征位于地表似沼泽的区域，但是该特点没有在地图上反映出来，如山凹、沼泽地
	沙质的	检查点特征位于地表为沙质的区域，但是该特点没有在地图上反映出来，如山凸、沙质地
	针叶的	检查点特征为针叶的树或树丛，如独立树、针叶树
	阔叶的	检查点特征为阔叶的树或树丛，如小林地、阔叶林
	倒塌的	检查点特征已经倒伏在地面，如栅栏、倒塌处
F 列——尺度或结合尺度编号		
2.5	高或深	检查点特征的高度或深度，单位为米
8×4	大小	检查点特征的水平尺度，单位为米

续表

<table>
<tr><th>符　号</th><th>命　名</th><th colspan="3">定　　义</th></tr>
<tr><td>0.5/3.0</td><td>坡地上的高度</td><td colspan="3">位于坡地上的检查点特征上坡侧和下坡侧的高度，单位为米</td></tr>
<tr><td>2.0
3.0</td><td>两个特征的高度</td><td colspan="3">检查点位于两个特征之间，该两个特征各自的高度，单位为米</td></tr>
<tr><td colspan="5">结合</td></tr>
<tr><td></td><td>交叉</td><td colspan="3">两个线状特征的交叉点</td></tr>
<tr><td></td><td>交汇</td><td colspan="3">两个线状特征的交汇点</td></tr>
<tr><td colspan="5">如果在F列应用了交叉或交汇符号，产生交叉或交汇的两个符号必须在D列和C列中进行说明</td></tr>
<tr><td></td><td></td><td></td><td>路的交叉</td><td>两个相似的线状特征的交叉点</td></tr>
<tr><td></td><td></td><td></td><td>林道与河的交叉</td><td>两个不同线状特征的交叉点</td></tr>
<tr><td></td><td></td><td></td><td>路的交汇</td><td>两个相似的线状特征的交汇点</td></tr>
<tr><td></td><td></td><td></td><td>河与细沼的交汇</td><td>两个不同的线状特征的交汇点</td></tr>
<tr><td colspan="5">G列——点标旗位置</td></tr>
<tr><td colspan="5">注：如果点标旗被放置在检查点特征中心或者尽可能地被放置在靠近检查点的中心（或检查点特征为陡崖时，点标旗被放置在陡崖脚下中部），点标旗与检查点特征的位置关系不必用符号说明</td></tr>
<tr><td></td><td>东北侧</td><td colspan="3">点标旗位于向上突出地表面的检查点特征的某一侧，如石头、东北侧，废墟、西侧</td></tr>
<tr><td></td><td>东南边缘</td><td colspan="3">在以下情况下使用：a）点标旗位于地表面向下凹陷形成的检查点特征的某一边的边缘外，如洼地、东南边缘。b）点标旗位于在地表面延伸一定区域的检查点特征的边缘上，如沼泽、西边缘，林中空地、西北边缘</td></tr>
<tr><td></td><td>西部</td><td colspan="3">点标旗位于在地表面延伸一定区域的检查点特征的中心与边缘之间的某一位置，如沼泽、西部，洼地、东南部</td></tr>
<tr><td></td><td>东拐角内</td><td colspan="3">在以下情况下使用：a）点标旗位于检查点特征的边缘呈～的拐角处（内侧或外侧），如开阔地、东拐角内。b）点标旗位于线状检查点特征呈～的拐角处（内侧或外侧），如栅栏、南拐角内，石墙、西南拐角外</td></tr>
<tr><td></td><td>南拐角外</td><td colspan="3">符号指向拐角顶端的方位</td></tr>
<tr><td></td><td>西南尖端</td><td colspan="3">点标旗位于检查点特征边缘小于45°的拐角处，如沼泽、西南尖端</td></tr>
</table>

续表

符　号	命　名	定　　　义
	拐弯处	点标旗位于线状检查点特征出现平滑的方向改变处，如路弯、河弯
	西北端	点标旗位于线状特征的端点，如林道、西北端，石墙、南端
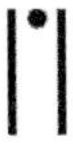	上端	点标旗位于延伸两条或两条以上等高线的检查点特征的顶端近旁，如冲沟、上端
	下端	点标旗位于延伸两条或两条以上等高线的检查点特征的底部末端近旁，如冲沟、上端
	顶部	点标旗位于检查点特征的最高点处，但是这个点标旗位置并不常用，如陡崖、顶部
	底下	点标旗位于检查点特征底下，如管道、底下
	脚下（无方位）	点标旗位于检查点特征的边坡下部与周边地表面的交汇处，如土崖、脚下
	东北脚下	如上所述，但由于检查点特征如此之大，以致其周围有多个可设置点标旗的位置，如山丘、东北脚下
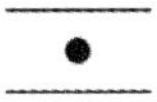	在两者之间	点标旗位于两个检查点特征之间，如在两块难以通过的林区之间；在石头和小丘之间

当符号 11.5“在……之间”在 G 列使用时，点标旗位于它们之间的两个检查点特征必须分别在 D 列和 E 列进行说明。例如：

		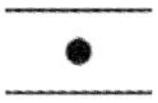	在两块难以通过的林区之间	点标旗在两个相似特征之间
		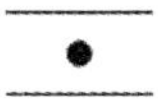	在石头和小丘之间	点标旗在两个不同的特征之间

H 列——其他说明

	急救站	检查点处设有急救站
	饮料供应点	检查点处设有饮料供应点
	广播或电视中心	广播或电视中心
	核查员	检查点处有核查检查卡的核查员

特别说明：

在检查点说明表中可以给出特别说明。特别说明用以再次强调标绘在地图上的必经路线有什么特征。

如果将沿着有标记的路线离开某个特殊的检查点，或在两个检查点间将沿着有标记的路线行进（如表 2-4）：

表 2-4　特别说明 1

符　　号	命名/定义
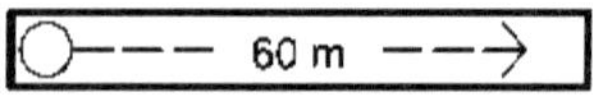	离开检查点，沿着有标记的路线行进 60 米
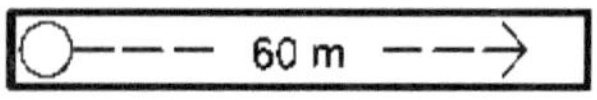	在两个检查点之间沿着有标记的路线行进 300 米

如果在两个检查点之间有规定必须通过的通道或路线（如表 2-5）：

表 2-5　特别说明 2

符　　号	命名/定义
	必须通过规定的通道
	必须经规定的路线通过限定的区域

地图交换点，或如果将沿着标记路线从检查点到地图交换点，应该在最后一部分比赛路线的最后一个检查点说明后说明如下（如表 2-6）：

表 2-6　特别说明 3

符　　号	命名/定义
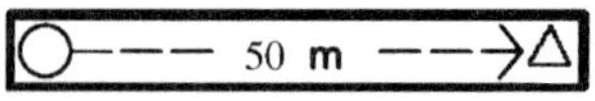	离开检查点沿着标记路线行进 50 米到地图交换点

最后一个检查点到终点的路线的特征：

下面是终点的说明，从最后一个检查点到终点的路线的特征用以下几个说明中的一个来指出（如表 2-7）。

表 2-7　特别说明 4

符　　号	命名/定义
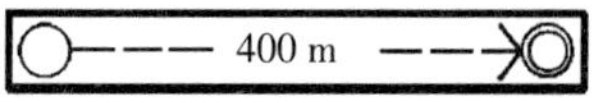	从最后一个检查点到终点的距离为 400 米，沿着标记路线行进
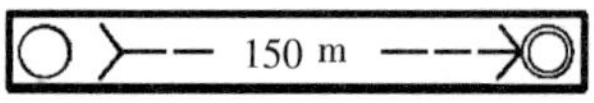	从最后一个检查点到终点的距离为 150 米。有漏斗形标记导引到终点
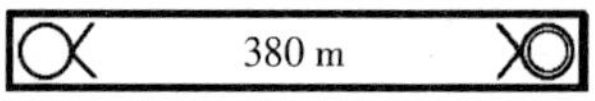	从最后一个检查点到终点距离为 380 米。没有通向终点的标记

第三节　指北针

一、指北针的基本原理

指北针是利用地球磁场“同性相斥，异性相吸”的原理指示方向的一种工具。整个地球是一个大磁体，有两个磁极：一个叫地磁北极，另一个叫地磁南极。指北针的磁针在这两个磁极的吸引下，会一端指北（地理北方），一端指南。指北针的针尖，含有两种磁性，在地磁南极和北极的吸引下，它的两个针尖永远分别指着南方和北方。所以，用指北针判定方位，简单方便，只要把指北针放平，它就能正确指出南北方向。不论是在陆地、在海洋还是在空中，也不管是黑夜还是白昼，或者刮风下雨，结果都是一样的。

但是指针所指的方向并不是正北方向。指北针的北不是严格对准北极星方向的，而是有一个角度。这说明地球南、北极和地磁南、北极不在一个位置上，而是有一个角度，这个角度叫磁偏角。磁偏角的大小，在各地是不一样的。在我国东部地区，磁针方向总是指在北极的西面，叫作西偏，越往东北，西偏的角度就越大。如在上海地区为 3°～4°，大连地区为 5°～6°，到黑龙江就 11°多了。在我国的西部地区，磁针的方向又总是指在北极的东边，叫作东偏。越往西北，东偏的角度越大。如在拉萨、昌都为 0°，到乌鲁木齐是 3°～4°。由于地磁本身每年还有周期性的变化，同一地点的磁偏角也随着时间的推移年年都会变化，一年内变化的数值叫年变率。各地磁偏角和年变率都是经过精确的测量计算出来的。使用指北针标定方向，必要时，要根据磁偏角和年变率进行修正。

此外，由于磁针有吸铁的特性，容易受电和金属体吸引。使用前应检查磁针是否灵敏，使用时不要太靠近高压线、汽车、金属等物体，在雷雨时和磁铁矿、磁力异常地区，指北针会出现方向偏差。

二、指北针的构造

指北针主要由底板、充液磁针盒、刻度盘和固定带组成（如图 2-14）。充液磁针盒里的磁针是针形磁铁，它的红色端指向磁北方向，白端指向磁南方向。现在定向运动使用的指北针多为透明式多用指北针。指北针底板透明可透视地图，磁针灵敏度高，稳定性好，便于提高读图速度。

（一）基板

也叫底板，是一个长方形塑料板，通常设置在针盒之下，可以让指北针放在地图上，便于判读方向。比较好的底板还在边缘附有刻度表，可以用来测量地图上的距离，以便和地图上的比例尺对照，算出实际的距离。

（二）充液磁针盒

磁针盒内包括磁针、磁针轴承和液体。磁针红色一端通常指出磁北的方向，磁针轴承和液体是用来保护磁针的，避免碰撞到针盒以及在判读方向时减低指针的移动量。

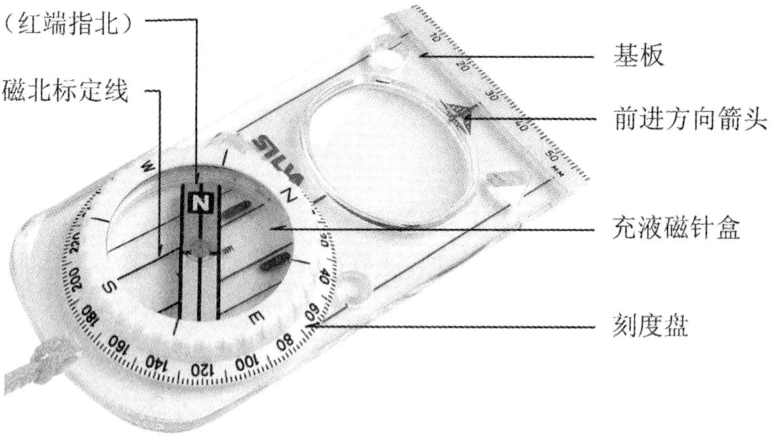

图 2-14　普及型指北针

（三）刻度盘

在充液磁针盒外围圆盘上刻有 0 到 360°的角度，通常以 2°为一个刻度，刻画在针盒外边的周围。

（四）固定带

用于固定在大拇指上或挂在使用者身上。

三、指北针的种类

（一）简易型指北针

适合初学者使用，可简单判定方位。其拥有指北针应具备的基本功能，价格便宜，但是使用时需要保持平稳和静止状态，不宜在高速奔跑中使用（见图 2-15A）。

（二）专业型指北针

适合专业运动员使用，可准确标定地图和确定前进方向。磁针精确度高，稳定性强，运动员可以在高速奔跑中使用（见图 2-15B）。

（三）制图型指北针

角度精确度较高，数字刻度盘详细，抗干扰性强，具有可调式磁针盒、偏角线等多项辅助器功能，性价比高（见图 2-15C）。

（四）手腕式指北针

此类指北针是 Silva 公司创新研发的手腕指北针，通过橡胶带把指北针安全地固定在手上，非常方便实用（见图 2-15D）。

（五）电子指北针

现代人制作了各种电子指北针，智能手机中也有这个软件，也称为电子罗盘。其是利用地磁场来定北极的一种方法，一般用磁阻传感器和磁通门加工而成，应用到手机与各种电子通信设备上。

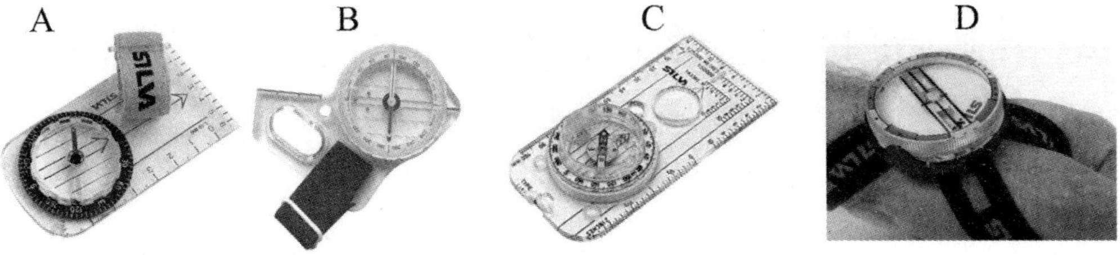

图 2-15 指北针的种类

四、指北针的持握方法

（一）刻度盘指北针的持握方法

刻度盘指北针的持握方法是，读图时水平持握指北针于身体前面正中的位置，高与腰或胸齐，前进方向箭头与身体正中线平行指向身体正前方见（见图 2-16）。

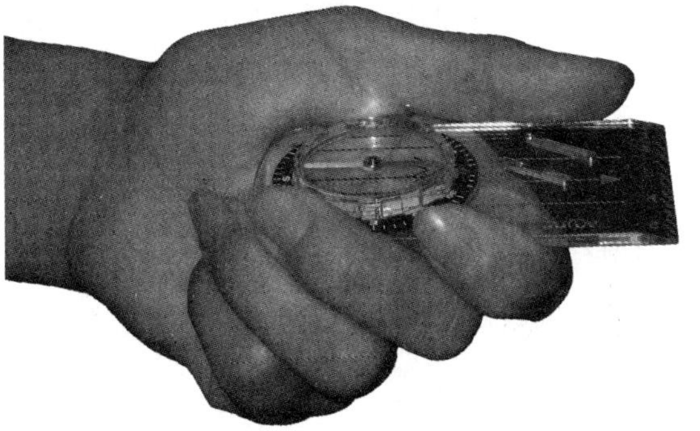

图 2-16 刻度盘指北针的持握方法示意图

（二）拇指指北针持握方法

拇指指北针的持握方法是，读图时用拇指指北针前端右侧顶角压在自己在地图上目前的位置后面，水平持握地图于身体前面正中的位置，高与腰或胸齐，前进方向箭头与身体正中线平行指向身体正前方（见图 2-17）。

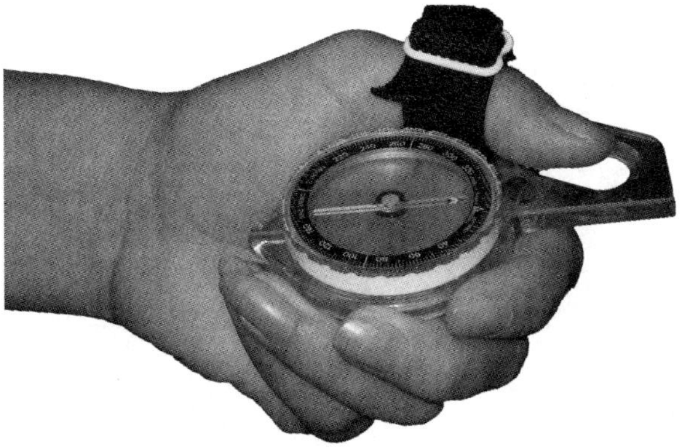

图 2-17 拇指指北针持握方法

五、定向运动中指北针的作用与使用方法

在定向运动中，指北针的主要用途是标定地图和确定前进方向。

（一）标定地图

标定地图包括原地标定地图和在行进中标定地图。在原地标定地图时，转动身体直至指北针磁针与地图磁北线平行，且磁针红端（北端）与磁北方向一致时，地图即被标定。在行进中标定地图时，在沿着选定路线行进过程中，随着前进方向的改变，同时向身体转动方向相反的方向转动地图。当指北针磁针与地图磁北线平行且磁针红端（北端）与磁北方向一致时，地图即被标定。

（二）确定前进方向

指北针（以拇指指北针为例）确定方向可分两步进行。

第一步，将拇指指北针的右侧顶角放在地图上自己当前站立点上，并使基板上的前进方向线与目前站立点和目标点间的连线平行，并使前进方向箭头指向目标点（见图 2-18）。

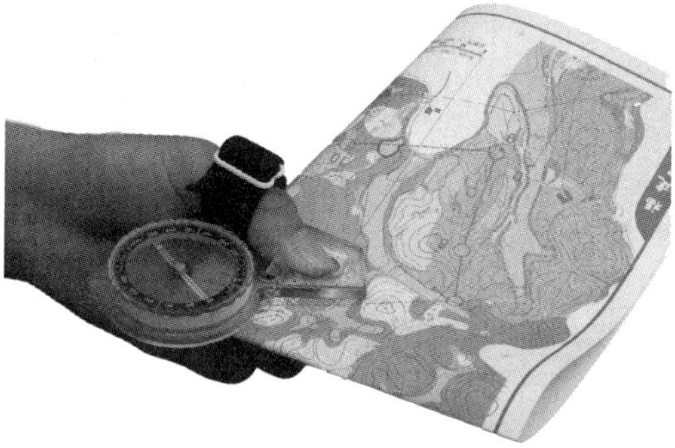

图 2-18　拇指指北针确定前进方向第一步

第二步，水平持握指北针于身体前面正中的位置，高与腰或胸齐。转动身体直到指北针磁针与磁北线平行，磁针的北端（红端）与磁北标定线的北端一致。前进方向箭头所指的方向即前进方向或目标所在方位（见图 2-19）。

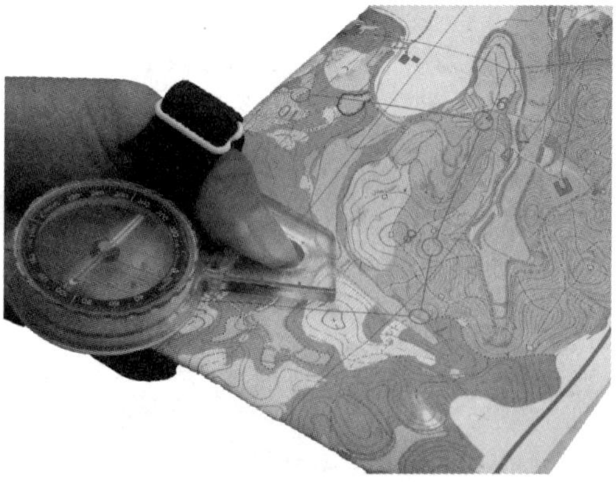

图 2-19　拇指指北针确定前进方向第二步

第三章 定向运动术语

本章导读：定向运动是一项新型的体育运动，专业性较强，其中有很多的术语对我们来说是比较陌生的，只有充分了解有关专业术语才能更深刻地了解定向运动，促进运动技术水平的提高。

关键词：定向运动；基本术语；地图术语；制图术语；技能术语；其他术语

第一节 基本术语

1. 背向方位（Back bearing）

背向方位是指从一个明显的特征指向站立点的方位。

2. 行进方位（Bearing）

行进方位是借助指北针和地图确定的行进方向或方位。

3. 方位（Bearing）

方位指空间地理位置，包括方向和位置或指方向。

4. 方位作用（Bearing effect）

方位作用指提供参照，帮助定向者确定方位的作用。

5. 基本方位（Cardinal points）

基本方位是指指北针的东、南、西、北4个主要方位。

6. “捕捉”性特征（Catching feature，backstop）

“捕捉”性特征是一个超过检查点的明显特征，通常与前往检查点的路线延长线相交，能“捕捉”定向者的注意力，并提醒定向者：你已经跑过了检查点。有时，“捕捉”性地物被用作攻击点，定向者有意跑过检查点，到达捕捉性特征，从检查点后面向检查点行进。

7. 核查特征（Check point，Check off point）

核查特征指在定向运动中你必须记住的一些在地图上和实地中均存在的明显特征，可以分成三类。一类是在从某个检查点出发之前应该记住的特征，用来帮助定向参与者确定自己是否正行进在选定的路线上的特征。一类也是出发前应该记住的特征，用来帮助判断距离或沿扶手特征前进时，用来帮助变换扶手的特征。还有一类是通过它时应该记住并在大脑中形成这个特征的位置和距离的记录；当迷失后要迅速返回到正确的路线上时，大脑中的这些记录可以提供巨大的帮助。

8. 标准距离赛（Classic distance races）

标准距离赛是一种按顺序到达检查点的徒步定向比赛类型。在2004版国际定向运动联合会徒步定向竞赛规则中被更名为长距离赛。

9. 导航特征（Collecting feature，Collecting features）

导航特征指在定向运动中对导航和确定方位具有重要意义的明显、易辨识的特征，如安全特征、“捕捉”性特征、攻击点等。

10. 色级体系（Colour coded，Colour coded system，Colour－coded courses）

色级体系是一种用颜色来表示定向比赛路线难度的体系，每一种颜色对应一个包括一定定向技能和体能要求在内的难度标准。色级体系由白色开始，难度按黄、橙、红、绿、蓝、棕和黑色的顺序依次递增。色级体系的主要目的是提供不同程度的赛事，以满足不同水平的定向爱好者和运动员的需要。不同国家的色级体系有所差别。

11. 必经路线（Compulsory route）

必经路线指在地图上用紫红色虚线表示出来并在检查点说明表中注明的，参赛者在比赛中必须通过的路段或路段的一部分。必经路线多位于最后一个检查点与终点之间，也可以位于两个检查点之间，通常在实地用栏杆、栏绳、彩带或彩旗等标示物标志出来，也可以不用标示物。

12. 连线（Connection line）

连线指比赛路线上位于起点和第一个检查点之间、相邻两个检查点之间及最后一个检查点与终点之间将相邻两个点连接起来的紫红色实线。

13. 检查点（Control，control point）

检查点指参赛者比赛时应该到访的点，在地图上用检查点圆圈标出，在实地用点标旗标出。检查点在实地中的精确位置由地图上位于检查点圆圈圆心处的特征来定义，点标旗在实地总是位于该特征上或该特征旁。

14. 检查卡（Control card）

检查卡指参赛者比赛时携带的用来记录自己到访检查点情况的卡片。电子化检查卡又称指卡。

15. 检查点圆圈（Control circle）

检查点圆圈指标绘在地图上用来指明检查点位置的单圆圈。检查点的精确位置位于检查点圆圈圆心处的特征上。

16. 检查点代码（Control code）

检查点代码指标记在点标旗和检查点说明表上，供参赛者核实所发现的检查点是否是自己应寻找的检查点的一个 2 位或 3 位数字，或者由两个字母组成的符号。在积分定向赛中，检查点代码通常用来代替检查点序号标记在检查点圆圈旁，并且常常包含了每个点的积分信息。

17. 检查点说明（Control description）

检查点说明指用 IOF 制定的通用格式和符号构成的对检查点代码和位置的简短的精确说明。在为儿童和初学者设计的比赛中，也可以用其他象形符号和文字来代替 IOF 检查点说明符号。

18. 检查点特征（Control feature）

检查点特征指在地图上位于检查点圆圈圆心处用来定义检查点在实地中的位置的特征。

19. 检查点顺畅性（Control flow）

检查点顺畅性指参赛者进入检查点、打卡和按预先确定的方向离开检查点的过程的连贯性和自动化水平。

20. 检查点标志（Control marker，Control flag）

检查点标志是一个由三个正方形围成的用来在实地中标识出检查点的三棱柱形灯笼样标志。每个正方形大小为 30 厘米×30 厘米，并沿对角线分为白色和橙色两部分。检查点标志又称点标旗。

21. 检查点序号（Control number）

检查点序号指赋予检查点的紫红色序列号，字头指向北方，标绘在检查点圆圈旁和检查点说明表第一栏上。在按顺序到访检查点的比赛中，检查点序号用来规定检查点到访顺序。在积分定向赛中，检查点序号仅是一个序列号，通常不标示在地图上，而只标记在检查点说明表上。

22. 比赛路线（Itinerary）

比赛路线指标绘在地图上由起点、检查点和终点组成的，定向运动参赛者需要按顺序到访的一系列点。

23. 检查点说明表（Description sheet，Description list）

检查点说明表指用 IOF 制定的通用格式和符号构成的，按检查点序号排列的一条定向比赛路线的简短的精确说明，包括赛事名称、组别、比赛路线代码、直线距离和爬高量、起点、各检查点、必经路线、终点等信息的说明。检查点说明表中，检查点序号是否决定检查点到访的顺序，取决于比赛类型。

24. 赛事（Event，Meet）

赛事指一次有组织的定向竞赛活动，也指包括竞赛组织等在内的一次定向比赛涉及的所有方面的事宜。

25. 特征（Feature）

特征指地图上和实地中可以作为识别、定位和导航标志的地貌，地物或他们的局部特点。

26. 徒步定向（Foot，orienteering）

徒步定向是一项参赛者借助地图和指北针，在尽可能短的时间内徒步到达若干个被同时标记在地图上和地面上的检查点的运动。徒步定向又称定向越野。

27. 路段（Leg）

路段指两个检查点间的一段比赛路线。由起点到第一个检查点的比赛路线称第一个路段，其他路段依此类推。

28. 赛段（Leg）

赛段指接力定向赛中整个比赛路线被分为数段，每一名队员分别完成的一段比赛路线。

29. 线状特征（Linear feature）

线状特征指栅栏、溪流、小路等狭窄的并延伸一定距离的天然或人造特征，在地图上它们呈线状，在实地可顺着行进。

30. 专线定向（Line event，Line orienteering）

专线定向是一种定向运动类型，主要用于定向运动教学和训练。专线定向有两种模式，一种是参赛者沿着在地图上规定好的路线在实地行进；另一种是预先在规定路线对应的实地路线或其附近设置若干个检查点，但不在地图上标绘出来，参赛者沿着规定的路线前进，并将沿途发现的检查点位置在地图上精确地标绘出来。

31. 站立点（Location，Position）

站立点指参赛者某一时刻在地图上的精确位置。

32. 长距离定向赛（Long distance orienteering race）

长距离定向赛是一种定向比赛类型，简称为长距离赛。长距离赛难度中等，对技术和体能有较高的要求，主要检验运动员在长时间的技术和体能要求下的读图能力、路线选择能力及距离判断能力等。长距离赛整个赛程都体现了路线选择和概略定向的重要性。长距离赛一般在野外（通常在森林中）举行，比赛地形应提供良好的路线选择可能性。男子和女子长距离赛的比赛胜出时间分别为90～100分钟和70～80分钟。长距离赛曾被称为标准距离赛。

33. 标记路线（Marked route，Taped Route）

标记路线是带有标示物的必经路线，通常称为必经路线。

34. 微型定向（Micro－orienteering，Mini－orienteering）

微型定向是一种新型定向运动类型，由于世界上首场微型定向比赛的场地约为100米×50米，因此又被称为百米定向。微型定向的竞赛规则还在探讨中，按照目前的设想，微型定向比赛将强调观赏性，技术要求较简单，难度小，整个比赛路线或比赛路线的主要部分设置在一块较小的利于现场和电视观众观赏的较开阔地形内，并将安排许多起干扰作用的假检查点。这样将给参赛者带来额外的压力。因此微型定向主要检验运动员在压力条件下读图和读检查点说明表的能力，做出正确判断的能力，以及不断地改变跑动速度和方向的能力。

35. 中距离定向赛（Middle distance orienteering race）

中距离定向赛是一种定向比赛类型，简称为中距离赛。中距离赛难度大、技术要求高，主要检验运动员持续集中注意力读图的能力，不间断地改变跑动速度和方向的能力，以及穿越不同地形和植被的能力，整个赛程中都体现了精确定向和路线选择的重要性，甚至一个很小的错误都可能对比赛结果产生决定性的影响。中距离赛一般在野外（通常在森林中）举行，比赛地形复杂。男子和女子中距离赛的比赛胜出时间为30～35分钟。

36. 夜间定向（Night－orienteering）

夜间定向是一种在夜间进行的徒步定向运动类型。夜间定向对读图能力、迅速建立和保持图地关联的能力，以及指北针精确导航能力和追循着各种小路前进的能力要求较高。相对于白昼进行的徒步定向，夜间定向比赛的环境通常较安全，地形较平坦，道路网多，密林较少。比赛地图为大比例尺地图，点标旗有被动光源（在学校等灯光较多的环境中可以不用被动光源）。

37. 定向运动（Orienteering）

定向运动是一种参赛者借助地图和指北针，在尽可能短的时间内到达若干个被分别标记在地图上和地面上检查点的运动。根据运动方式，定向运动可分为徒步定向、滑雪定向、山地自行车定向和轮椅定向等类型。通常提到的定向运动一般指徒步定向。

38. 定向地图（Orienteering map）

定向地图是一种彩色专用地图，它强调反映对确定方位和导航有重要意义的特征，以及实地的通行性、易跑性和通视度，强调地图的易读性。比赛用定向地图的比例尺根据比赛类型不同而有所不同，一般在 1∶4 000 至 1∶15 000。

39. 定向体系（Orienteering system）

定向体系是运用系统方法为定向运动员准备和参加比赛所制定的程序，如检查点“捕获”、再定位、出发、集中注意力和比赛计划等。

40. 永久比赛路线（Permanent course）

永久比赛路线是一种通常用于娱乐、教学和训练的定向比赛路线。这种比赛路线中，永久性的检查点标记被设置在森林或公园中，并被套印在地图上。

41. 定向接力赛（Relay event）

定向接力赛是一种团体定向比赛类型，简称为接力赛。参赛者按竞赛规程组队（通常 3 人以上）参赛，整个比赛路线按竞赛规程被预先分为数段，每一名队员按预先安排好的顺序分别完成各自的一段比赛路线，整个队的成绩是每一名队员完成各个赛段的有效成绩之和。接力赛对技术和体能的要求类似于中距离赛。接力赛一般在野外（通常在林地中）进行，由于比赛时各队运动员同时出发，要求比赛地形应尽量减少运动员互相看见的机会（比如在浓密的树林、多山地带、山凹等），因此平坦、通视度高的地形不适合接力赛。IOF 赛事中，接力赛由 3 人完成，总的比赛胜出时间为女子在 120 分钟左右，男子在 135 分钟左右，各段比赛路线的完成时间可以不同，但必须介于 30～60 分钟。

42. 行进路线（Route）

行进路线指参赛者完成每一路段时的实际运动轨迹。

43. 安全方位（Safety bearing，Safety direction）

安全方位指借助指北针确定的，能引导迷路者到达道路或其他较大的易辨识特征位置的方位。安全方位也指在定向活动前，由组织者提供的以确保能导引参与者安全返回的方位。

44. 积分定向（Score Event，Score orienteering）

积分定向是一种定向运动类型。积分定向包括一个起点、一个终点和若干个检查点，但检查点没有规定到访顺序，而是根据地形的难易、距离的远近、与其他检查点间的位置关系被赋予不同的分值。参赛者必须自己设计出最优的路线组合，在规定的时间内取得尽可能高的积分。如果超时，将按一定的规则扣除积分。

45. 短距离定向比赛（Sprint orienteering race）

短距离定向赛是一种定向比赛类型，简称短距离赛。短距离赛技术要求较简单，难度小，主要检验运动员在复杂环境中的读图和识图能力，以及在高速奔跑条件下分析、选择路线的能力，整个赛程都体现了速度因素的重要性。短距离赛通常在容易跑的公园、街区或野外进行，并允许观众在比赛场地内观赏比赛。男子和女子短距离赛的比赛胜出时间为 12～15 分钟。

46. 星形定向（Star Event，Star orienteering）

星形定向是一种定向运动类型。星形定向中，参赛者到达一个检查点后必须回到位于每个检查点之间的起点。星形定向可使组织者与学习者之间保持密切的联系，主要用于接力赛和初学者的教学和训练。

47. 进阶体系（Step system）

进阶体系是一种带有激励机制的定向技能教学和训练体系。进阶体系从最初级的了解地图开始到最高水平的精确定向，按学习目标将定向技能分为 5～7 级，一步一步地指导学习者掌握不同水平的定向技能。

48. 直线路线（Straight－line route）

直线路线指两个检查点之间可选取的最短的路线。

49. 扶手定向（String course，String course orienteering）

扶手定向是一种为儿童设计的定向运动类型。扶手定向比赛路线距离短，并且沿着比赛路线的两侧全程用绳子、带子或彩旗标记起来，这样一条路线既可以引导儿童寻找检查点、了解森林，又可以防止儿童在林中迷失。

50. 检查卡副卡（Stub）

检查卡副卡是卡片式检查卡的组成部分之一。检查卡包括主卡和副卡两部分。运动员到达待发区后，从检查卡上将副卡撕下交给裁判员留底。副卡主要用于核查运动员出发和返回的情况，有时也用来公布比赛成绩。

51. 爬高量（Total climb）

爬高量指一条比赛路线各个路段直线路线的爬高量之和。

52. 25 人定向接力赛（25 manna）

25 人定向接力赛是一种特殊类型的定向接力赛。每个接力队由来自不同性别和年龄组的 25 名队员组成。25 人定向接力赛的前两个赛段的比赛与普通接力赛没有区别，但从第二名队员回来开始，每名队员同时与 4 名队友进行交接。前 22 名出发的队员中，最后回来的一个队员与第二十三名队友交接，由此又回到普通定向接力的形式，直到完成整个比赛。

第二节　地图术语

1. 高差（Altitude difference，Height difference）

高差指起算面相同的两个特征间的高程之差。

2. 高程（Altitude）

高程指一个特征由给定的基准面起算的垂直高度。高程包括绝对高程（absolute altitude）和相对高程（relativc elevation）。绝对高程又称真高或海拔，指由国家规定的高程基准面（中国为 1985 年国家高程基准）起算的高程。相对高程又称假定高程，指由假定的水平面起算的高程。

3. 鞍部（Col，saddle）

鞍部指两座山或山丘之间形如马鞍状的低矮部位。

4. 等高线（Contour，Contour line）

等高线是地面上高程相等的点的连线，投射在平面上（地图上）形成的闭合曲线。

5. 首曲线（Contour，Contour line）

首曲线指地图上按注明等高距测绘的等高线，为闭合曲线。首曲线又称基本等高线。

6. 等高线特征（Contour features）

等高线特征指由等高线和其他棕色地貌符号描绘的明显的小地貌特征，如小山顶、丘、洼地、山凸和山凹等。

7. 等高距（Contour interval）

等高距是地图上相邻基本等高线的高程差。

8. 等高线地图（Contour－only map）

等高线地图指只有由等高线描述的地貌变化的地图，多用于训练。等高线地图又称地貌图。

9. 洼地（Depression）

洼地指地表面凹下的部分，无明显陡边，通常无水。洼地又称“凹地”。

10. 难跑灌木林（Shrubs）

难跑灌木林指通视度较高的下层丛林（荆棘、低矮灌木丛和砍伐下来的树枝等）密集区，在其中能以20％～60％正常速度行进。

11. 独立树（Distinctive tree）

独立树指开阔地或林地中与众不同的、有良好方位作用的单棵树。独立树又称突出树。

12. 易跑林（Easy running forest）

易跑林指树木稀疏、通视度高，在其中能以80％～100％正常跑速奔跑的林地，在定向运动地图上用白色表示。易跑林又称为开阔林。

13. 间曲线（Intermediate Contour Line）

间曲线指地图上按二分之一等高距测绘的等高线，用以描述局部地域首曲线不能显示的更多的地貌细节。除描绘丘和洼地时各自闭合外，间曲线通常为非闭合长虚线。间曲线又称半距等高线。

14. 冲沟（Gully）

冲沟指地面受雨水急流冲蚀而形成的大小沟壑，通常没有水。

15. 不能通行植被（Impassable vegetation）

不能通行植被指由于过于浓密以至无法通行的植被（树林或下层丛林）密集区。或指可能给定向者带来危险的植被密集区。

16. 计曲线（Index contour）

计曲线指从零米起算，每隔四条首曲线加粗一条的等高线。计曲线又称加粗等高线。

17. 图例（Key，legend）

图例是地图内所用符号和表示方法的释义和说明。

18. 地貌（Land forms）

地貌是地球表面高低起伏的形态特征。

19. 地图（Map）

地图是根据一定的数学法则，运用符号系统，概括地将地球上各种自然和社会经济现象缩小表示在平面上的图形。

20. 地图比例尺（Map scale）

地图比例尺是地图上两点间距离与实地中对应的两点间的水平距离之比。

21. 地图符号（Cartographic symbol）

地图符号指为将实际地貌、地物反映在地图上所制定的简明易懂的符号和有关规定。地图符号又称地图图式。

22. 标准图（Master maps）

标准图指放在起点附近，标绘有比赛路线，供参赛者作为母版在自己的地图上复制比赛路线的地图。参赛者通常在出发后才开始利用标准图复制比赛路线，因此这个过程所用的时间通常被计算在比赛成绩内。

23. 山背（Mountain－back）

山背是从山顶到山脚的凸棱部分。在地图上，山背用一组以山顶为准向外凸出的等高线表示。

24. 坑穴（Pit）

坑穴指地表面突然凹下的部分，有明显的陡边，通常无水。在定向地图中，人造的小洼地也用坑穴符号来表示。

25. 地物图（Planimetric map）

地物图指没有等高线，只反映地物特征的地图。地物图又称为平面图。

26. 点状特征（Point feature）

点状特征指石头、坑穴和小丘等狭小的天然或人造特征，在地图上用点状符号表示。

27. 山凹（Reentrant，re－entrant）

山凹指山谷，或指地面上一块倾斜的凹陷区域。在地图上通常用一条或数条凹入的等高线就可将山凹反映出来。

28. 比高（Scaledheight of explosion）

比高是相对高程的一种特殊形式，指由特征所在地面起算的高度或高程，如石头的比高，坑穴的比高。

29. 山垄（Rib）

山垄是狭长的山凸。

30. 山脊（ridge）

山脊指是若干个山顶与鞍部连接而成的凸棱部分。

31. 易跑性（Runnability）

易跑性指实地地形通行的难易程度。在定向地图中通过颜色和符号的变化来描述实地的易跑性。

32. 示坡线（Slope line，Tags）

示坡线指地图上与等高线垂直相交，用于指示斜坡降落方向的棕色短线。示坡线与等高线相交的一端指向斜坡上坡方向，另一端指向斜坡降落方向。

33. 慢跑林（Slow running forest）

慢跑林指由树木和灌木丛构成的林地，通视度中度，在其中能以60％～80％正常跑速行进，在定向运动地图上用浅绿色表示。

34. 山嘴（Mountain spur）

山嘴指山脚突出的尖端。

35. 山凸（Spur）

山凸指地面上的“鼻状”突起部分。山凸又称小山脊。

36. 地物（surface feature）

地物是地表面上自然形成和人工建造的固定性物体。

37. 台地（Terrace）

台地是山坡上平的或接近于平的部位。台地又称阶地。

38. 地形（Terrain）

地形是地球表面的形态特征，包括地物特征和地貌特征。

39. 慢跑灌木林（Shrubs）

慢跑灌木林指通视度高的下层丛林（荆棘、低矮灌木丛和砍伐下来的树枝等），在其中能以 60%～80%正常速度行进。

40. 山谷（valley）

山谷是两个山背之间的低凹部分。在地图上，山谷用一组以顶、鞍部或高处为准向内凹的等高线表示。

41. 植被（Vegetation）

定向地图中的植被指地表覆盖层的情况。它们综合反映了地表的可跑性可通行性及通视度情况。

42. 地类界（ Vegetation boundary，Vegetation change）

地类界指地表面易跑性和通视度相似的两类明显不同的植被间的分界线，在定向地图上用点线表示。

43. 难通行植被（Very difficult vegetation to run，Thicket，Fight）

难通行植被是由密集的树林和灌木林构成，通视度低，在其中只能以 1%～20%正常跑速行进，或指通视度较高的下层丛林密集区，在其中能以 1%～20%正常速度行进。难通行植被在地图上用深绿色表示（注：在 ISOM2000 中，将植被的易跑性分为 4 级，难通行植是跑速最低的一级，跑速为正常跑速的 1%～20%；而在 ISSOM 中，将植被的易跑性分为 5 级，难通行植被是第 4 级，跑速为正常跑速的 1%～20%，其下还有第 5 级，不能通行植被，跑速为正常跑速的 0）。难通行植被也指林地中一小片由于树木或下层丛林过分浓密，难以通行的区域（国际检查点说明规范）。

44. 通视度（visibility）

通视度指特征对视线的妨碍程度。

45. 难跑林（Walk，Difficult forest，to run）

难跑林指由树木和灌木林构成的林地，通视度低，在其中能以 20%～60%正常跑速行进，在定向地图上用中绿色表示。

第三节　定向地图制图术语

1. 制图综合（Cartographic generalization）

制图综合指在地图制图过程中，为使定向参与者能清晰地阅读地图上的图形，同时又保证这些图形能反映出对导航有意义的地形特征，根据地图的用途和比例尺，对地图内容按照一定的规律和法则进行选取和概括，用以反映制图对象的基本特征和典型特点及其内在联系的过程。制图综合又称地图概括。

2. 制图选取（Cartographic selection，Selective generalization）

制图选取是制图综合方法之一，简称为选取或取舍，它指根据地图的用途和比例尺，选择并保留那些对制图目的有用的信息，舍弃掉不需要的信息的过程。

3. 制图概括（Cartographic simplification，Graphic generalization）

制图概括是制图综合方法之一，简称为概括或简化，它指根据地图的用途和比例尺，对制图对象的形状、数量和质量特征运用删除、合并、分割等方法进行化简的过程。如去掉制图对象的复杂轮廓形状中的某些细碎部分，保留或夸大重要的特征，代之以总的形态轮廓。

4. 三角测量（Triangulation）

三角测量是一种测量技术，将某一地区分成许多三角形，这些三角形是以一条已知长度的线为底，由此可通过使用平面直角三角形等计算工具精确地测量距离和方向。

第四节　定向技能术语

1. 偏向瞄准（Aiming off）

偏向瞄准是一种定向技术。为安全地到达线状特征上或线状特征近旁的检查点或特征，有意地瞄准目标的一侧行进，这样，到达线状特征后，就能确定向某一方位前进方能到达目标，从而避免到达线状特征时迷失行进的方向。

2. 攻击点（Attack point）

攻击点是检查点附近，通常在检查点四周约100～150米范围内的一个明显的、运用概略定向即可到达的特征。到达这一点后，应该开始运用精确定向技术向检查点前进。选择路线时，通常先选择一个攻击点，然后再由攻击点出发“捕捉”检查点。

3. 概略定向（Coarse orienteering，Rough orienteering）

概略定向是一种利用大而明显的特征导航，快速前进的定向技术。通常在一个路段的前一段路程中应用这一技术。

4. 记忆特征行进（Collecting features）

记忆特征行进是一种定向技术，指运用地图简化等技术，找出并记住选定的通往攻击点的路线上或其附近的一系列导航特征。然后，不用地图，借助这些导航特征引导向攻击点行进的技术。

5. 图地关联（Contact，Contact map）

图地关联，指导航时借助或不借助指北针的帮助，保持实地与地图或地图与实地间的关联，从而明确自己在地图和实地中的位置。

6. 沿等高线行进（Contouring）

沿等高线行进指将等高线作为线状特征，沿着一条等高线，保持在同一高度上沿着坡地行进。它既是一种定向技术，也是一种节约体能的技巧。

7. 检查点扩展（Control extension）

检查点扩展是一种读图技术。通过以检查点特征为中心扩展检查点特征所在的区域，将该区域内其他的特征也作为检查点特征，从而形成一个更大的易辨识的目标。

8. 检查点“捕捉”（Control Taking）

检查点“捕捉”指比赛中寻找、到达和离开检查点的战术，是合理地安排和应用包括攻击点、检查点说明表、精确定向、下一路段地图预览、打卡、检查点代码核实，以及顺畅地离开检查点等技术、工具或方法的程序。

9. 后方交会（Cross bearings，Resection）

后方交会是确定站立点在地图上的精确位置的技术。实地中取两个可以在地图上确定的，背向方位夹角近似直角（60°～120°）的明显特征，将两条背向方位线投射到标定好的地图上，它们的交点就是站立点。

10. 距离判断（Distance judgment）

距离判断指利用遇到的特征、步测技术、时间判断技术、比例尺和目测技术判断实际行进距离的一种定向技术。

11. 精确定向（Fine orienteering，Precision orienteering）

精确定向是一种在错综复杂的实地中，利用小的特征进行精确导航慢速前进的定向技术。精确定向要求通过精确读图，并借助指北针、距离判断等技术时刻保持图地关联。通常在短距离路段或一个路段的后一段路程中，特别是由攻击点向检查点行进时应用这一技术。

12. 折叠地图（Folding the map）

折叠地图指将地图折叠成适当大小，以方便运用拇指辅行技术，并使注意力集中在即将寻找的一两个检查点上的定向技术。通常沿磁北线方向或行进方向折叠地图。

13. 地—图对照（Ground to map navigation）

地—图对照指记住实地的特征，然后在地图上寻找并确认这一特征的导航技术。

14. 扶手（Handrail）

扶手指在选定的路线旁，且与选定路线平行的可用来导引运动员沿选定路线行进的线状特征，如栅栏、电力线、山脊及明显的等高线间距变化等。

15. 地图记忆（Map memory）

地图记忆，指定向比赛时系统地记住地图上的信息，以减少定向运动中读图时间的方法。

16. 超前读图（Map read ahead）

超前读图是一种定向技术，指预先通过地图明确什么特征将出现在你的前面，提前做出计划。定向比赛中，如果在向某一方位奔跑时，偶然发现一个特征，你将不得不停下来判断这个特征是地图上的哪一个特征。通过超前读图，而不是"偶然发现"一个特征后再确定站立点，你将能随着地形的变化而"流动"，跑得更快、更顺畅。

17. 拇指辅行（Map reading by thumb，Thumbing，Thumbing the Map）

拇指辅行是一种读图方法和定向技术。运用折叠地图技术，将拇指放在地图上自己能够完全确定的站立点位置后面，当到达下一个在地图上和实地中都明显的特征时，移动拇指在地图上标记出新的站立点位置，以保持图地关联。

18. 图—地对照（Map to ground navigation）

图—地对照指根据地图确定导航策略，然后在实地寻找并确认地图上描绘的特征的定向技术。

19. 表象（Mental Image）

表象又称意象，包括记忆表象和想象表象。前者指感知过的事物不在面前时头脑中出现该事物的形象；后者指人脑对已储存的表象进行加工改造形成新形象的心理过程。形象思维就是主要借助于表象而实现的。

20. 导航（Navigation）

导航指定向者从一个地方到达另一个地方的方法和技术，或指导引定向者沿着某条路线向某一目标行进。

21. 标定地图（Orient，Orienting the map，Setting the map，Aligning the map，Orientating

标定地图是一种基本的定向技能。指转动地图使地图的方位与实地一致。标定地图既可通过比较地图上特征的方位及特征间的位置关系与实地对应特征的方位及特征间的位置关系，并通过转动地图使它们的方位一致来进行；也可以借助指北针，通过转动地图使地图的磁北方向线与指北针的磁针平行，且方位相同来进行。

22. 步测（Pace counting，Pacing）

步测是通过计算复步数来估计两点间水平距离的技术。

23. 步测尺（Pace scale）

步测尺是粘贴在指北针直尺边缘用于将地图上的直线距离换算成在实地中实际行进的复步数的刻度尺。

24. 平行错误（Paralled error）

平行错误指由于误用与正确的特征相似且平行的特征确定站立点而导致的站立点定位错误，或指误用与正确的特征相似且平行的特征确定行进方位而导致的行进方位错误。

25. 指北针精确导航（Precision compass）

指北针精确导航，指借助指北针精确地与行进方位保持一致行进。这一方法主要用于由攻击点向检查点行进时。

26. 精确读图（Precision map reading）

精确读图，是借助拇指辅行技术核对地图上所有特征与实地中的一致性的读图方法。这一方法主要用于由攻击点向检查点行进时。

27. 沿连线行进（Redlining）

沿连线行进是一种定向技术，指为了减少奔跑的距离和时间，在通视度高，较平缓、开阔的地形中，通过指北针直线行进、超前读图等技术，并小心预防平行错误，在实地中沿着地图上的紫红色连接线行进。

28. 重新定位（Mohr's evelope）

重新定位，指在迷失站立点后通过标定地图、路线回忆、安全方位和重新定位特征重新确定站立点的技术。

29. 重新定位特征（Relocating feature）

重新定位特征，指一些不容易出错的特征，如大的湖、山顶、路的交会和溪流的交会等，迷路后可利用它们来重新确定站立点。

30. 指北针概略导航（Rough compass）

指北针概略导航，指用指北针确定行进方位，但实际行进时并不强调精确地与行进方位保持一致的定向技术。

31. 概略读图（Rough map reading）

概略读图，是一种在快速行进中忽略细小的特征仅核对地图上大的特征与实地中特征的一致性的读图技术。

32. 概略定向（Rough orienteering）

概略定向，是一种利用大而明显的特征导航快速前进的定向技术。通常在一个路段的前一段路程中应用这一技术。

33. 路线选择（Route choice）

路线选择，指在两个检查点间选择最优路线的策略。

34. 拇指原则（Rules of thumb）

拇指原则，是读图的基本原则，指读图时要综合运用标定地图、折叠地图、确定站立点和拇指辅助读图等 4 种相辅相成的基本读图技术。

35. 磁针辅行（Running by needle）

磁针辅行，指行进时不先仔细确定行进方位，而是对目标方位与磁针位置间的关系进行概略比较，通过保持磁针位置基本稳定而向目标行进的定向技术。

36. 简化地图（Simplification）

简化地图，指忽略地图上小的或次要的特征，仅择选出大的或对导航和“捕捉”检查点有实际意义的特征的读图技术。

37. “红绿灯”定向（Traffic light orienteering）

红绿灯定向，指根据路线的复杂程度和导航的难易而改变奔跑速度，以合理地调整体能和智能支出的平衡，从而取得好的比赛成绩的定向技术和战术。例如，当沿着线状特征前进时，不必考虑路线选择，你可以尽可能地快跑——绿灯；当沿途必须不断利用各种导航特征前进，或到达不明显的小路交汇处，必须考虑路线选择时，你应该降低跑的速度——黄灯；当由攻击点到检查点，特别是检查点圆圈范围以内地形复杂时，你必须进一步降低速度，仔细地运用精确定向技术——红灯。

38. 视觉化（visualization）

视觉化，是一种运用各种感官知觉（尤其是视觉）在大脑中对某种经历或将要发生的动作行为形成一种视觉表象，围绕该表象进行一系列加工操作的心理训练方法。视觉化又称为可视化。

第五节　其他术语

1. 锐角效应（Acute angle effect）

锐角效应，指由于检查点位置设置不当，运动员从检查点离开时为正在寻找该检查点的其他运动员起了导引作用。锐角效应又称尾随效应。

2. 尾随路段（Dog leg）

尾随路段，指由于比赛路线设计不合理而产生锐角效应的路段。尾随路段又称锐角路段。

3. 跟跑（Following）

跟跑，指尾随另一名参赛者前进，完全或部分地利用他人的技能而取得好成绩。这是一种不合法的参赛手段。

第二部分　定向运动教学

第四章　定向运动教学

本章导读：了解定向运动教学原则和教学过程，掌握定向运动教学文件制定的过程与方法。

关键词：定向运动教学原则；定向运动教学方法；定向运动教学组织；定向运动教学条件；定向运动教学进度；定向运动教案

第一节　教学原则在定向运动中的运用

一、定向运动教学的任务

（1）通过定向运动教学，加强对学生的思想品德和专业思想教育，培养严密的组织纪律性和勤学苦练、顽强拼搏的优良作风，让学生融入大自然，增强环境保护意识。

（2）通过学习定向运动基本理论和基本知识，掌握定向基本技术，具有从事中学以上定向运动教学与训练的能力，做到会讲、会教、会设计路线、会制作定向地图。

（3）掌握开展学校定向活动与组织基层定向运动竞赛的一般手段和方法，具备定向运动竞赛组织与裁判工作的实践能力。

（4）发展定向运动专项身体素质，培养学生在陌生环境下独立思考问题、解决问题的能力，开发学生智力，促进学生身心全面发展，为提高定向运动技能水平打好基础。

（5）通过定向运动教学，使学生学会科学锻炼身体的方法、手段，养成经常锻炼身体的良好习惯，树立终身体育思想。

二、教学原则在定向运动教学中的运用

定向运动教学原则是根据定向运动的教学任务和教学过程的客观规律，对定向运动教师提出的基本要求。结合长期的教学实践，定向运动教学原则有以下几种。

（一）自觉积极性原则

自觉积极性原则，是指在定向运动教学中，通过教师采用的各种组织措施和教学手段、方法，培养和激发学生学习定向运动基本理论知识、基本技术和基本技能的强烈愿望，使之在学习过程中自觉发挥最大的主观能动性，把认真完成学习任务变成自觉的行动。

（二）直观性原则

直观性原则，是指在定向运动教学过程中，结合定向运动规律及特点，充分利用学生的

听觉、视觉、肌肉本体感觉和已有的知识、技能，以获得生动形象的表象，以及通过教师的讲解、实地分析和运用录像等现代化的教学手段，从而有利于学生掌握定向运动的知识、技术和技能。

（三）系统性原则

系统性原则，是指在定向运动教学中，教学的内容、方法以及运动负荷，必须根据人的认识规律、运动技能形成的规律、人体生理机能活动能力变化规律、机能形态改善和增强规律等进行合理安排。系统地教学和练习应按照由易到难，由简到繁，由主要到次要，负荷由小到大，由弱到强，图地对照训练到模拟训练，再到模拟比赛，系统地多次重复、巩固、提高，直到熟练掌握定向运动基本技能。

（四）巩固性原则

巩固性原则，是指在定向运动教学中，为使学生牢固地掌握基本定向技术，通过多次反复的学习和练习，从量变过渡到质变，达到熟练掌握和自如运用的程度。巩固性原则是由条件反射强化和消退的理论及人体机能适应性规律所决定的。定向基本技术、技能的掌握是大脑皮层建立动力定型的结果，如果不及时巩固提高，动力定型就会消退。

（五）从实际出发原则

从实际出发原则，是指在定向运动教学中，教学的任务、要求、内容、组织教法和运动负荷的安排等都要从客观实际情况出发，并力求符合学生的年龄、性别、身体发展水平、识图基础、方向感、心理素质、接受能力，以及学校的场地、器材、设备、地区气候变化特点等实际情况出发，合理安排教学。

三、定向运动教学方法

定向运动教学方法，是指在定向运动教学过程中，教师根据定向运动教学的目的、任务、内容所采用的措施和手段。定向运动教学方法有教法和学法两层含义。

（一）定向运动教法

依据多年的教学实践，定向运动常用的教学方法有以下几种：

1. 语言法

语言法，是指在定向教学中教师运用各种形式的语言指导学生掌握学习内容、进行练习的一种方法。定向运动教学中，教师运用语言传递指导学生掌握地图知识和定向技术，加强学生对定向运动技能的理解，从而加速对定向基本理论、定向基本技术的掌握。

2. 直观法

直观法，是指在教学中借助视觉、听觉等器官来感知动作的一种教学方法。如在定向运动越野跑技能教学中可通过直观示范，帮助学生理解技术动作，了解技术动作的要领和完成技术动作的方法等。定向教学中常用的直观方法有示范和多媒体现代化教学等手段。

（1）示范：指教师（或学生）以具体动作为范例，使学生了解所要学习的定向技术，例如利用指北针标定地图，通过示范，学生更容易学会这一技术。

（2）多媒体：多媒体是现代电化教学手段，是一种生动、形象、富有真实感的教学方法。该方法能引起学生的兴趣，有助于学生明确技术动作的过程。还可以根据教学需要放慢、定格来进行深入分析研究。

3. 完整与分析法

完整与分析法，是指教师设计一条路线，从起点到终点，教师带领学生全程进行讲解、分析。如地图标定、攻击点的选择、检查点的确定、路线的选择等，将定向基本技能进行完整的讲解。

4. 预防与纠正错误法

在定向运动教学中，由于学生难免会产生这样或那样的错误，如站立点确定错误将会影响整个的练习，因此，在教学中，教师必须采取积极有效的措施，来预防和纠正错误。

(1) 预防法：指教师在教学过程中所采用的有效预防错误技术的各种手段与方法。在教学中，教师应根据教材内容、特点，对学生可能产生的错误要预先提醒，或在教学手段上注意预防，对已发生或偶然产生的错误要及时指正，减少错误的发生。

(2) 纠正错误法：是指针对学生个人出现的错误或班组集体存在的共性错误进行纠正的方法。如采用偏向瞄准法，在沿线运动时方向错误，错误的原因主要是分析地图时没有注意参照物及线上目标点的方位关系。纠正方法是：分析地图时要注意插入点及线上目标点方向的方位关系。

5. 游戏法

游戏法，是指以游戏的方式在规则许可的范围内充分发挥学生的主动性和创造性，以达到定向运动所要求的目标，而组织学生进行学习的一种方法。

在教学中合理地组织和运用游戏教学法，能有效地提高学生的身体活动能力，全面提高身体素质，在游戏中获得身心的愉悦和运动的快乐。定向运动本身就是一项很好的游戏，在定向运动中多采用游戏方法，更能激发学生的学习兴趣。

6. 比赛法

比赛法也称为竞赛法，是指在竞赛条件下达到检查教学效果和提高定向技术水平的一种教学方法。

在教学中，合理运用比赛教学法可以锻炼和提高学生的定向能力，同时还能培养学生坚毅、果断、勇敢、顽强的意志品质。比赛教学法作为重要而有效的教学方法，在定向运动教学中已被广泛采用。

（二）学生的学练方法

学生的学练方法，是指在定向运动教学过程中，在教师的指导下，学生按照一定的计划和要求独立地进行自学、自练、自评的方法。

1. 自学方法

自学方法，是指学生学习定向运动基本理论，掌握地图基本知识、基本定向技术的一种方法。它包括阅读法、比较法、讨论法等。

(1) 阅读法：是学生通过阅读定向运动教材，来感知和理解定向基本技术的一种方法。

(2) 比较法：是学生就定向运动的某一技术进行图上分析，然后做出一种选择。

(3) 讨论法：是学生模拟训练法后，就各自所选择的路线，检查点的攻击，相互启发、相互学习的方法。

2. 自练方法

自练方法，是指学生以自身的独立活动为主，有目的地反复进行定向运动技能练习的一种方法。它包括适应练习法、反馈练习法、强化练习法等。

（1）适应练习法，是指通过再现性的练习使自身生理与心理等产生适应性变化，为更好地学习和掌握定向技能奠定最佳基础的方法。

（2）反馈练习法，是指为了掌握某种定向技术不断获取反馈信息，以加强自我诊断与自我矫正，不断改进和提高技术水平的方法。

（3）强化练习法，是指在反复多次练习的基础上创设比较复杂多变的练习条件和外部环境，通过自我强化练习手段来巩固和提高定向技能的方法。

3. 自评方法

自评方法，是指学生个体在练习过程中对自己学练的标准、质量与效果进行判断，进而采取控制与调节的一种方法。它包括目标评价法、负荷评价法、效果评价法等。

（1）目标评价法，是指学生对自己的练习目标、自我监督意识、实施目标的意志与行为进行评价的方法。

（2）负荷评价法，是指学生在练习过程中依据人体生理机能和心理状态的变化评价身心负荷的方法。

（3）效果评价法，是指学生自身通过一定的检测手段（如测计、技评等），对一学期或一学年的学练结果进行技能、体能等评价的方法。

第二节　定向运动教学文件的制定

定向运动教学文件主要包括教学大纲、教学进度和课时计划三种。

一、教学目标

定向运动是一项智慧型的体育运动，在学校推广和普及定向运动，对提高学生身心素质，培养学生独立思考问题、解决问题能力和野外生存生活能力有着十分重要的作用。目前，定向运动在我国还处于起步阶段，普及程度不高，运动技术水平离世界水平还有相当的差距。普通高校体育教育本科专业定向运动的教学目标，就是为中小学和社会培养能从事定向运动教学与训练的人才。

二、教学任务

（1）通过定向运动基本知识、技战术的教学，让学生体味定向运动的魅力，以此来激发学生参与定向活动的兴趣，让学生在掌握定向基本知识、基本技术、基本战术的基础上，形成可利用的终身锻炼身体的稳定行为动机。

（2）在全面提高身体素质、增强学生体质的基础上，进一步提高学生的定向运动技术水平，以此形成一种可为终身所用的健身能力。

（3）学生生存能力的培养是当前学校教育中非常薄弱的方面。从定向运动的知识教学和技能练习过程中，能有效地培养学生的生存能力。

（4）培养学生的竞争意识和知难而进的拼搏精神，让学生在对抗性教学过程中体味“有竞争就有成功，更不可避免失败”的心境，以此形成正确对待成功或失败的心理素质，使学生获得一个良好的心态和心境去参与现代社会的竞争。

三、教学大纲编写说明

（1）在定向运动课教学过程中应始终以学生为中心，在教学过程中强调学生的主体参与，从教学内容和教学方法的安排上多一些张扬学生个性、满足学生个体运动负荷和个体运动兴趣的东西，在配以健康教育为主的体育文化内容的同时，加强对学生体育文化素养的培育，以保证学生在体育教学中得到精神、智力、情感的多维发展。

（2）在定向实践教学中，多进行校园定向练习，发动学生开展定向活动组织方式创新；推行以趣味性、健身性为主的，简便易行的，容易操作的多种定向活动方式，让学生在积极参与教学过程中培养定向意识和创新意识。

（3）教学过程必须贯穿素质教育，重视教师教法的改革与创新，注重采用多样化、现代化的教学手段；重视对学生学法的引导，加强各实践性教学环节；充分利用课外活动时间，开展各教学小组的自主性活动。

（4）本教学大纲适用于四年制本科教学，其教学周期为一学年，总教学时数为 216 学时。其中，第一学期完成 108 学时的教学任务，第二学期完成 108 学时的教学任务。

四、教学内容与要求（表 4-1）

下面的表 4-1 为定向运动课具体的教学内容与要求。

表 4-1　教学内容与要求

章节	教学内容与教学要求
第一部分	**定向专项理论** **定向运动概论** 定向运动的定义；定向运动的益处；定向运动的历史；定向运动的发展；定向运动在中国的发展 定向地图与指北针：定向地图的特点；地图比例尺；地形符号与地图颜色；地图方位；图例注记；指北针的结构与特点；使用指北针标定地图；没有指北针的情况下怎样标定地图 如何在运动中定向：路线选择；线形地貌；沿扶手前进；简化地图；实践经验 定向路线设计：如何制定路线；一条好路线的特征 **国际检查点说明符号** **定向赛事组织** 定向赛事的策划：赛事的组织与基本架构；起点与终点的设置；打卡器与点标的放置。 地图的制作：教室地图；运动场/小区域地图；公园与森林地图
第二部分	**定向运动科研论文写作指导** **定向运动实践内容** **实地认知地形符号** **标定地图与对照地形** **确定站立点与目标点** **选择运动路线** **小组定向实践** **个人独立定向实践** **复走实践路线，进行技能讲评** **定向运动教学比赛** **校园定向路线设计** **校园定向游戏创新设计与实践** **学生赛事组织方案创新** **优选学生创新方案实践** **定向地图修测与绘制** **夜间定向比赛实践** **定向接力比赛实践** **定向实践经验总结与分析**

五、课时分配（表 4-2）

表 4-2 课时分配

内容	学时（%）	讲授（%）	实践（%）	作业
定向运动理论	**20 学时**	**20 学时**		
定向运动概论	2 学时	2 学时		
定向地图与指北针	4 学时	4 学时		
如何在运动中定向	6 学时	6 学时		
定向路线设计	1 学时	1 学时		绘制一幅简单地图
定向赛事组织与创新	1 学时	1 学时		
地图的制作	4 学时	4 学时		
野外活动安全知识	2 学时	2 学时		
定向运动实践内容	**196 学时**		**196 学时**	
实地认知地形符号	8 学时		8 学时	
标定地图与对照地形	6 学时		16 学时	
确定站立点与目标点	16 学时		16 学时	
选择运动路线	16 学时		16 学时	
小组定向实践	16 学时		16 学时	
个人独立定向实践	48 学时		48 学时	
复走定向路线，进行技能	16 学时		16 学时	
讲评	8 学时		8 学时	
校园定向游戏创新设计与	6 学时		6 学时	赛时及时详细记录个人定向过程与分析总结经验
实践	6 学时		6 学时	
校园定向路线设计	6 学时		6 学时	
组织校园积分定向比赛	4 学时		4 学时	
学生赛事组织方案创新	8 学时		8 学时	
优选学生创新方案实践	8 学时		8 学时	
定向地图修测与制作	8 学时		8 学时	
夜间定向比赛实践	6 学时		6 学时	
定向接力比赛实践				
定向实践经验总结与分析				
合计	216 学时	20 学时	196 学时	

六、知识点分布

（一）重点

（1）定向运动理论部分教学的重点：定向运动的定义、定向运动的益处、定向地图的特点、地图比例尺、地形符号与地图颜色、地图方位、使用指北针给地图定向、没有指北针的情况下给地图定向、路线选择、线形地貌、沿扶手前进、简化视图、实践经验、国际检查点说明符号、赛事的组织与基本架构、起点与终点的设置、打卡器与点标的放置、野外活动安全知识。

（2）定向运动实践内容教学的重点：实地认知地形符号、标定地图与对照地形、确定站立点与目标点、选择运动路线、个人独立定向实践、分小组校园定向路线设计、组织校园定向比赛、学生赛事组织方案创新、夜间定向比赛实践、定向接力比赛实践、定向实践经验总结与分析。

（二）难点

（1）定向运动理论难点：定向地图、如何在运动中定向、定向赛事组织、地图的制作。

（2）定向运动实践难点：实地认知地形符号、标定地图与对照地形、确定站立点与目标点、选择运动路线、定向路线设计、赛事组织方案创新、校园定向游戏创新设计、定向地图修测与绘制、夜间定向比赛、定向接力比赛。

（三）实践点

（1）识图用图实践点：实地认知地形符号、标定地图与对照地形、确定站立点与目标点。

（2）定向比赛实践点：选择运动路线、校园定向比赛、夜间定向比赛、定向接力比赛。

（3）组织开展定向活动实践点：定向地图修测与绘制、定向路线设计、组织校园定向比赛、赛事组织方案创新、校园定向游戏创新实践、定向实践经验总结与分析。

七、考核方法与要求

（一）教材与教学参考资料

使用教材：《定向运动》。

参考资料：

（1）刘玉江. 定向运动教学与训练：第二版. 成都：西南交通大学出版社，2015.

（2）张晓威. 定向越野. 北京：星球地图出版社，2003.

（3）罗智勇，李启畅，张晓威. 定向运动. 桂林：广西师范大学出版社，2012.

（4）张惠红，陶于. 定向运动与野外生存. 北京：高等教育出版社，2006.

（5）定向运动地图规范（CH/T 4016—2010）.

（6）中国无线电和定向运动协会，http://crsoa.sport.org.cn.

（7）国际定向运动联合会，https://ranking.orienteering.org.

（二）教学进度（表 4-3、表 4-4）

表 4-3 第 1 学期教学进度

周次	教学内容	教学要求	备注
1	电视教学：定向运动录像片 ①定向运动介绍 ②2019 年世界军人运动会定向越野项目宣传片	感性了解定向运动	
2	定向地图与指北针基本知识	认识定向地图和指北针	
3	实地认知定向运动地图符号：地貌符号；岩石与石块符号；水系与淤泥地符号；植被符号；人造地物符号等	在教师指导下能够将地图符号与实地地形联系起来	
4	野外使用地图与指北针	了解野外用图的基本知识	理论课
5	实地定向练习： ①给地图定向（标定地图） ②对照地形确定站立点	实地运用所学用图知识	

续表

周次	教学内容	教学要求	备注
6	实地定向练习： ①沿标明路线走，图地对照； ②自由走动，将所走路线用红笔标在地图上。	能够将地图符号与实地地形联系起来，沿指定路线和自选路线走	
7	①国际检查点说明符号 ②野外活动安全常识	基本掌握	理论课
8	结伴定向比赛体验： 2～3人一组结伴出发， 体验定向比赛	遵守比赛规则和要求	写一篇参加定向的体会文章
9	复走比赛路线，实地定向技能指导	认真总结定比赛经验，明确提高方向	
10	校园定向路线设计实践		分小组设计
11	优选路线设计方案分组 组织定向比赛		第一组组织比赛 第二组参加比赛
12	优选路线设计方案分组 组织定向比赛		第二组组织比赛 第一组参加比赛
13	校园定向路线设计创新		个人独立设计
14	校园积分定向比赛 (定向技能考评)		第一组组织比赛 第二组参加比赛
15	校园积分定向比赛 (定向技能考评)		第二组组织比赛 第一组参加比赛
16	电化教学：定向运动录像片 ①世界公园巡回赛 ②定向运动在瑞典		
17	野外模拟比赛（定向技能考评）		
18	考试		

表 4-4　第 2 学期教学进度

周次	教学内容	教学要求	备注
1	校园定向地图修测与绘制		作业：修测和绘制一小块校园地图，
2	优选学生个人定向比赛创新方案试验比赛		由创新者任总裁判长，组织比赛
3	精确定向路线设计		
4	精确定向比赛试验		
5	定向实践经验总结与分析		
6	越野跑技能实践		
7	校园夜间定向比赛		
8	野外定向地图修测与绘制（1）		
9	校园定向接力比赛路线设计		
10	校园定向接力比赛		
11	野外定向地图修测与绘制（2）		
12	校园定向接力比赛创新方案设计		
13	校园定向接力比赛创新实践		
14	野外定向地图修测与绘制（3）		
15	校园定向游戏创新设计		
16	校园定向游戏创新试验		
17	定向技能考核、考试		

八、定向运动课教案

定向运动课教案目前还没有统一的规范，正处于探索之中。我们认为，它与其他课程不一样，应分理论课教案、实践课教案和术科教案三种。

（一）定向运动理论课教案示例

（1）教学内容：定向地图和指北针基础知识。

（2）教学目的：通过对定向地图和指北针基础知识的讲解，使学生能熟练地读识定向地图和使用指北针。

（3）教学重点：地物符号、地貌符号的识别，利用指北针标定地图和利用指北针按磁方位角行进。

（4）教学难点：等高线显示地貌原理。

（5）课的类型：理论课。

（6）教学方法：讲授法、多媒体演示法。

（7）教学步骤：① 导入部分（略）。② 展开部分（略）。③ 结束部分。

熟练读图和使用指北针是定向技能的基础。学习使用定向地图，首先要能熟练地识别地貌符号和地物符号，最重要的是要有立体感，要充分明白等高线显示地貌的原理。

（二）定向运动实践课教案示例

（1）教学内容：定向运动方法。

（2）场地器材：地形图每人一张，指北针每人一个。

（3）教学任务：① 培养学生的方向感，掌握定向运动基本方法。② 培养学生在陌生环境下独立思考问题、解决问题的能力。

（4）具体内容。① 明确定向运动方法的两个基本技能。② 掌握定向运动的三个基本运动方法：依点运动法、沿线运动法、指北针定向运动法。③ 学习应用定向运动中采用的三种运动方法：分段运动法、连续运动法、记忆运动法。

（5）运动方法：① 依点运动法：从已知的原点出发，以沿途的明显地貌或地物作为参照点（确定运动方向和运动路线）引导运动。② 沿线运动法：从已知的原点出发，以线状的地貌或地物作为引导，沿线运动。③ 指北针定向运动法：从已知的原点出发，以指北针定向穿越可通行地域进行运动。④ 分段运动法：从已知的原点出发，分段以不同基本运动方法完成路段运动，返回到原点（终点）。路线设计为 2 段、3 段、4 段等（每段采用不同的基本运动方法）。⑤ 连续运动法：从已知的原点出发，运动中不停留，途中确定运动方向和运动路线。路线设计为 2 段、3 段、4 段等（每段采用不同的基本运动方法）。⑥ 记忆运动法：学生运动时不带地图，对设置在原点、各检查点的定向运动地图进行读识和分析，然后采用记忆法进行下阶段的路程运动。学生在原点读识地图后即出发，运动时不带地图，采用记忆法完成全路程。路线设计为 2 段、3 段、4 段等（每段设计采用不同的基本运动方法完成赛段）。

（6）组织。① 理论学习采用课堂讲解与实地讲解、个别辅导相结合。② 从小组练习逐步过渡到个人练习。基本运动法（依点运动法、沿线运动法、指北针定向运动法）以原点放飞的方法（以一个原点为中心，在其周围设立多个目标点）进行练习，学生完成各自的目标点后返回到原点，再根据学生情况安排下一个运动方法的练习。③ 分段运动法、连续运动法、记忆运动法的练习，也以原点放飞的方法（以一个原点为中心，在其周围设立多个目标点）进行。先完成一个目标点后返回到原点，逐步做到从原点出发完成 2 个、3 个、4 个以至多个目标点后再返回到原点。

（7）一般常见的错误与纠正方法。① 运动方向的错误。错误的原因主要是没有标定地图或标定地图方法不对。纠正的方法是：掌握正确标定地图的方法，重新标定地图。② 运动路线的错误。错误的原因主要是没有按确定运动路线的三条原则办事。该绕行不绕，走人难以通行的道路；该越野不越野，绕行太远偏离目标；该沿路运动不沿路，选捷径，反而事与愿违。纠正的方法是：认真分析地图，按确定运动路线三原则确定运动路线。③ 运动路程估计错误。错误的原因主要是盲目奔跑，既没正确估量运动路程，也没观察沿途周围地形，未抵达目标点（检查点），或超过目标点（检查点），结果无法寻找到目标点（检查点）。纠正的方法是：沿途注意对照周围地形，确定现时实地站立点在地图上的位置，确定现站立点与目标点的相互方位关系；练习以奔跑时间估量运动距离，或以复步估量运动距离，按地图测量的两地换算距离以运动时间或复步进行估量，确保估量运动路程的准确性。

九、定向运动术科课教案示例

（1）教学内容：模拟训练。

（2）场地器材：地形图每人一张，指北针每人一个。

（3）教学任务：掌握定向运动全过程。

（4）读图与路线选择指导（见图 4-1）。

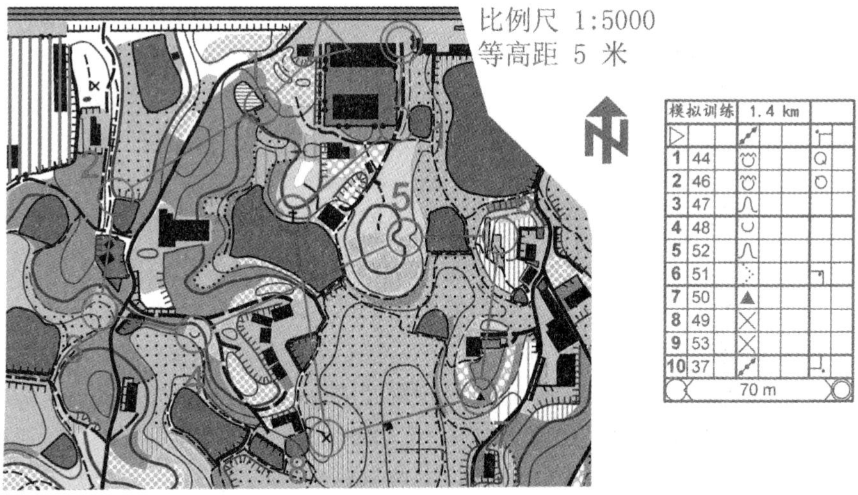

图 4-1　一条完整运动路线的教学指导

起点：围墙西北拐角的外面。首先标定地图，可利用指北针或利用直长地物铁路标定地图，通观全局，整个路线大致按“8”字形行进，基本都有路可跑。

1 号检查点：池塘西南边缘。以池塘为参照物，沿大马路上坡后，往西南方向直插，往山谷中即可找到池塘边缘的 1 号检查点，代码为 44。打卡后根据池塘周边植被情况迅速返回到西北方向的大路上，继续前进。

2 号检查点：池塘西北边缘。沿大马路翻过山顶，以东南方向的建筑为参照物。当东南方向出现建筑后，立即往西北方向下山谷，到达小池塘，即找到 2 号检查点，代码为 46。打卡后继续回到大马路，往南前进。

3 号检查点：山谷上端。沿大马路往南到达三岔路口时，以三岔路口为参照物，往西南方向山谷下去即可找到 3 号检查点，代码为 47。打卡后返回到三岔路口往东前进。

4 号检查点：小洼地。沿马路往东即将到达三岔路口，以三岔路口为参照物，往南下坡，即可找到 4 号检查点，代码为 48。打卡后返回到三岔路口往东前进。

5 号检查点：山谷。以 4 号点东北方向的山顶为参照物，以山顶东西方向的池塘为辅助参照物，首先沿马路跑到尽头，继续往东北方向到达大池塘；再沿小路往东绕过山顶，到达检查点东边的小池塘；然后以小池塘为参照物，进入小池塘西边的山谷，由下往上寻找检查点，代码为 52。打卡后返回到小池塘。

6 号检查点：耕地与矮树丛分界线的东北拐角内。以 5 号点东边的小池塘为控制点，沿小路往东上山，在第二个耕地位置沿耕地边缘前进，到达耕地东北方向即或找到 6 号检查点，代码为 51。打卡后沿小路继续往南前进。

7 号检查点：山背上一处独立的石块。以 5 号点的小山顶为控制点，沿小路往东南方向到达大马路。大马路往南 30 米即有一个三岔路口，沿三岔路口往西南，沿稀树空地往南，即可找到山背上独立的石块，代码为 50。打卡后继续沿稀树空地往北，到达 7 号点北边的建筑物。

8 号检查点：山顶上特殊人工地物。以 7 号点北边建筑为控制点，沿小路往北绕行，经过 3 个池塘，即可到达控制点西边的山顶，代码为 49。打卡后沿原路返回到第二个池塘。

9 号检查点：坟墓。到达第二个池塘后，以大池塘为参照物，往大池塘北边的山背前进，即可找到 9 号检查点，代码为 53。打卡后往东边建筑物前进。

10 号检查点：围墙东南拐角的外面。以 9 号点东边建筑物为控制点，往东北沿大路前进，约 130 米即可到达围墙位置找到 10 号检查点，代码为 37。打卡后继续沿大路往北，冲刺终点。

第三节 定向运动教学的过程

一、定向运动的课型

课型即课的分类。定向运动的课型，主要是根据定向教学的任务、完成教学目标，或依据课的教学内容及所使用的主要教学方法来划分的。

根据定向专业课程教学的实际，一般把定向课划分为讲授课、实践课、讨论课、演示课、比赛课、考核课等几种形式。

（一）讲授课

讲授课是定向理论教学的主要授课形式，所以也叫定向理论课。讲授理论课要以教学计划、教学大纲、教材为依据，按照教学进度和教学任务的统一要求，合理安排授课时间和授课次数，并精选教材的主要内容，讲授时要概念明确，条理清楚、重点突出，并贯彻启发式教学。

（二）实践课

实践课是指在校园、公园或野外进行技能学习和身体练习的授课形式。实践课是通过讲解、示范等手段和一定数量的各种练习，使学生掌握定向技术，提高技术水平。

（三）讨论课

讨论课是指对某一技能进行讨论，共同交流或进行分析和辩论，以达到加深理解、开拓思路的目的，同时培养学生语言表达能力和发现问题、分析问题及解决问题的能力。

（四）演示课

演示课是指运用多媒体等教学手段对基本定向技术的演示。演示课具有强烈的真实性，能使学生加深对定向技术的直观认识和提高学生的形象思维能力。

（五）比赛课

比赛课是指通过竞赛检查教学效果，提高定向技能和交流教学经验的一种教学形式。定向比赛课可在校园进行，也可在野外进行。

（六）考核课

考核课是指通过教学检查获得教学的各种反馈信息，为改进教学提供依据的一种教学形式。考核课分为考试和考查两种形式，其内容包括定向运动理论知识、基本定向技术的考核等。通过考核，可达到督促学生学习的目的，也是对定向教学过程进行控制和评价的一种方法。

二、定向运动教学安全

安全是定向运动教学必须考虑的一个问题。在定向运动教学中，有的学生不喜欢定向运动，多数是安全问题影响了他们的积极性。发生安全事故，也是教师不愿见到的。为了保证定向运动教学的顺利进行，应把定向运动安全放在首位。在定向运动的整个教学过程中，教师要对学生进行安全教育，加强定向运动课教学的组织纪律性；教授学生保障安全，防范危险事故的方法和措施；要求学生学会独立处理运动过程中的伤病意外事故等。教师在教学安排上要科学严谨，根据学生定向运动的实际水平安排教学内容，采用适宜的教学方法。安排野外练习时，应回避危险区域。教师要亲自考察实地，确保定向运动的安全。

三、定向运动教学分组

在定向运动教学的不同阶段，采用不同的分组方法有利于定向运动教学。在一般的理论学习阶段，采用合班上课。在实地练习阶段，为便于组织管理可根据教学需要采用不同的方法分组：一般练习采用任意分组（为了便于管理）；进行有一定难度的练习，可采用强弱分组（为了区别对待），或强弱搭配分组（为了互帮互学）。

四、定向运动理论课的教学组织

定向运动理论课的教学组织分为课堂理论课组织、理论操作课组织、实地理论课组织。课堂理论课主要由教师讲授基本知识理论，以合班的形式进行教学。理论操作课，主要是以学生进行实际操作为主的理论课，为了便于指导，可采用合组讲解、分组操作等教学方法。

实地理论课是把理论课搬到野外实地上课，其目的就是为了把理论与实际结合起来，主要以“学导式”方法教学。

五、定向运动实践课的教学组织

定向运动实践课是定向运动理论应用的实践课，主要是学生进行实践学习与练习。应根据不同的学习阶段和学生掌握定向运动理论知识情况，采用不同的组合分组进行学习和练习，最后过渡到学生独立完成定向运动全部过程。

第五章 学校定向运动教学

本章导读： 掌握基本定向知识与基本定向技能，学会定向运动教学地图的制作与利用，为今后进行定向休闲与比赛打下坚实的基础。

关键词： 地图颜色；标定地图；方向感；距离感；持图走；认识等高线；提前读图；路中读图；地图制作

第一节 定向运动基本知识教学

定向运动是融知识与体育于一体的典型的体育运动项目，没有一定的地理知识和读识地图的能力，要开展定向运动是寸步难行的。所以，开展定向运动首先要学习和掌握定向运动的基本知识。在定向运动基本知识教学中，为了使学生牢固地掌握定向运动基本知识，要讲究教学方法，提倡理论与实践相结合，促进学生掌握和巩固定向运动基本知识。

一、定向运动的基本情况介绍

（1）任务：使学生了解定向运动的基本情况，建立定向运动的概念。

（2）内容。

① 定向运动概念；

② 定向运动的起源与发展；

③ 我国定向运动的现状与发展前景；

④ 开展定向运动的作用和意义。

（3）方法：采用理论课讲授和电化教学手段进行定向运动基本情况介绍。

二、定向运动地图和指北针基本知识的学习

学习定向运动地图和指北针的基本知识，为学生在今后的定向运动实践练习和竞赛中，正确地使用地图和指北针打下良好的基础。

（一）第一个任务

学习定向运动地图的成图原理和成图要素，以及指北针的结构和功能。

1. 内容

（1）地貌、地物的成图原理，成图要素：地图比例尺、地貌符号、地物符号、地图颜色、磁北方向线、图例注记等。

（2）指北针的结构和功能。

2. 方法

(1) 采用理论课讲授和多媒体教学手段，进行定向运动地图和指北针基本知识教学。

(2) 采用实地教学方法进行成图原理和成图要素讲解。

(二) 第二个任务

定向运动地图的读识和指北针的操作。

1. 内容

(1) 地貌和地物种类、分布、方位、走向等，地貌、地物的外表形态（形状、高低、大小、坡面陡缓、坡面外形等）。

(2) 使用指北针直尺测量地貌或地物某两点的距离，根据地图比例尺计算出实地两点的水平距离，根据经验系数法计算相应实地两点之间的实际距离。

(3) 使用指北针在实地某点测量磁方位角。

2. 方法

(1) 进行地图分析。

(2) 分辨地貌、地物种类，明确它们各自的分布、方位，在地图上用笔（最好用各色彩笔）勾画出各种不同的地貌和地物：地貌主要勾画出山头，地物主要勾画出大而明显或具有独立特性的地物，以这些明显的点分析判断它们的分布和它们之间的方位关系。

(3) 分析地形走向（山脊线、山背合水线、山谷分水线、道路、江河、沟渠等），在地图上用笔分类（或用彩色笔）勾画出各线状物线条。然后，分析它们的走向。

(4) 分析地形表面形态（山体的高低、山体的陡缓、山坡坡面状态、谷地的形状，以及其他较大地物的外表形状等）。以两个山体比较它们的高低；以单个的山体分析山体的陡缓、坡的外表形态；以谷地的等高线分析谷地形状，以等高线的走向分析谷地走向；分析完全按比例表示地物的符号，判定其外表形状，并判定地物形状突出部位点的方位。

(5) 学习测量地图上各点之间的距离。利用地图比例尺换算成实地水平距离，利用经验系数法换算成实地实际距离。测量时，要选择明显的地貌或地物作为参照点，也可以选择线状物（如道路、电线线路等）上任意两点，测量和计算它们之间的距离。

(6) 学习测量地图上山体坡度及换算成实地坡度的方法。测量山体坡度时，还可学习测量山地道路的坡度。

(7) 学习测量磁方位角。以地图上任一站立点为中心，测量某一选择的地貌或地物作参照点的磁方位角。

第二节 定向运动基本技术教学

一、地图对照练习

实地理解地图的颜色和符号。

(一) 定向运动彩色地图

定向运动竞赛采用的彩色地图，其颜色所显示的含义与一般的彩色地图颜色所显示的含义不同。一般的彩色地图颜色所显示的含义是表示地形的高低或某种特性的区域划分，而定向运动竞赛采用的彩色地图，其颜色所显示的含义是表示地域的可通行状况，以及上面所讲的显示特性地物的颜色。定向运动彩色地图其颜色的含义如下。

（1）褐色显示地貌符号，如等高线、陡崖、堤坝等，表示地势的高低起伏。

（2）绿色显示地表植被，如森林、竹林、草丛等，表示通行困难。

（3）黄色显示空旷地域，如空旷荒原、杂草地域等，表示可以通行。

（4）浅黄色或白色显示易通行地域，如可通行的树林、可跑的平缓荒原等，表示可跑。

（5）蓝色显示地物的水系。

（6）黑色显示水系以外的人工地物或天然地物。

除以上所介绍的地图颜色显示含义外，还用其他颜色显示某些特性地形。具体显示含义，一般地图注记中都要有色样说明。参赛者要仔细参阅其图例色样说明，了解地图颜色的具体含义。

（二）单色地图及其特性

一般的定向运动教学与训练和小型定向运动竞赛多采用单色地图。单色地图是以单色（一般为黑色或褐色）显示地貌和地物。单色地图层次感差，欠清晰，地图的表现力差，给识图和用图带来一定困难。但是，单色地图有现成的地图可供利用。单色地图成图快，既省时又经济。

单色地图的特征如下：

（1）单色地图四周绘制有经线和纬线。经线贯穿南北，纬线贯穿东西，且相互会交成直角。地图外框的外图廓线绘制有经、纬度线分画线，连接相应的经度分画线或纬度分画线，可更精确地确定应用点的地理坐标方位。

（2）单色地图上绘制有直角坐标网，可利用方格里纵坐标概略地标定地图，也可利用方格确定应用点的直角坐标方位。

（3）等高线一般为成组闭合的相似的一环套一环的曲线。

（4）陡崖为一边带齿的长齿条表示，堤坝为两边带齿的长齿条表示。

（5）电线线路也以直线表示，但不一定南北、东西贯通，且直线上绘有反向箭头或其他标志。

（6）较宽的公路以双平行线绘制，两线间距离不代表实际公路的宽窄，只是表示较宽公路的符号。

（7）道路、小径以虚线表示。较宽的道路用粗长虚线表示，小径用细短虚线表示。

（8）江河也用双线绘制，但有的地方宽，有的地方窄，这是因为江河的长、宽都是按比例绘制的。根据这一特征可以判别图上的江河。另外，江河一般分布在谷地。

（9）沟渠、小溪以单细实线绘制，易与等高线混淆。图上判别沟渠、小溪，除了解等高线特征外，还须了解沟渠、小溪在图上的特征。沟渠、小溪一般分布在谷地。沟渠、小溪分布在谷地时，多合水线重合。沟渠、小溪的上游线条越来越细，有时还出现分叉，下游线条越来越粗，有时还可发现它们与湖塘、江河相连。有的沟渠、小溪上还可能出现与道路相交的小桥符号，以及涵洞符号，有时旁边还绘有箭头表示流水方向。沟渠、小溪符号边标注的沟渠宽度、深度、水深等数字，也是判别沟渠、小溪的方法。

（10）湖泊、池塘以单一闭合细线绘制。其主要特征是这种按比例绘制的湖泊、池塘外轮廓闭合环圈有网状线，或有专门的文字注记，如“××塘”“××湖”“××水库”等。

（11）单色地图还有等高线高程注记、高程点注记。这些高程注记是以阿拉伯数字标注在等高程点上或高程点标旁，其单位为米。

（12）有的单色地图上还绘制有地表覆盖物符号，如森林、幼树林、竹林、稻田、旱地、经济作物区等。其具体符号所代表的含义，在图例注记中都有图样符号说明。

二、标定地图练习

地图上的方向为上北、下南、左西、右东。使用地图前必须水平持图，并对地图进行定向（标定地图/正置地图，将地图的方向与实地的方向保持一致）。培养方位感，强调正确拿地图的方法（标定地图、置图），掌握在没有指北针的情况下，利用实地环境特征标定地图的方法。

在行进中，当方向改变后，持图方法要随之改变，重新标定地图，保证地图的方向与现地的方向一致（见图 5-1）。

图 5-1　标定地图练习

三、方向感练习

一条路线设大量点，路线纵横交叉，方向多变，让学生在没有指北针的情况下进行模拟比赛（见图 5-2）。

四、距离感练习

要培养比较精确的距离感，在用某一比例地图练习后，改用其他比例地图进行练习。学生开始可能会因比例尺变化出现距离感上的问题，经过一定时间后会通过调整又恢复正确的距离感，如此反复，学生将可根据不同比例尺的地图调整其距离判断能力。

五、持图走练习

在地图上设计一些简单的路线进行持图走（地图和实地对照走）练习，这时不用指北针。练习时强调“人在实地走，心在图中移”，学会拇指辅行法。

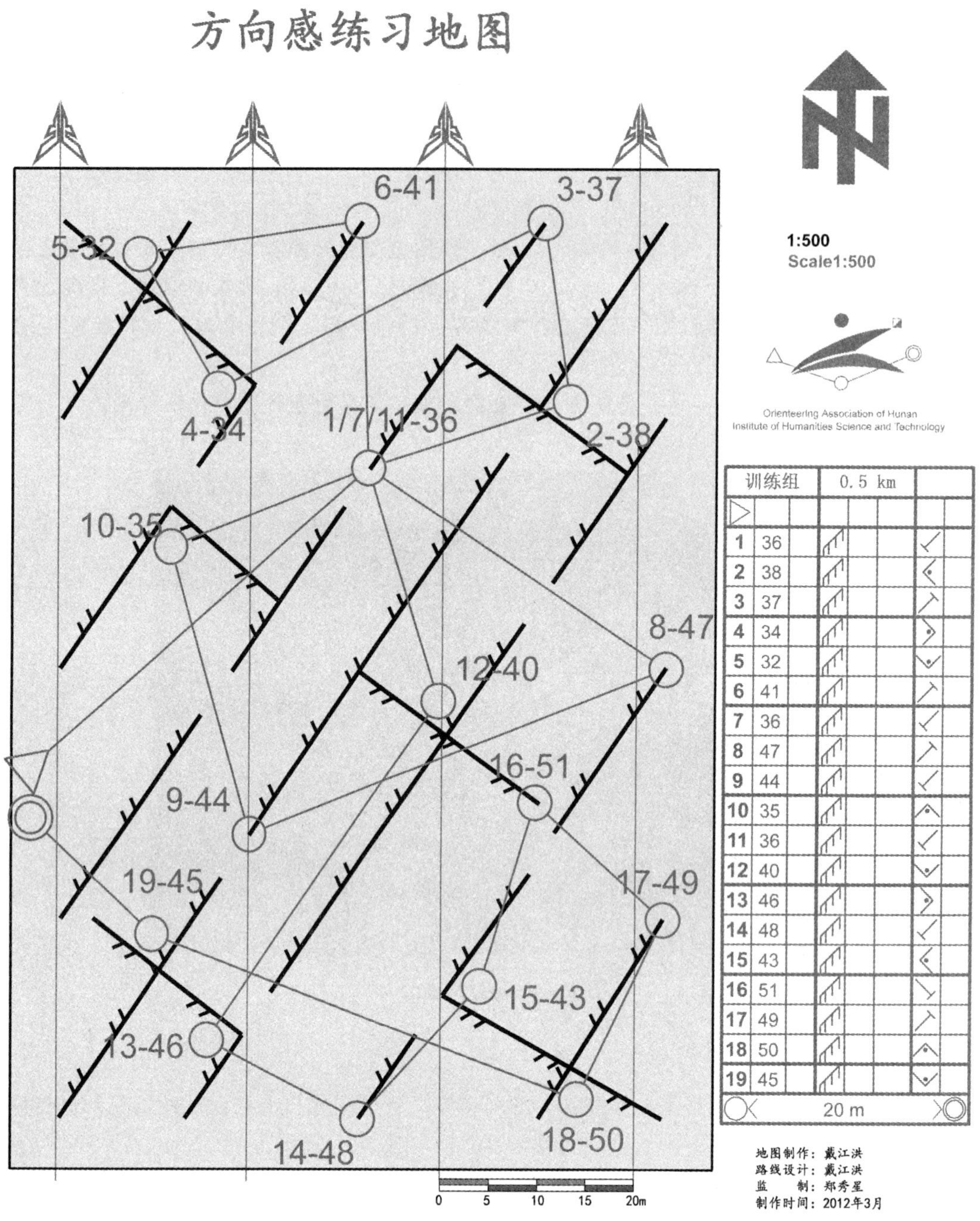

图 5-2　方向感练习

六、按规定路线行进（走或跑）

只设起、终点，每个学生按规定路线跑。在路途中放几个点标旗，要求学生回来后说明发现几个点标旗，并圈出点标旗所在的点。也可不设点标旗，走的过程中圈出明显地物（如图 5-3）。

图 5-3　按标定路线行进

七、找捷径

让学生沿规定路线行进时可以寻找捷径，如可穿越空旷地。

八、依托明显地物定向

从这步开始在路线上开始设有点标，逐步增加难度。

第一，依托线型地物的特征，如交叉处、拐弯处等，然后利用扶手法行进。第二，选择靠近线型地物的明显地物设点（对初学者，路线中最好有不同方向的调整）。第三，选择离线型地物稍远的明显地物设点。第四，使用复杂的地图，增加颜色等干扰因素进行上述练习。

九、使用指北针

使用指北针标定地图/正置地图。

定向运动中指北针的作用有两个：一是标定/正置地图，二是确定或校正前进的方向。

标定地图的方法也有两个：一是利用现地进行标定，二是利用指北针标定。

我国运动员常出现的错误是：学会用指北针后就忘记或放弃了用现地标定地图的方法，过分地依赖指北针。实际上，在比赛中两种方法常常同时应用，不同的情况下使用不同的方法或两者综合应用。

在存在有明显特征物的情况下，特别是有线型特征物的情况下，使用现地标定地图更有效，可同时确定你的站立点，而指北针仅仅能标定地图而已。在复杂的丛林中穿越则主要依靠指北针来标定地图，但这时还要利用地图仔细地确定你的站立点，否则，即便正确地标定了地图，但站立点错了，比赛中仍然将犯严重的错误。

指北针的蓝箭头、自己的鼻尖指向要去的方向，蓝箭头压住下一个检查点的圆心，然后转动身体，使红针指向磁北线方向。选定方向后，要利用你正前方的特征物来引导你前进，在有特征物的情况下，避免长时间使用指北针定向。

十、简单的路线选择练习

设计一些有趣味性的简单的路线，强调路线选择的学习，不要求速度。可以将前面进行按规定路线行走的地图再用一遍，只不过改为学生可以自己选择路线。

选择安全的路线是保证选择出最快路线的一个基本前提。

沿直线方向前进不一定是最快、最好的路线选择。

设计4～5个点，为每两个点标选择两条不同路线，先走一条回到起点后再走另一条路线试一遍，并进行总结比较。

十一、认识等高线

读懂和使用地图上的等高线是定向学习的难点。通过一步一步增加地图中等高线的复杂性来学习。

峰顶俯视练习：在峰顶观察地貌特征，研究其在地图上是如何用等高线表示的。

可利用军事地形图或只有等高线的图来练习；带学生沿着等高线走，体会走在同一高度上的感觉。

十二、向明显的小山行进

训练学生利用等高线判断出实地地貌的明显差异，利用地貌的差异，并借助指北针断断续续地帮助在山地或丘陵地进行实地穿越定向练习。

十三、利用等高线的细节进行定向练习

进一步提高读识和应用等高线的能力，利用等高线的细节找出实地地貌特征的差异进行定向。

十四、记忆地图练习

（1）速记（细节记忆）练习，看地图的局部或检查点附近，看完、读后回忆细节。

（2）综合记忆，看完全图，然后将地图翻过来，对地图进行综合概括性回忆。

（3）实地记忆地图练习。

记图能力练习方法：将一条路线按一个个路段做成一张张的小地图，比例尺为大比例尺。将各路段的地图悬挂在该路段起点，学生在起点处读图记图后，不带图凭记忆向下一点前进。练习中，如果忘记了，可重回路段的起点记图后再开始。通过增加路段长度和复杂性提高难度，通过改变比例尺提高难度，同时可诊断学生读图的改进水平（大—小—大）。用地图代替点标旗（也可将地图与点标旗放在一起），队员不带图，找到点后读图（不限时间），然后依记忆找下一张图（点标），练习由易到难，由记忆一个检查点起，逐步增加每次必须记忆的检查点个数（隔多个检查点才有一张地图出现），直到全程依记忆完成。

十五、提前读图定向练习

在寻找检查点之前，记读下一个点或下两个点，并判断出到达该检查点后应前进的方向。

十六、跑中读图练习

在行进中读图、思维，概略定向，把握两检查点间及其周边环境的大结构或大框架。

第三节　定向运动教学地图的准备与利用

一、定向运动教学地图的准备过程

定向地图的准备过程一般可分为以下几个步骤：区域的选择、获得该区域的使用许可、获得底图、确定比例尺、确定地图的色彩、实地测绘、场地复查、计算机辅助制作、印制地图。下面对各步骤做简单的介绍。

（一）区域的选择

对于在公园或校园进行定向教学，以下区域比较合适：

（1）单个学校或多个校园连在一起的教育园区。

（2）中小型的公园。

（3）含有足够丰富且能够被标示在地图上的地物的区域，如人造物体、小径、水系、植被及建筑物等。

（4）没有主干道穿越当中的区域。

（5）能够明显区分边界的区域。

（二）获得该区域的使用许可

在地图开始制作之前，还有一个十分重要的环节不能忽略，那就是获得场地所有者的使用许可。一般来说，要到如下部门去获得这方面的许可：

（1）学校的主管部门。

（2）公园的园林管理处。

（3）公共绿地所在地区的街道管理部门等。

（三）获得底图

定向地图制作的本质，是在一张实地底图的基础上对所需的区域进行实地测绘之后，将各种符合定向比赛所需要的地理信息添加到底图上去。因此，计划制作地图区域的底图对于定向地图的制作来说是必不可少的。那么向谁去要这样的底图呢？一般说来可以通过如下途径：

（1）学校的基建处。

（2）公园管理处。

（3）测绘部门。

（4）数字化地图。

（5）旧定向地图。

（四）比例尺的选取

比例尺的选取可以根据场地的大小及赛事活动的目的而定。

对于校园地图，大小最好不超过A4幅面，比例尺一般比较大，可以为1∶1 000、1∶2 000、1∶3 000、1∶4 000或1∶5 000。

对于公园地图，大小最好为A4或A3幅面，比例尺可以选择为1∶5 000、1∶7 500或1∶10 000。

（五）实地测绘

实地测绘是关系到地图最终质量的关键环节，其准确性、详细程度等都会影响到随后赛事的公正性及比赛结果的准确性。

实地测绘一般采用两种基本技术：角度偏转和步测。“角度偏转”是利用指北针测量出地物与磁北线的夹角，从而根据该夹角确定地物与自己站立点的方向关系。“步测”就是利用步距测量出站立点与目标地物之间的距离。在实际操作过程中，我们一般将两种方法结合运用，在面对具体区域时采用先确定测绘区域的边界，然后添加线状地物和点状地物，接着添加区域性植被，最后完成等高线的步骤。具体操作过程如下。

(1) 确定该时段测绘区域的边界。

(2) 确定线状地物：在选定当天要测绘的区域后，从线状地物开始着手。依次将各种线状地物（道路、溪流等）添加到底图上。线状符号包括道路、围栏、溪流、输电线路等。

(3) 添加点状地物：首先将线状地物附近的点状地物（岩石、人造物等）添加到底图上，然后再添加远离道路的点状地物。点状符号包括岩石、人造物体、小丘等。

(4) 确定区域性植被状况：利用此时底图上现有的线状符号及点状符号，确定区域性植被的边界及拐点，最终确定该区域的情况。区域符号包括植被带、湖泊等。

(5) 完成等高线：依据该区域的山体走势完成最终等高线的分布状况。

（六）实地复查

实地复查是保证地图质量的一个相当重要的步骤，通常在实地测绘之后进行。当一块区域的测绘由一个团队来进行时，实地复查变得尤为重要。通过这项工作，可以统一地图的风格和详细程度。实地复查可以由团队中的某个成员担任。若地图是由某个人独立制作，那么最好由不同的人员来复查。

实地复查不是对已测绘的区域进行再次测绘，而是为了使地图的风格和地物取舍标准达到最大限度的统一。任何可能的大的变动必须与该区域的原始测绘人员进行讨论后再决定。

（七）计算机辅助制作

实地测绘完毕之后，制图员必须及时进行计算机辅助制作。计算机辅助制作的时间与实地测绘的时间比例为 1∶1，也就是说，每天在实地测绘几个小时，就得在计算机上花费几小时进行辅助制作。一张高质量的定向地图 70%来自后期的制作。

（八）打印地图

整张地图全部制作完毕之后，我们将地图文件导出并制作好菲林，先打印，再进行复印，便可满足教学的需要。

二、现成地图的利用

定向运动教学的目的主要是培养学生的基本定向运动能力，增强学生体质，因此，相对于比赛地图，教学地图可以简单随便一点，教学场地必须首先选择距离学校较近的地方。可作为教学用图的地图大致有以下几种。

1. 定向竞赛图

定向竞赛图是一种较正规的定向图，包括开展过定向比赛的图，和由 PWT 帮助我国修测的校园定向图。由于这部分定向地图是按国际定联规定制作的，用来进行定向教学能起到较好效果。

2. 野外地形图

地形图在我国测绘部门、规划部门中很常见。可以通过正规渠道获得这部分图，稍作修测，便可成为定向教学用图。

地形图通常以地图比例尺大于 1∶10 000 为合适，这类图通常是素图（即黑白图），可以选择学校附近的区域作为定向教学地域（见图 5-4）。

图 5-4 学校附近野外地形图

3. OCAD 测绘的野外定向地图

这类地图经过简单修测后用 OCAD 软件绘制而成，它对一些明显的特征物进行了修测，地图现势性相对较强，是最理想的教学用图（见图 5-5）。

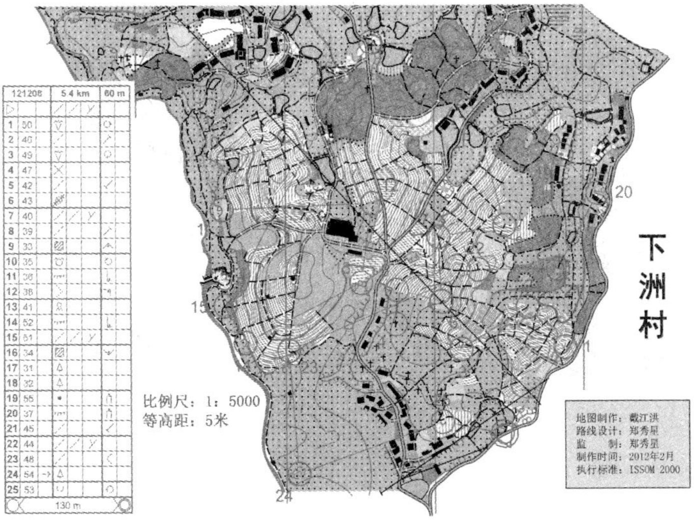

图 5-5 野外定向地图

4. 校园平面图

这种地图简单易读，用于初学者比较合适。

5. 校园基建图

这类地图现势性较强，地物也较为丰富，在进行合理的路线设计后完全可用于教学使用（见图 5-6）。

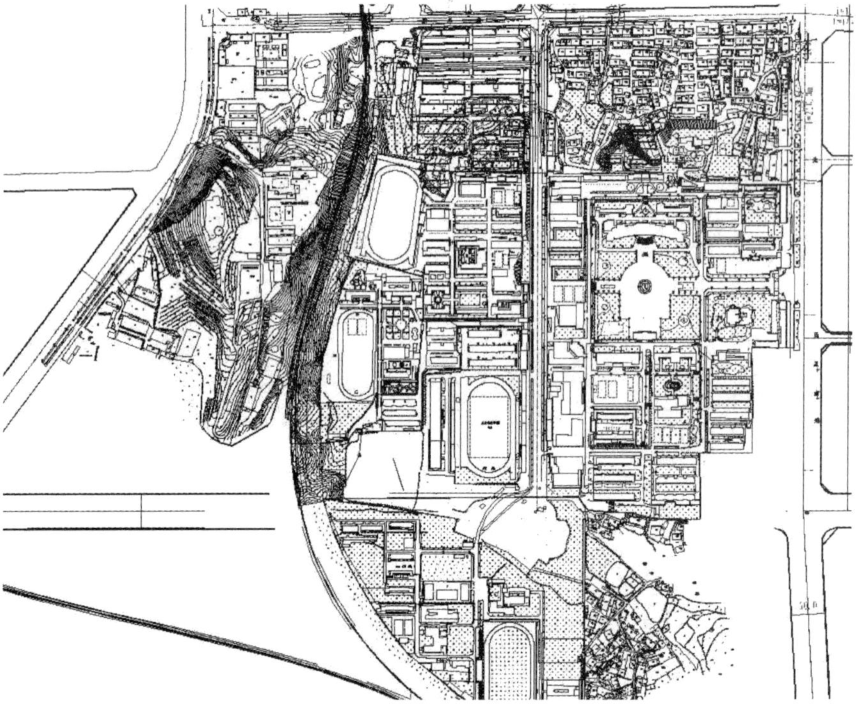

图 5-6 某学院校园基建图

6. 手工修测的校园基建图

教师可根据教学的需要，对校园基建图进行简单的手工修测，可根据实地的情况增加一些地物（见图 5-7）。

7. 校园地形图

这类地图一般变化比较大，但大部分地形能对应起来，对于有一定基础的学生来说，这类地图更能培养学生的读图能力、判断能力，增加对学习的兴趣（见图 5-8）。

8. 用 OCAD 绘制的校园定向地图

这类图基本上与专用比赛地图一致，但成本较高（见图 5-9）。

9. 学校附近的广场、公园等基建图

见图 5-10。

10. 学校附近的广场、公园定向图

见图 5-11。特别提醒：地形图作为定向教学用图时，必须在修测过程中将地图坐标等重要的数据去掉。

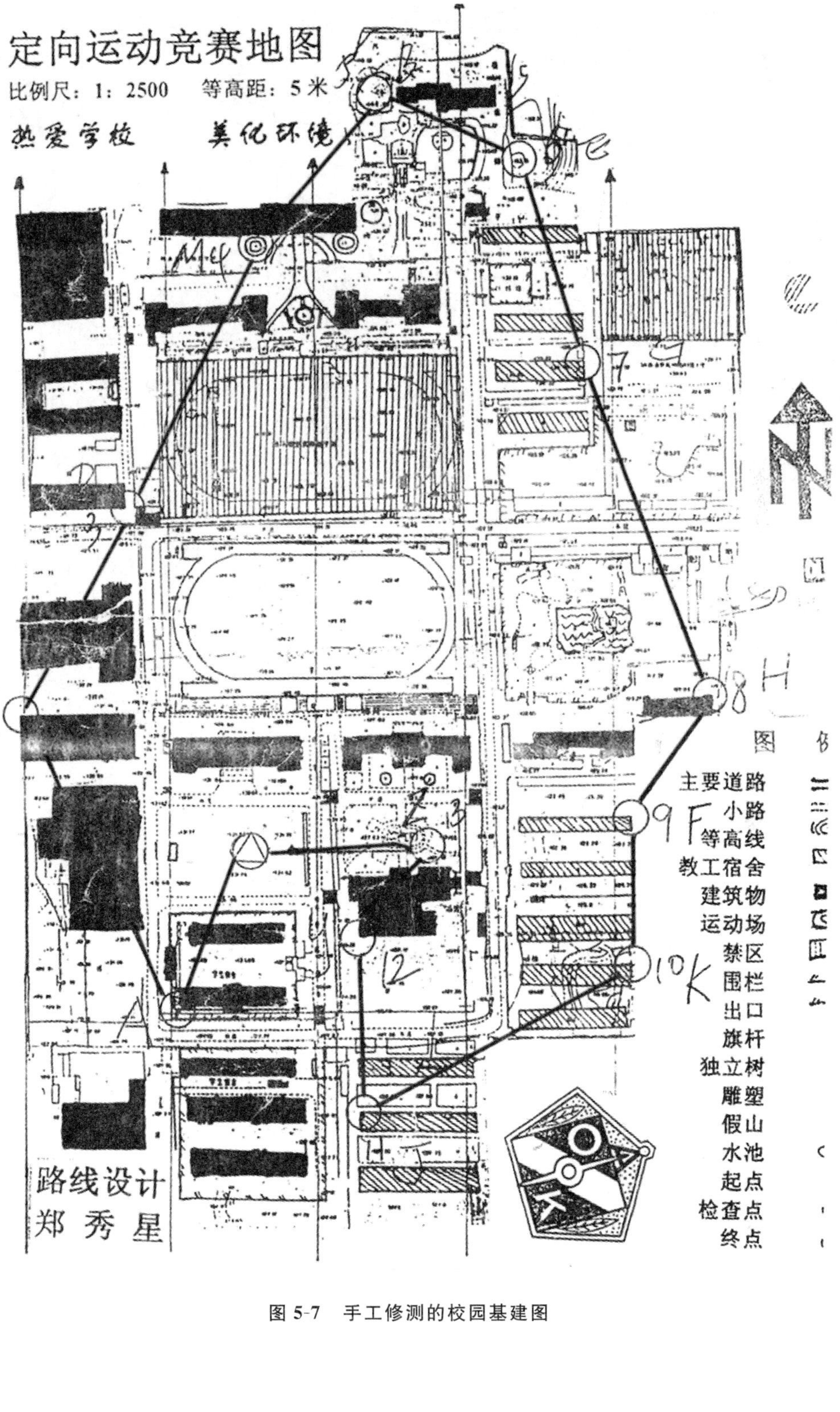

图 5-7 手工修测的校园基建图

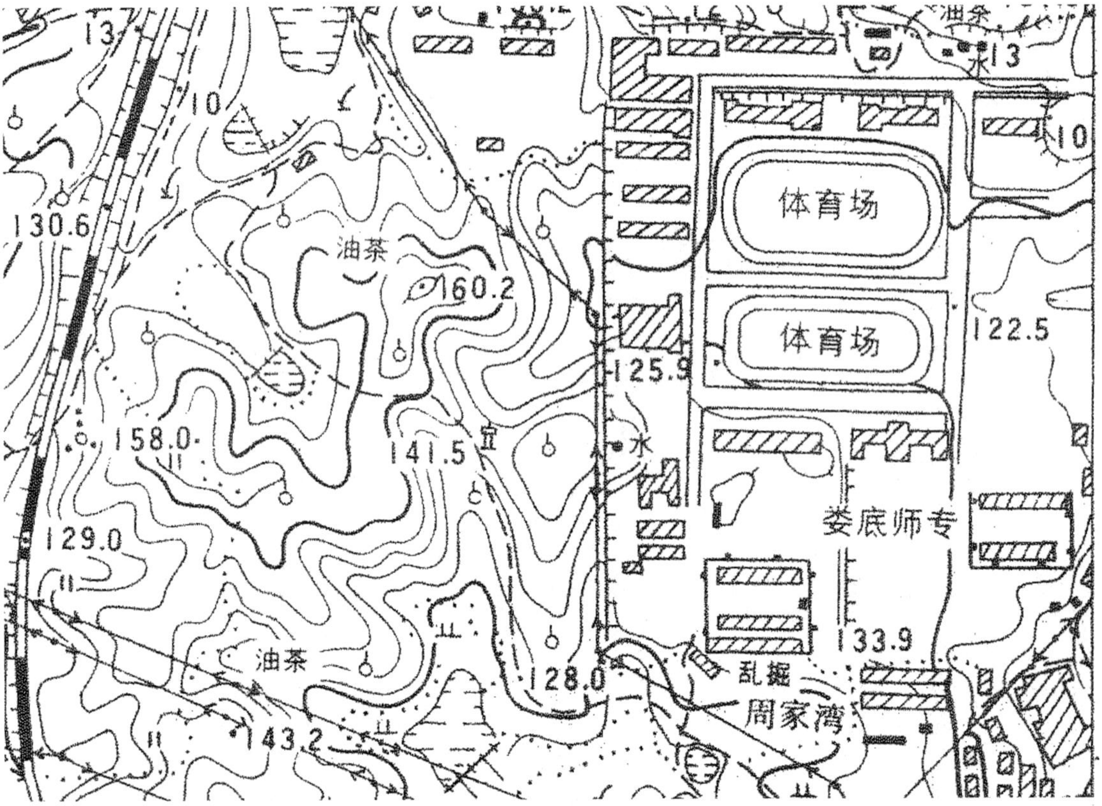
13
10
130.6
油茶
160.2
158.0
141.5
129.0
油茶
143.2
128.0
125.9
水
体育场
体育场
122.5
娄底师专
133.9
乱掘
周家湾
油茶
13
10

图 5-8　校园地形图

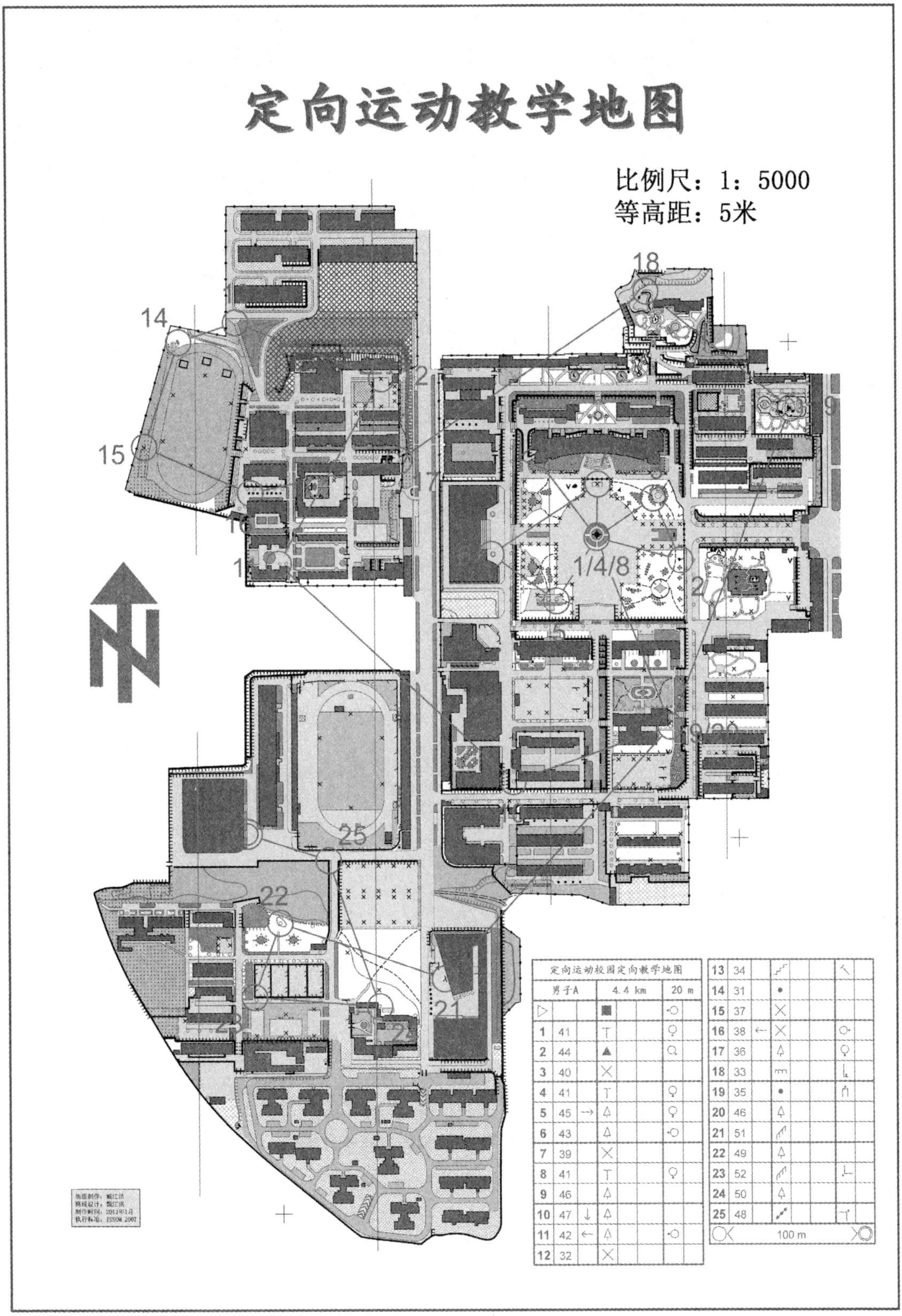

图 5-9　某学院校园定向地图

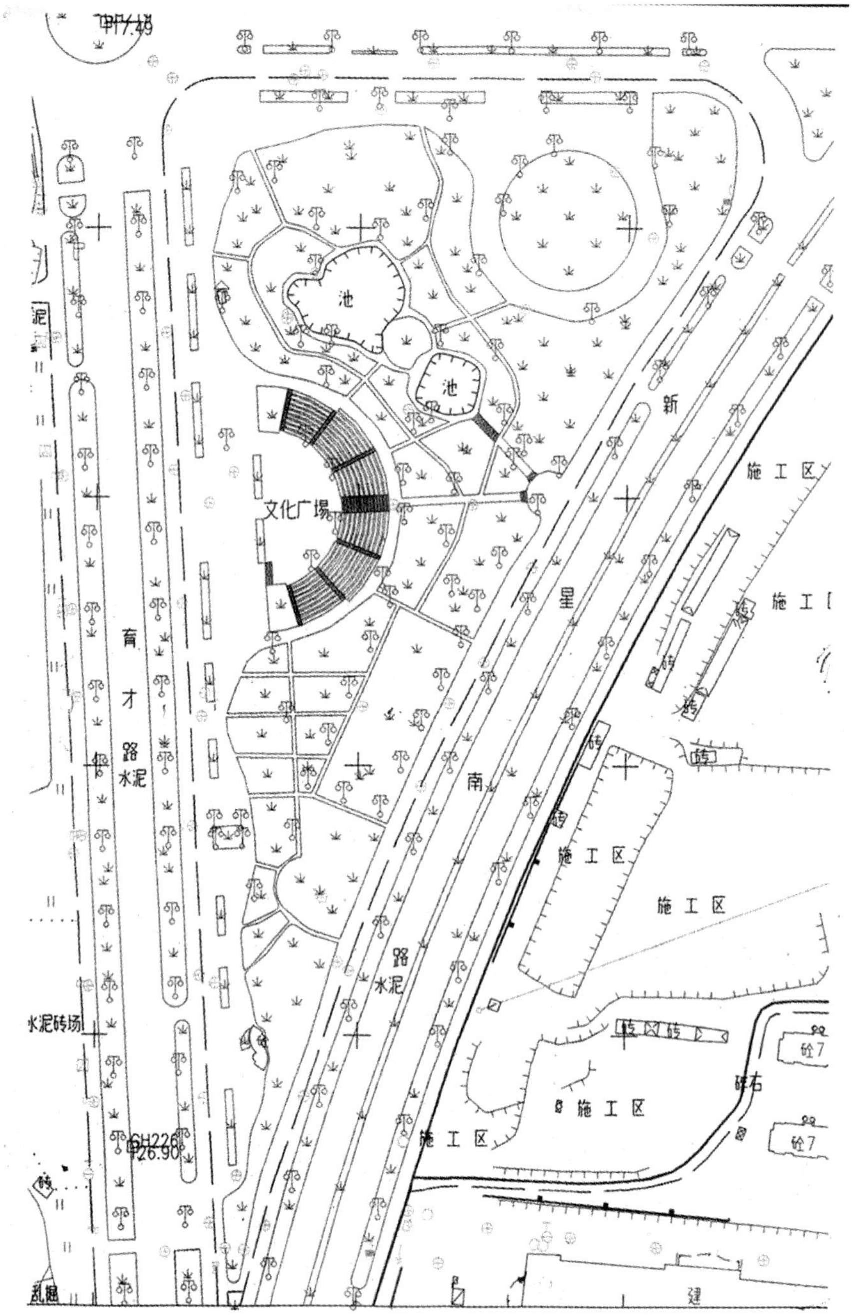

图 5-10　某学院附近文化广场基建图

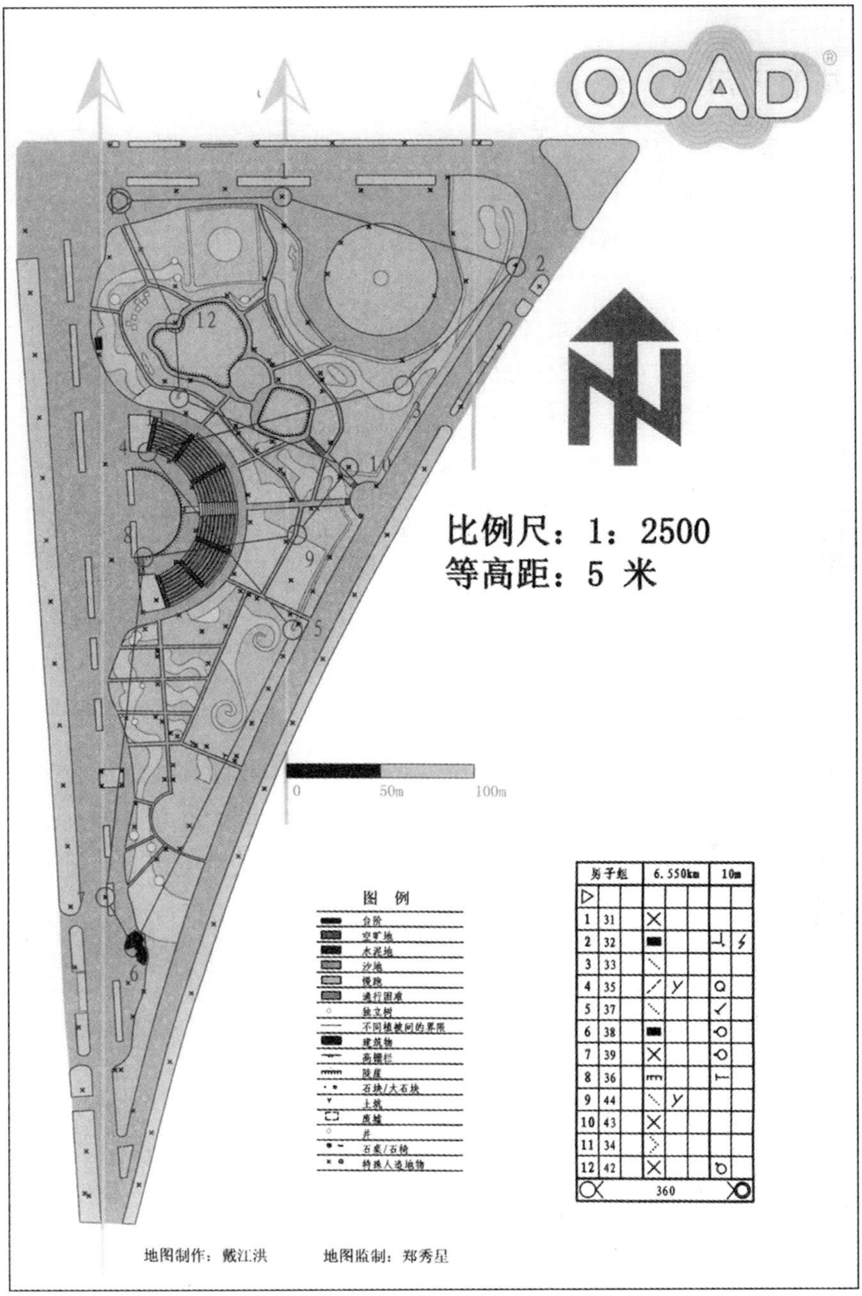

图 5-11　某学院附近文化广场定向图

三、其他代用图

其他代用图是指一些校园规划图、公园游览图和比较好的交通图等。这类地图在定向教学初期可以用，利用这些图进行一些定向判定方位等技能的练习；较规范的校园平面图或校园规划图还可以进行一些距离感的练习等。这类图比较容易获取，所以也将成为开展定向教学的主要地图来源。

在定向教学过程中，可以在这类图的基础上边教学边修改，对图进行修测和重新绘制，以适应定向教学和训练的需求。质量较好的导游图，经过一定的技术处理后也可以作为公园定向教学用图。

【附录】

OCAD专用制图软件介绍

一、OCAD软件及其特性

最早的定向地图是由绘图人员手工绘制后制成胶片，再送去印刷厂印制的。20世纪80年代末，瑞士人Hans steinegger发明了OCAD软件，使定向地图的制作变得更为简便。如今，该软件已经成为世界上最主流的定向地图制作软件。OCAD是利用矢量化的方法进行地图制作的。地图上所有的符号均用矢量化的点、线条、区块或特用字符来表示。目前0CAD的最新版本为8.0，大家可以从Http：//www. ocad. com/bin/dem08en. exe下载它的试用版。试用版是有限制性的：最多能够绘制1 000个目标物体和制作5条线路。下面我们对OCAD及OCAD8.0版本相对于旧版的优点做一些介绍。

（一）OCAD软件的共性

（1）矢量性：矢量性是指绘图程序以数字的方式对物体的定位、填充、形体构造等进行记录，包括对图像对象的几何性质——曲直、基本几何图形的形状大小的记录。

（2）符号性：地图上所有的物体均由符号构成。

（二）OCAD 8.0版本的特性

（1）更多的模板形式：8.0之前的版本对于模板的要求十分苛刻，要求模板只可以为BMP或OCD格式，8.0版本则在原有基础上增加了jpg、gif，tiff等格式。

（2）打破模板原有的旋转模式：8.0之前的版本，模板旋转的角度只能为±10°，这就要求在扫描手绘底图时注意使磁北方向位于扫描仪的顶部。而8.0版本，打破了该界限，使得模板可以以任意的角度旋转。

（3）多个模板操作及模板恢复功能：8.0之前的版本，一张地图只能打开一个可操作性的模板；在8.0版本的OCAD中．最多可以同时打开5个模板，而且模板在关闭并重新开启之后，不需要进行任何调整即可自动恢复到原始位置（模板即你在野外测绘的、已经用100 dpi以上分辨率扫描到电脑，并储存为OCAD认可的文件的成果草图）。

（4）比赛路线设计功能：8.0版本增加了赛事路线设计功能，使作图和路线设计能够同时完成。

二、认识 OCAD（图 1）

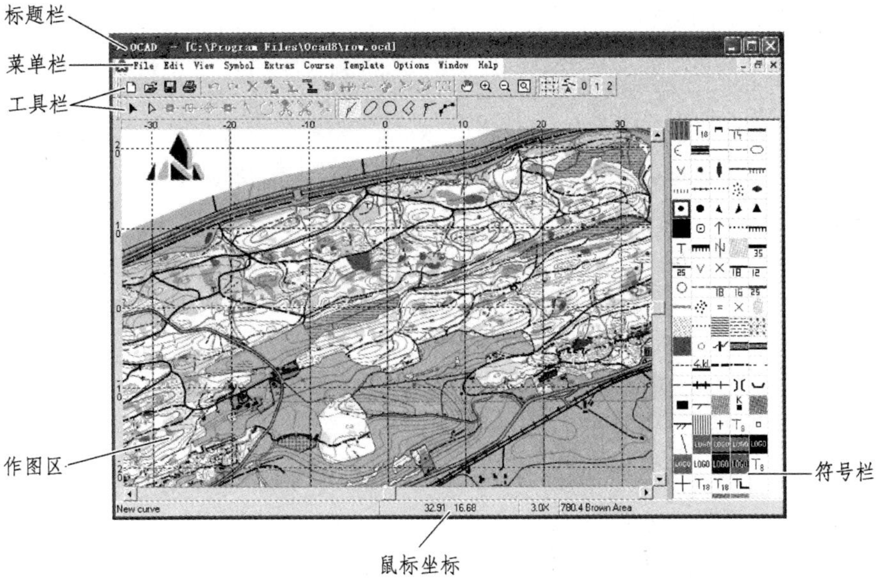

图 1

（一）标题栏

整个窗口的最上方是标题栏，显示当前打开的文档的路径。标题栏的右侧分别是：最小化按钮、还原按钮、关闭按钮。

（二）菜单栏

OCAD8.0 的菜单栏共有 10 个项目，分别是 File（文件）、Edit（编辑）、View（视图）、Symbol（符号）、Extra（附加）、Course（路线）、Temperate（模板）、Option（选项）、Windows（视窗）、Help（帮助）。该版本特别强调了 Course 及 Temperate 栏的特性，这是先前的版本所没有的。

1. File（文件）菜单栏

File 菜单栏包括 New（创建新文件）、Open（打开存档文件）、Save（保存）、Import（导入文件）、Export（导出文件）及 Exit（退出）等命令。

New：新建文件。点击后弹出一个窗口，分为上、中、下 3 个复选框：Map type（地图类型）、Load symbol from（导入地图符号）和 Information（地图信息）。如果要制作一张新的地图，那么可以选择 Normal map（普通地图文件），然后在第 2 个复选框中选取 Orienteering map 10 000 或 Orienteering map 15 000（如果有其他比例的符号集，则可使用 Browse 命令进行导入）；如果要制作一张比赛的路线图，可以选择 Course setting for orienteering（路线设计），然后根据地图的比例尺在第 2 栏内选择相应的路线设计的文件。结束了上述的选择之后，就会自动打开一个新的作图区和地图符号集。

Information 用于记录该地图制作的一些信息。

Open：用于打开存档文件，可以打开的文件格式为＋.ocd，s.eh。

Close：关闭当前的工作文件。

Save：保存当前的工作文件。

Save as：将当前的工作文件另存为一个新文件名的文件。

Information：为当前的工作文件添加说明信息。

Print：地图打印。点击后弹出打印窗口（图 2），分为 2 个子窗口：General（一般设定）及 Options（选项）。在 Printer 中选择需要的打印机。Print 中 Color map 指直接打印彩色地图，Spot color separations 指单色打印。Range 栏控制打印的范围：Entire map 选项表示打印整张地图，当地图的尺寸超过打印纸的尺寸时，则需分幅打印。此时，可以选择 Partial map，通过 Setup 来确定单页的范围。选择 One page，可将地图打印在一张打印纸上。Map scale 用来设定所制作定向地图的比例尺，计算机会自动给出，Print scale 指实际输出的比例，一般与 Map scale 相同。在 Options 中可以选择是否对打印输出的地图进行栅格化处理。

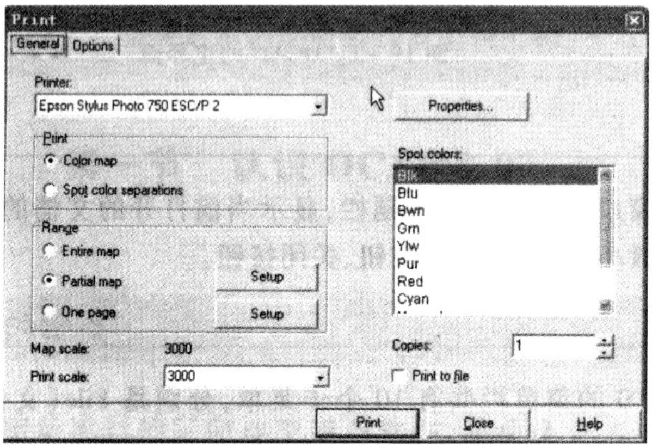

图 2

Import：用于导入 OCAD 支持的格式文件，它们是 *.ocd、*.ai、*.dxf、*·emf、*.wmf。Import 命令多用于分幅地图的拼合。点击 Import 后会弹出一个窗口，其中有 Place using the mouse 和 Place with offset 两个选项，用来确定导入地图的位置。Place using the mouse 指用鼠标确定导入地图的初始位置；Place with offset 指通过具体的坐标偏移来确定初始位置。

Export：导出地图文件。通过该选项可以将原本为 ocd 格式的地图文件导出至一般常用的图片格式，如：*.bmp、*.ai、*.dxf、*.tiff、*.gif、*.jpeg/jpg、*.eps 等。

Backup：备份当前的文件。

Restore：恢复被备份的文件。

Exit：退出 OCAD，也可以在标题栏点击“关闭”按钮退出。

2. Edit（编辑）菜单栏

Edit 菜单包括撤销命令和编辑所选中的对象的命令。

Undo：撤销上一次操作，最多可以撤销此前的 15 个操作步骤。

Redo：作用与 Undo 相反。

Cut：将选中的物体剪切到剪贴板上，剪切部分可以用来粘贴。

Copy：将选中的物体复制到剪贴板上，复制部分可以用来粘贴。

Paste：将已被剪切或复制到剪贴板上的物体粘贴到地图上。

Delete：删除选中的物体。

Join：连接一个线状符号的端点到另一个相邻的相同线状符号的端点。

Merge：将多个被选中的由相同符号表达的对象合并成一个新的对象。

To curve：将徒手模式（Freehand mode）绘制的线条或区域符号转换成曲线模式，使之更为平滑。

3. View（视图）菜单栏

View 菜单栏包括了对 OCAD 界面显示状况进行控制的命令。

Spot colors：分色显示，用于分色层显示地图。

Spot colors options：分色显示选项，可以选择需要分色显示的色层。

Hatch areas：将已绘制在地图上的区域符号阴影化。阴影化之后，能够看到区域符号下面的底图及各区域性符号之间的重叠情况。

Transparent map：透明化地图。

Transparent map options：透明化地图选项。

Redraw：刷新屏幕。

Move：移动屏幕的显示范围，快捷方式为 F6。

Move to：移动到具体位置，可根据横纵坐标来精确移动。

Zoom in：缩小显示的范围（及放大显示的内容），快捷方式为 F7。

Zoom out：扩大显示的范围，作用与 Zoom in 相反，快捷方式为 F8。

Entire map：显示全部地图区域。

0．25×～32×：选择地图显示放大倍数。

Standard toolbar 或 Edit toolbar 选项可以选择是否将标准工具栏及编辑工具栏在工具栏内显示。

4. Symbol（符号）菜单栏

Symbol 菜单栏包括建立新符号、修改现有符号、定义色彩等功能。

New：建立新符号。点击后，会出现选择新建符号类型的对话框，包括 Point（点状）、Line（线状）、A. tea（区域）、Text（文字）、Line text（线性文字）、Rectangle（矩形）6种符号。

Edit：对选中的符号进行编辑。

Icon：对在符号栏中显示的符号的图标进行编辑。

Enlarge/Reduce：放大或缩小选中的符号。在子对话框中可以选择放大或缩小的比例，如果在 All symbols 选项前打钩，则该操作适用于该文件中所有的符号。

Copy：将选中的符号保存到剪贴板。

Paste：将储存在剪贴板上的符号复制到当前的地图符号集中。

Delete：删除选中的符号。

Duplicate：复制选中的符号到当前的符号集中。用此命令可以新建一个与当前符号相近的符号，只需在复制之后对该符号进行修改即可。

Sort：排列符号。可以根据符号的编号（Numbering）和色彩（By color）对符号进行排列。

Colors：新建、重定义及编辑符号的颜色。可改变当前符号集使用的色彩，以免发生颜色覆盖。

Load colors from：导入色彩。可以从别的符号集中导入色彩，但是导入之后，原色彩将被完全覆盖。

Load symbols from：导入符号。可以从别的符号集中导入符号，新的符号将覆盖原有的符号。

Normal：恢复命令。可以将被保护和隐藏的符号恢复到初始状态。

Protect：保护命令。可保护选中的符号在图上不被改动或移动。被保护的符号在符号集中的图标上会出现一条灰色的斜杠作为记号。

Hide：隐藏命令。可以隐藏选中的符号。被隐藏的符号在符号栏中的图标会相应地出现灰色十字叉作为记号。

5. Extras（附加）菜单栏

Extra 菜单栏包括一些附加功能的综合功能栏，这些功能作用于整张地图。

Optimize/Repair：优化（减小）地图文件的大小，将先前的一些诸如删除、粘贴等操作引起的存储增量压缩，并恢复被损坏的物体。

Move map：将选中的地图移动至全新的位置。在点击之后出现的子对话框中，可以精确设定地图在作图窗口的位置。

Change scale：改变地图比例尺。通过使用该功能，可以改变地图的比例尺并生成相应比例尺的全新地图。

Stretch map：水平或垂直拉伸地图。

Rotate map：旋转地图。在点击后出现的子对话框中通过对 Angle（角度）的选择确定旋转的角度。

Select by symbol：可以用来全选选中的符号在图上描绘的物体。如在符号栏选中 Contour（等高线）符号，则地图上所有的等高线均被选取。

Change symbols：可将图上所选的符号全部由另一符号代替。

Export by symbol：可将所选中的符号绘制的物体导出至全新的地图文件上。

Delete by symbol：删除所有的选中的符号在图上绘制的物体。

To curve by symbol：可将选中的全部 Freehand mode 绘制的符号转化为 Curve mode。

Partial map：将当前文件的局部输出为新文件。

Grid lines：栅格化地图。

Name index：建立名字索引。

6. Course（线路）菜单栏

Course 菜单在进行路线设计时使用，是 8.0 版本的新增功能。

Course statistics：用于检查检查点是否被分配到各路线及该检查点的公用情况。

Options：点击后出现子对话框，可以定义检查点编号与检查点圆圈的距离，以及连接线与检查点圆圈的距离。如果选择 Print the code，在打印时检查点编号之后会出现检查点所在位置的打卡器的编号。Course title 用以定义检查点说明表上的标题。Controls description on map 可以定义检查点说明表方框的大小。

7. Temperate（模板）菜单栏

Temperate 即为野外测绘的成果草图，已经用 100dpi 以上的分辨率扫描到电脑，并储存为 OCAD 认可的文件。8.0 版本强化了模板打开功能，并将它单独列为菜单。

Scan：扫描模板。分选项 Acquire 用于进行扫描，Select source 用于选择扫描仪。

Open：打开已扫描入电脑的模板，使之成为绘制地图的背景图层。一方面，8.0 版本加强了模板的接受格式，使得可以打开的文件格式为：＊.bmp、＊.ocd、＊.bid、＊.tiff、＊.gif、＊. jpeg、＊jpg；另一方面，8.0 版本允许同时打开 5 个模板。

Reopen：重新打开模板。可以将已关闭的模板打开并自动恢复到原始位置。

Close：关闭模板。

Adjust：调整模板。打开模板之后，点击该命令调整模板使之与屏幕坐标的网格或已绘制的部分地图相对应。

在前面，我们讲过底图栅格化的问题，栅格化后底图上的栅格的交叉点被用来作为基本点与作图窗口上的栅格线进行对应。具体操作如下：

Hide：隐藏模板。快捷方式为 F10，可以暂时将模板隐去。

Options：雾化底图，使底图的色彩变淡。

8. Options（选项）菜单栏

Options 菜单栏包括关于模板及 GPS（全球定位系统）的命令，具体选项说明如下：

Preferences：根据个人的喜好设计 OCAD 软件的参数。

Shortcut：定义或改变快捷功能键的设置。

Color correction：修正屏幕显示的色彩。

Scales：设置底图的比例尺及网格的大小。

弹出的子对话框中显示的 Map scale 即为当前地图的比例尺（图 3）。Paper coordinates 中 Grid distance 即为作图窗口中栅格框的边距。可根据地图比例及底图比例进行设置。Real world coordinates 表示栅格以实地尺寸为坐标，在 Horizontal offset 和 Vertical offset 栏中输入坐标原点的水平及垂直偏移量，在 Angle 中输入角度值，在 Grid distance 中输入栅格的边距。

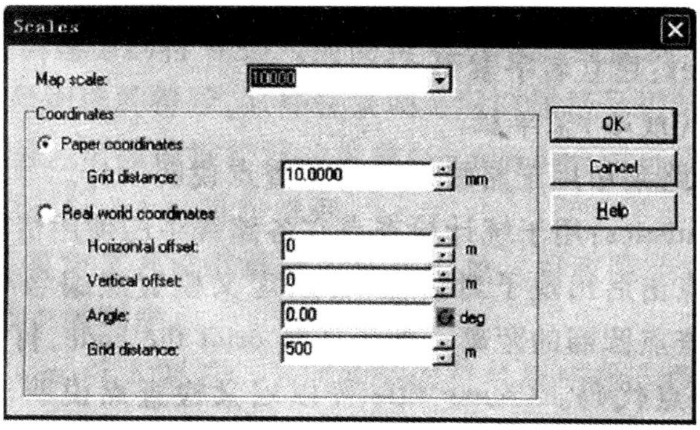

图 3

Open GPS：打开 GPS。

Close GPS：关闭 GPS。

Adjust GPS：调整使底图坐标与 GPS 提供的坐标一致。

9. Windows（窗口）菜单栏

Windows 菜单用于改变作图区的显示方式。

Title：将所有已打开的作图窗口同时显示在屏幕上。

Cascade：叠层显示所有的已打开的作图窗口，在这种显示方式下面的地图只能显示出标题。

10. Help（帮助）菜单栏

Help 菜单栏提供所有关于软件的信息及当前地图的相关信息。

（三）工具栏

OCAD 的工具栏由六组带有形象图标的按钮组成。分别为 Standard（标准按钮）、Edit（编辑按钮）、V Jew（视图）、Parameters（参数）、Edit mode（修改）和 Drawing mode（绘图模式）。

1. Standard：标准按钮，用于进行文件操作（图 4）

图 4

2. Edit：编辑按钮，用于对选中的目标进行各种编辑（图 5）

图 5

 Duplicate object：复制。先选中目标物体，按该键即生成一个与之完全一样的符号。

 Change an symbols：全体替换。先选中目标物体，然后在符号栏中选择希望对其进行替换的符号，按该键将先前的符号在图上绘制的所有目标物体全体替换。如果对某一目标物体进行单独替换，可按替换键 Change symbol，操作方法同上。

 Fill or make border：填充封闭曲线或给区域性符号添加边界。操作时，先选中目标物体，然后在符号栏内选择希望填充或作为边界的符号，按该键即可。

 Reverse：翻转所选的线状符号或调换线条的起、终点。例如，对于栅栏或土崖等有齿线的符号，按该键可以改变齿线的方向。

 Measure：测量。用于对选中的符号进行长度及面积的测量。

3. View：（视图）（见图 6）

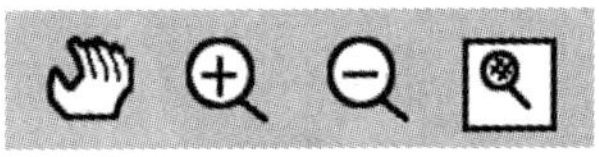

图 6

4. Parameters：（参数）（见图 7）

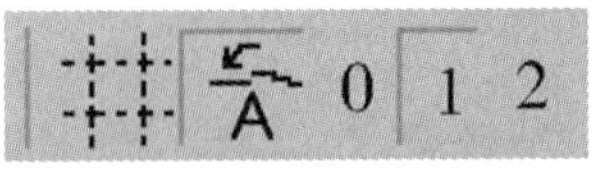

图 7

Grid：栅格。参考坐标栅格的显示开关。可在 Options 中设置其边距长度。

Smooth：平滑度。用以设置从手绘模式（Freehand mode）到曲线模式（Curve mode）的平滑程度。默认选项为 1。

5. Edit mode 编辑模式（图 8）

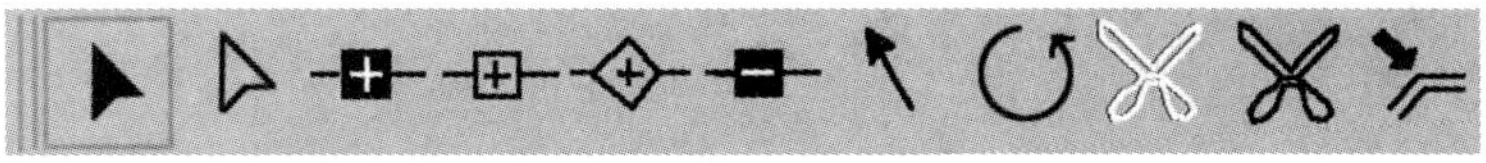

图 8

Edit object：编辑目标物体。用于选中物体及对被选中物体的整体移动。

Edit point：编辑点。对线条及区域的基本点进行编辑。按该钮后，对目标物体进行选择，所选中的物体会出现多个特性点（基本点、角点、虚点和曲线点）。通过拖动上述各点来实现目标物体形状的改变。

Normal point：基本点。用于插入基本点或将其他性质的点转为基本点。

Connor point：角点。用于插入角点或将其他性质的点转为角点，一般多用于直线物体在转弯时的描述。

Dash point：虚点。用于插入虚点或将其他性质的点转为虚点。对于虚线类型的符号，在交叉、出现拐点等情况下表示极为有用。

Remove point：删除点。

Direction：方向。用于改选点状物体、字符的方向。

Rotate：旋转。用于旋转选中物体的方向。

Cut hole：裁剪区域。用于对区域性符号中某块区域的裁剪。先选择需要裁剪的区域，然后选择裁剪的方式（绘图模式直线、曲线等），接着按该键，最后绘出所需图形的边界即可。

Cut：裁剪。用于对用线性符号绘制的物体进行裁剪。

Move parallel：平行缩放。能够对线状物体径向缩放，并保存与原位置的平行。

6. Drawing mode 绘图模式（图 9）

图 9

在绘制目标物体之前，必须先选择绘图模式，然后从符号栏中选择相应的符号。这六种绘图模式，各有各的长处，制图员可以根据自己的喜好，并结合底图上线条、区域的特性来选择绘图模式。

Curve mode：曲线模式。该模式绘制的曲线最少含有两个曲线点，若含有基本点的话，基本点前后均会出现相应的曲线点，通过对曲线点位置的移动可以达到改变线条形状的目的。

Ellipse mode：椭圆模式。先确定需要绘制的椭圆的两个端点，再在两点之间拖动即可获得理想中的椭圆形状。

Circle mode：圆形模式。先确定圆周上某点的位置，然后根据需要向某一方向拖动可获得任意直径的圆。

Rectangular mode：矩形模式。多用于矩形对象和建筑物的绘制。

Straight mode：直线模式。

Freehand mode：手绘模式。单击鼠标左键开始确定一个点，若按住左键不放并拖动鼠标，每单击一次左键就会形成一条点与点之间的线段。

三、OCAD8.0 制作定向地图的一般程序

（一）新建（或打开）文件，并导入模板地图（图 10）

经过当天的实地勘测工作后，制图员最好能够在第一时间在计算机上将当天的工作成果用 OCAD 软件进行加工。首先，你需要新建或打开一个 ocd 文件。若是新建地图，则需要在新建文件之后，在 Options 选项中确定地图的比例尺和栅格的边距，然后将当天的手绘底图放置在扫描仪内，通过 Temperate 中的 Scan 命令将底图导入电脑。注意：扫描精度要求大于或等于 200 dpi，此外，文件务必保存为 OCAD 软件认可的文件格式。

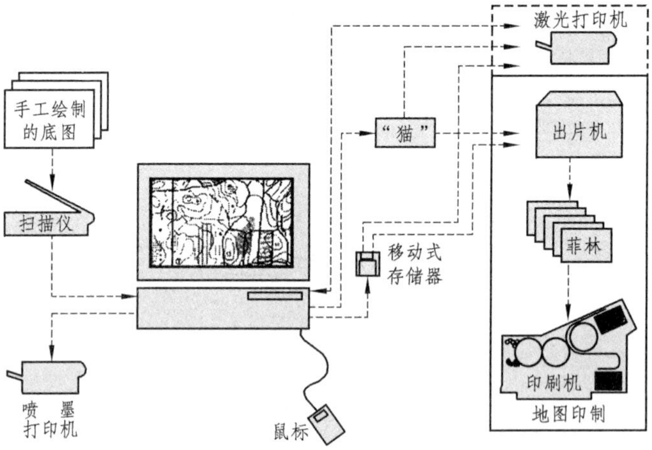

图 10

（二）调整模板、绘制各种符号

导入底图之后，要做的工作就是设置底图与实际绘制的地图的参数，在点击 Temperate 的 Open 项后，会出现子对话框，根据实际的情况设置参数并根据底图扫描后的情况设置角度，切记底图的正北方向必须指向作图窗口的正上方。接着，点击 Show grid，在屏幕上显示出栅格线，然后，选择 Adjust，将底图的栅格线的交点与作图窗口栅格线的交点重合。

（三）打印或印刷地图

经过艰苦的野外实地测绘和严谨的计算机绘制，一张定向地图终于制作完毕了，这时你会面临两个问题：是打印还是印刷呢？打印是最为直接的方法，但是价格也会比较高；选择印刷，纸张价格会比较低，但是需要一定的印刷数量才行。你可以根据自己的能力进行选择。如果选择打印，直接连接打印机就可以轻松完成，根据前面打印设置的方式进行设置。若需要进行印刷，则需要导出 eps 格式的文件，可以通过 Export 命令来实现，导出的文件的分辨率要在 200 dpi 以上。

第三部分 定向运动训练与竞赛

第六章 定向运动训练

本章导读： 了解定向运动训练的一般方法，学会定向运动训练计划的制订，掌握定向运动技术训练、体能训练、心理训练、战术训练的基本理论与方法，不断提高运动技术水平，树立更高、更快、更强的奥林匹克精神，刻苦训练，顽强拼搏，力争在定向运动竞赛中取得优异成绩。

关键词： 基本定向技术；标定地图；路线选择；按方位角行进；精确读图与概略读图；重新定位；精确定向与概略定向；偏向瞄准；攻击点；拇指辅行；数步测距；训练计划；赛后分析技术

第一节 定向运动的一般训练方法

定向运动训练是根据定向运动的特点，在教练员的指导下，为不断提高定向运动员的定向技能、身体素质、心理素质、智能水平，以获得最佳竞技水平，取得优异的比赛成绩，而专门组织的一种教育过程。

定向运动需要地图的识图、用图能力和奔跑能力的综合应用。定向运动不但要求定向运动员具有一定的读识地图的能力、熟练准确应用地图的能力，还要求定向运动员具有一定的奔跑能力。所以，身心的全面发展和发展识用地图的能力及定向运动专项的身体素质，是定向运动员掌握定向运动技术和提高定向运动成绩的基础。提高定向运动员的智力，培养定向运动员顽强的意志，是完成定向运动训练任务和取得竞赛胜利的重要因素。此外，定向运动员还应掌握定向运动的运动方法、奔跑技术和机动灵活的战术。因此，定向运动员需要经过正规系统的训练，才能达到预期的目标。

定向运动训练与其他的体育运动训练有一定的相同之处，但定向运动的特点使定向运动训练与其他体育运动项目又有着许多的不同之处。

一、定向运动基本知识的学习与练习

（一）内容

地图、指北针基本知识学习：地图比例尺、地貌符号、地物符号、地图方位与磁北方向线、地图颜色、图例注记、指北针结构及应用、测量地图两点间距离及实地距离换算。

地图与指北针在定向运动中的应用：实地判定方位、标定地图、对照地形、判定地形、确定运动点（站立点、目标点）、确定运动方向和运动路线。

（二）方法

（1）采用理论课教学、电化教学手段，进行专门的地图、指北针基本知识的学习，以及地图和指北针在定向运动中应用的方法和技能的学习。

（2）进行专门的读识地图训练：辅助法读识地图、直接法读识地图。辅助法读识地图，是利用在定向运动地图上以明显颜色画出的地貌骨架，以及明显地物位置读识地图，分析山脊走向、山背的分水线、山谷的合水线、山体的明显突出部位及其形状，分析明显地物的种类、形状以及与假设站立点的方位关系等。直接法读图就是不绘出地貌或地物的明显特征，而直接读识地图，分析地图上的地貌、地物的特征。最好在地图上标绘出定向运动的出发点、检查点、终点等，分析其周围的地形特征，结合定向运动需要进行读识地图的学习和练习。

（3）实地对照地形：采用从理论到实践和从实践到理论的学习方法。从理论到实践，即先读识地图，再到实地对照地形，检验读识地图的准确性；从实践到理论，即先到实地分析实地站立点周围地形，再分析地图，找到实地站立点在地图上的位置，并分析地图站立点周围地形，与实地的地形进行对照，确认分析对照的准确性。

（4）实地学习判定方位：根据自然现象判定实地方位，根据指北针判定实地方位，掌握地图（上北下南、左西右东）方位与实地的关系。

（三）组织

（1）以定向运动理论知识和运动技能、技术学习为主，教练员辅导与运动员自学相结合，教学相长。每次进行理论分析后，都要进行实地考察验证。可在教练员带领下进行分析验证，也可由运动员独自验证，最后由教练员认定，有的放矢地进行辅导。

（2）定向运动的基本运动技能、技术学习以及提高身体素质的练习与定向运动理论知识学习相结合，穿插安排，理论与实践相结合。

二、基本定向技术训练

（一）内容

（1）标定地图。

（2）定向运动的两个基础技能：明确实地方位、明确现时图地站立点。

（3）确定运动路线的三条原则：有路不越野、选近不选远、通观全局提前绕。

（4）定向运动三个基本运动方法：依点运动法、沿线运动法、指北针定向运动法。

（5）寻找检查点的方法：定点攻击法、偏向瞄准法、距离定位法等。

（二）方法

（1）标定地图：已知实地方位，使地图方位与实地方位保持一致（实地进行操作练习）。指北针标定：实地操作指北针标定地图。地貌、地物的点（线）标定：实地学习与练习以明显的点（线）状地貌或地物作为参照物，采用点（线）标定的方法标定地图。

（2）对照地形：在明确现实地站立点在地图上的位置的情况下（可由教练员指明），分析地图对照周围地形；在现实地站立点在地图上的位置不清楚，但大概范围清楚的情况下（可由教练员指明），分析现实地站立点周围地形，确定现实地站立点在地图上的位置。

（3）判定地形：以教练员在地图上所设立的检查点为中心分析判定周围地形，抵达实地再进行图地对照，验证判定地形的准确性。

（4）确定站立点：在图地都有的明显地貌或地物的地域时，以直线相交法确定现实地站立点在地图上的准确位置；现实地站立点在线状的地貌或地物上时，以截线法确定现实地站立点在地图上的准确位置；在周围视野不好的地域，采用指北针定向法确定现实地站立点在地图上的准确位置。

（5）确定目标点：地图站立点与目标点已标绘在地图上，实地站立点与地图站立点吻合（可由教练指明），要求运动员在学习和练习中掌握确定运动方向的方法，以及确定运动路线的三条原则。

（三）组织

学习掌握定向运动的基本技能、定向运动的三个基本运动方法、寻找检查点的三种基本方法。这一阶段除了进行一般身体素质训练外，还要加大定向运动专项身体素质训练（包括速度、耐力、运动节奏、力量等）。同时，要加强对运动员智力的开发，培养机智灵活、独立果断处事的能力，加强思想品德教育，培养吃苦耐劳、勇于克服困难、开拓进取的优秀品质。

三、定向技能的巩固、发展和提高

（一）内容

复习巩固地图和指北针的基本知识和应用能力，掌握定向运动的两个基础技能、确定运动路线的三条原则、三个基本运动方法；改进长距离跑和越野跑的运动技术，发展力量、耐力和速度，保持和提高身体全面素质水平；发展果断灵活的智力，培养顽强拼搏的良好意志品质。

（二）方法

（1）设置多个检查点进行分段运动法的学习与练习：设置检查点6个、8个、10个等，检查点间距离300～500米；地形选择要由易到难。分段运动法是初学者必须经过的阶段。在这个阶段，练习者必须把确定运动方向、确定运动路线三条原则、各种基本运动方法等，机动、灵活、准确地应用于定向运动的整个过程中。学习与练习前，要认真地逐段分析研究运动方向和运动路线；学习与练习后，还要认真检查总结完成的情况，不断提高分段运动的能力。

（2）设置多个检查点进行连续运动法的学习与练习：设置检查点4个、6个、8个等，检查点间距离300～500米；地形选择要由易到难。连续运动法是一般参加定向运动竞赛的运动员应掌握的常用运动方法之一。连续运动法要求接近检查点时应放慢奔跑速度（便于读识地图、分析地形，有利于寻找检查点），离开检查点时应迅速（定向运动战术的需要，避免为他人提供借鉴）。在连续运动法的学习与练习阶段，要求运动员逐步做到运动中快速识图、准确判断，并逐步减少运动途中读识地图的次数，以提高奔跑速度。

（3）设置多个检查点进行记忆运动法的学习与练习：设置检查点2个、4个、6个等，检查点间距离300～500米；地形选择要由易到难。记忆运动法是节省运动途中读识地图的时间，争取定向运动竞赛好成绩的有效方法之一。在记忆运动法的学习与练习阶段，要求运动员逐步掌握记忆运动法的窍门，记住沿途具有明显特征的地貌或地物以引导运动，逐步做到一次性能记忆更多检查点来完成运动路程，提高定向运动竞赛成绩。

（4）定向运动全过程的轻量训练：进行设检查点少，检查点所设位置明显易找，运动距离不长，地形难度也不太大的定向运动全过程的训练，主要目的是让运动员学习掌握定向运动全过程各个阶段的定向运动技能与技术。要求运动员确定运动方向准确，选择运动路线合理，寻找检查点准确快速，运动体力分配合理，完成整个运动任务准确快速。训练安排可根据训练情况，逐渐增加检查点数量，逐步增加距离和难度，提高定向运动竞赛的适应能力。

（5）定向运动全过程的超量训练：以较大难度，超距离（一般控制在竞赛距离的 20%）训练为主，即检查点设置增多，且检查点的设置位置寻找难度加大，运动地域地形也较复杂，运动距离增长，即采用定向运动技术难度较高，运动量较大的强化训练。主要目的是让运动员适应定向运动竞赛紧张、激烈、竞争的环境和气氛，适应定向运动竞赛地形复杂和长距离竞赛的要求。在训练中，要求运动员完成整个任务既准又快，培养运动员顽强的意志品质，为运动员在以后的竞赛中取得好的运动成绩打下良好的基础。

（6）定向运动竞赛的模拟训练：以定向运动竞赛形式进行训练。无论是在检查点设置的数量上，还是检查点之间的设置距离和寻找难度，以及在全赛程的距离、地域环境上尽量与竞赛时相似。为了保证运动员在训练时能适应真正的竞赛环境，模拟训练要安排在不同的地域环境、不同的气候条件下进行，以适应可能出现的地域环境和气候条件下的定向运动竞赛。

（三）组织

（1）每次的模拟训练都应保证在不同的陌生地域进行，同时也应安排在一定的气候下进行，这样既熟悉了竞赛时可能发生的气候变化，也锻炼了运动员的意志品质。

（2）按照定向运动竞赛的要求进行训练，每次训练都要规定每个运动员完成全赛程的允许耗时。每次训练完后应进行讲评总结，找出差距，寻找出解决的办法，不断提高定向运动水平。

（3）根据每个运动员的具体情况和定向运动训练水平，制订不同的训练计划，规定适宜的训练指标和参加竞赛的成绩要求。

四、恢复时期的调整

经过激烈的定向运动竞赛后，定向运动训练进入过渡阶段的恢复调整时期。这一时期的主要任务是保持定向运动训练水平和内脏器官系统的工作能力。首先，进行本次定向运动竞赛总结，制定下一竞赛阶段的训练计划；同时，在体力上进行必要的调整，安排一个积极的休息训练阶段，适当减少一些训练次数，降低一定的运动量和运动强度，改变训练环境和训练方法。这一时期，以全面发展运动员的身体素质，改进定向运动技能、技术为主要内容，安排适量的球类、体操等一些娱乐性较强的活动项目，调整训练气氛和运动节奏，为转入新的训练阶段做准备。恢复时期的训练内容可安排：慢跑、短距离的加速跑，如 60 米、80 米跑；中等速度的越野跑，如 1 000 米、3 000 米跑等；球类运动、体操运动等；定向运动的各种基本运动方法的组合练习；设置检查点不多的全程定向运动练习等。

第二节　定向运动训练计划的制订

训练计划是指对未来训练过程预先做出设计，以保证训练工作有目标、有计划地顺利进行。它是加强训练管理工作的一个方面，也是训练科学化的前提，对于明确训练目标、采取有效措施、总结训练经验和提高训练工作质量具有重要意义。表 6-1 为定向运动训练计划的分类及基本任务。

表 6-1　运动训练计划的分类及基本任务

训练计划类型		时间跨度	基本任务
多年训练计划	全程性	10～20 年	系统培养高水平选手
	区间性	2～6 年	完成阶段性训练任务或准备并参加一轮大赛
年度训练计划	单周期	6～12 个月	准备并参加 1 次或 1 组重要比赛
	双周期	每个周期 4～8 个月	准备并参加 2 次或 2 组重要比赛
	多周期	各周期 2.5～5 个月	准备并参加 3 次或 3 组以上重要比赛
大周期训练计划	准备期	5～20 周	提高运动员竞技能力
	比赛期	3～20 周	参加比赛创造好成绩
	恢复期	1～4 周	促进心理/生理恢复
周训练计划	训练周	4～10 天或 3～20 次课	提高运动员竞技能力
	比赛周		参加比赛创造好成绩
	恢复周		促进心理/生理恢复
课训练计划	综合训练课	0.5～4 小时	综合完成多项训练任务
	单一训练课	0.5～4 小时	集中完成一项训练任务

资料来源：田麦久：《论运动训练计划》，北京体育大学出版社 1999 年版。

一、多年训练计划

多年训练计划是一个多年系统训练的总体规划。制定多年训练计划是为了保证多年训练有一个统一的总目标，使训练有一个明确的方向，在这个目标的指引下，使每年的训练紧密相连。中学生多年训练计划应为 3 年和 6 年两种，大学生一般为 4 年。

多年训练计划通常可分为基础训练、基本定向技术训练、定向技能提高训练、竞技能力保持训练 4 个阶段。多年训练计划的内容一般包括：

（1）学生基本情况的分析，如思想、意志品质、身体发育情况、定向技术水平、文化水平、个性特点等。

（2）确定思想教育、意志品质的培养目标，以及身体、技术、战术训练和运动成绩所要达到的总目标。

（3）多年训练计划中年度计划的衔接和运动员生理负荷逐年提高的大体规划。

（4）训练的主要手段、方法、措施。

（5）重要比赛的大体安排。

（6）检查训练水平的制度和方法。

（7）执行计划必备的场地、器材。

（8）保证完成计划的措施，如管理制度、医务监督、训练时间、生活管理等。

【案例】

湖南人文科技学院定向运动队多年（2 年）训练计划

（本计划适用于定向新手）

指导思想：

定向运动是一项技术性很强的运动，从大一选拔运动员开始到参加比赛约需 2～3 年时间。为了使运动员全面掌握基本定向技术，力争在全国比赛中取得优异成绩，为学校争取更多更大的荣誉，特制订本训练计划。

第一训练阶段

教学目标：

1. 使运动员掌握定向运动基本知识及其精神
2. 使运动员了解我能安全进行简单的定向比赛
3. 使运动员对定向运动建立长远的兴趣

课程安排：

理 论 课：2次（4小时）

实 践 课：10次（每次4小时）

体能训练：每周4次，周一、二、三、四上午6：00—7：30

本课程在大一第一学期完成

课程总纲：

1. 定向运动介绍
2. 世界及我国定向运动发展概况
3. 实地地图阅读
4. 基本定向技术介绍
5. 定向安全注意事项
6. 完成一个体验组赛事

训练人数：最多20人

教　练：郑秀星

考　勤：参加者须全期出席

定向运动第一训练阶段课程内容及实施要领

内容细则：　理论课

单元主题	内　　容	时间（分钟）
定向运动简介	1. 定向运动概念及其发展概况 2. 定向运动形式的多样化：独木舟、山地自行车、轮椅、徒步、滑雪、校园、公园、郊野、夜间、接力及山区马拉松定向等 3. 概述定向运动运动除可作自我挑战及培养自信心外，还可享受山野乐趣，同时注意爱护大自然，遵行郊野守则	60
定向地图的认识及阅读	1. 地图的定义 2. 比例尺及磁北线 3. 定向地图六种颜色的意义，并列举线状及点状地物 4. 等高线间距及等高线与地形的关系：山突、山背、山谷及山垄各种地形与其等高线的形状	120
定向运动个人装备	包括衣物、鞋、帽、指北针、哨子、电子表及头灯等	5

定向运动第一训练阶段课程内容及实施要领（续）

内容细则：野外练习　　（10 次，每次 4 小时）

单元主题	内　　容	时间（分钟）
安全措施	1. 迷路与自救 2. 遇到危险怎么办 3. 避开危险地带	15
基本定向技术（一）	技术部分在野外实地讲授	—
我国定向运动发展概况及主要赛事	中国定向运动协会、中国学生定向协会简介及其举办的赛事情况	20
比赛种类	接力赛、团队赛、个人赛（长距离、中距离、短距离）	10
行前准备	简述本次户外实践练习的内容、要携带的物品及应注意的事项	10
总结及提问		5
安全事项	由教练讲解实践课的安排及安全注意事项	10
基本定向技术（一）图例接力赛	A. 图地对照及各种基础技术练习 1. 解释标定地图的重要性及利用野外特征物标定地图的方法 2. 要求运动员在前进方向改变时，需重新标定地图 3. 指导运动员到达路口时应做的动作 4. 指出拇指辅行的好处 5. 用线状特征（如小径等）作简单扶手前进 6. 沿途收集明显地形地物作导航用，并借此说明图例 7. 利用实景判定地形与等高线的关系 8. 随时提问运动员站立点位置 9. 要求运动员前往假想检查点 B. 实地认识图例，并分组以接力游戏促使运动员熟悉图例	
热身运动	兼述热身运动的重要性	15
体验赛	以比赛或其他训练形式评价运动员所学过的各种基础技术，检查点用文字说明	10
赛后分析	让运动员画出走过的路线，并做赛后分析	70
指北针的简易使用	简单解释指北针的基本用途：辨别方向及帮助标定地图，并即时在现场作实地练习	15
推介定向进阶课程	总结时介绍提高技术水平的途径，指出第二阶段课程将有更深入的技术练习，调动运动员练习的积极性	10
总　结	对当天练习情况作简短小结	10

第二训练阶段

教学目标：

1. 使运动员深入了解定向运动各项基本技术

2. 使运动员明白赛事规则与程序及了解国际定向活动

3. 使运动员能参加模拟定向运动比赛

课程安排：

理 论 课：1次（每次2小时）

实 践 课：分两大板块，单双周交替训练，共14次（每次3小时）

体能训练：每周4次，周一、二、三、四上午6：00—7：30

本课程在大一第二学期完成

课程总纲：

1. 指北针及其在定向运动运动中的使用

2. 定向运动基本导航技术

3. 国际定向图例与国际检查点说明符号

4. 比赛规则与程序

5. 定向比赛实践

训练人数：最多15人

教　练：郑秀星

考　勤：参加者须全期出席

定向运动第二训练阶段课程内容及实施要领

内容细则：

<table>
<tr><th rowspan="2">单元主题</th><th colspan="2">讲　　解</th><th colspan="3">实　　践</th></tr>
<tr><th>时间（分钟）</th><th>内　　容</th><th>内　　容</th><th colspan="2">时间（分钟）</th></tr>
<tr><td>重点复习</td><td>10</td><td colspan="2">复习第一阶段的重点，包括地形判断及各种基本定向技术</td><td>20</td><td rowspan="4">第一次（单周）</td></tr>
<tr><td>指北针的使用</td><td>20</td><td>1. 指北针的构造及功能
2. 指北针导向 Silva1-2-3 型指北针的操作程序
3. 攻击点及其选择的时机</td><td>再以指北针导向游戏使运动员熟练指北针的运用</td><td>40</td></tr>
<tr><td>基本定向技术（二）</td><td>20</td><td colspan="2">1. 指北针导航法（Silva 1-2-3）的应用
2. 偏向瞄准使用的情形及其方法
3. 攻击点及其选择的原则</td><td>90</td></tr>
<tr><td>星形定向及总结</td><td></td><td></td><td></td><td>30</td></tr>
<tr><td>重点复习</td><td></td><td colspan="2">各种定向技术综合运用</td><td></td><td rowspan="2"></td></tr>
<tr><td>基本定向技术（三）</td><td>20</td><td colspan="2">如何选择合适的路线：直接路线与替代路线（间接法）的运用时机</td><td>40</td></tr>
<tr><td rowspan="3">比赛阐述与实践</td><td>20</td><td>国际检查点说明符号的解读</td><td>国际检查点说明符号的实地解读</td><td></td><td rowspan="5">第二次（双周）</td></tr>
<tr><td></td><td></td><td>1. 略述进出检查点技巧
2. 再次提出安全注意事项
3. 现场讲解赛事规则及程序</td><td>20</td></tr>
<tr><td></td><td></td><td>模拟比赛（包括比赛前后热身及缓和运动与赛后分析）</td><td>100</td></tr>
<tr><td>国际定向赛事</td><td>5</td><td></td><td></td><td rowspan="2">20</td></tr>
<tr><td>总结及提问</td><td>5</td><td></td><td></td></tr>
</table>

第三训练阶段

教学目标：

1. 熟练运用种种定向技术与检查点攻击技术

2. 能参加省级一般赛事

课程安排：

理 论 课：共 2 次（4 小时）

实 践 课：周末进行，共 20 次（每次 4 小时）

体能训练：每周 4 次，周一、二、三、四上午 6：00—7：30

（本课程在大二第一学期完成）

定向运动第三训练阶段课程内容及实施要领

理论课一：

单元主题	内　　容	时间（分钟）
课程简介	1. 训练目标、要求及实践内容 2. 训练评价	10
基础定向知识回顾	1. 地图：国际标准六色定向地图、比例尺及等高距 2. 初级定向技术： —正置地图：地图正确摆放以配合地貌特征 —正置地图、选择路线 —运用线性和点状特征：扶手法、沿途收集特征、攻击点、拇指辅行法、有效记录在地图上的位置 3. 指北针运用 —正置地图：磁北与图北平行并向北 —使用指北针导向 4. 国际检查点说明符号的解读	30
野外定向进阶（一）	1. 线性特征的运用 —山背、山谷、山脊是线性特征 —植被：植被界拐角是确定站立点的明显特征物 —坡度的改变：地形由斜转平或由平转斜都是指示位置的地貌特征 2. 阅读地图技巧 —地图和指北针须一起使用。每次读图时，必须确定地图已正置好。在定向时，要经常检查磁北是否配合图北 —向前思考：计划将前往的路线，会遇到什么特征和地貌	30

理论课一（续）：定向运动第三训练阶段课程内容及实施要领（续）

单元主题	内　　容	时间（分钟）
野外定向进阶（二）	1. 概略定向与精确定向 —红绿灯定向法。前往检查点的速度调节：绿灯高速前进；黄灯慢跑；红灯慢行 —简化地图：等高线简化，只阅读地图上的重要特征，主要山垄、山脊、倾斜山边，长深山谷和明显的凹地 —概略定向：简化读图、利用明显的特征物作扶手定向；经常检查地图以确保方向正确 —精确定向：无论阅读地图或依指北针向前进均要非常细致 2. 距离估算和数步法 —数步是估计距离的方法，采用复步以100米为标准，量度不同地形及速度的步数 —精确定向时，按指北针前进再配合数步将更准确地前往目标 3. 沿等高线前进和地图记忆 —沿山边越野，须保持在同一等高线水平前进，并利用地貌特征作为攻击点和捕捉特征 —地图记忆，把地图上的重要特征记下；定向时不会停留，直至到达攻击点。	35
户外实习前准备	1. 集合时间和地点，训练时间4至5小时。 2. 运动员需携带指北针和哨子。	10
总结提问		5

定向运动第三训练阶段课程内容及实施要领（续）

理论课二：

单元主题	内　　容	时间（分钟）
分析	1. 运动员常犯的错误 2. 路线分析：最快时间，最佳路线及所运用的定向技术	20
野外定向技术进阶（三）	1. 指北针应用进阶 —在空旷地、杂草地或树林中，可依指北针指示方向直线前进 —偏向瞄准：使用指北针前往检查点，有意地把目标偏至某一方向，当到达线状特征而看不到目标时也知道往哪一方向寻找 2. 路线选择的原则（注：最重要的是建立自己的系统） —倒后选择法：检查点—路线—采用的技术 —检查点：选择最佳的方向进入检查点及利用可靠攻击点 —路线：选择有明显地貌特征的路线，避免迂回前往攻击点 —采用的技术。在不同的路段需采用不同的技术：概略定向或精确定向，数步法 —选择路线时，体能状态和技术水平是重要的考虑因素 3. 重新定位（注：定向时，运动员经常需要重新定位） —迷途原因：速度过快，精神不集中，大意 —迷路时，不要四处奔走，尽快集中精神，利用明显的特征或地貌来确定目前的位置（注：在没有其他办法时应向别人求救） 4. 定向技术训练方法（注：简略介绍） —基本定向技术复习：沿线式 —攻击点和沿途收集特征：进入检查点训练、越野式定向 —概略定向和沿等高线前进：廊式、窗式定向 —精确定向和精确读图：指北针路线、地图记忆训练、窗式定向	50

理论课二（续）：定向运动第三训练阶段课程内容及实施要领（续）

单元主题	内容	时间（分钟）
比赛准备	1. 体能训练 —体能训练的重要性：获得适当的体能及防止受伤 —定向运动所需的体能：耐力、速度、柔韧性、平衡、协调及视力好 —体能训练计划：可分为短期及长期训练 —内容：长距离慢速跑、循环训练、变速跑等 2. 比赛策略 —比赛应注意的细节：指北针、指卡、哨子、检查点说明表、鞋带 —进出检查点：预先计划进出检查点的方向，打卡后，速依正确方向离开 —被跟随：保持冷静，利用适当的方法甩脱对手 3. 技术失误的认识和避免方法 —问题：速度过快/过慢；选择不恰当路线；不恰当使用指北针技术；选择不恰当攻击点；平衡错误等 —原因：经验不足；技术水平不足；疲劳；精神不集中；受其他人影响 4. 赛后分析 —检查比赛表现：填写赛后检查报告 —记录每段路程所用的时间；与其他运动员讨论及分析比赛路线 5. 改进比赛技巧的方法 —参与训练班改善技术 —体能训练和多参加赛事 —心理训练：比赛预演	25
组织定向活动的基础知识	1. 比赛筹备：赛事策划者、赛事控制员、起点、终点、赛事中心、成绩处理、赛区巡逻；技术支援：地图勘察及绘图、赛程设计 2. 教练培训。教练培训计划：准一级至第三级；定向运动训练课程：第一至第四级学习阶段；代表队训练	15

理论课二（续）：定向运动第三训练阶段课程内容及实施要领（续）

单元主题	内容	时间（分钟）
户外实习前准备	1. 集合时间和地点，训练时间4～5小时。野外实践内容简介 2. 运动员需携带指北针和哨子	5
总结及提问		5

实践一：周末进行　（共10次，每周2次，每次4小时）

单元主题	内容	时间（分钟）
沿线式定向	1. 运动员把检查点的位置记录在地图上；利用检查点符号说明描述检查点的地貌和特征。 2. 由教练带领并复习基本定向技术。认识等高线特征方法；进行不同地形的数步测距（注：指导如何使用地形如山背、山谷、山脊、山顶等，以及植被改变和斜度转变来确定站点）	60至75
热身运动	由教练带领和指导热身运动及缓和运动	15
进入检查点训练	1. 以越野式定向训练运动员选择适当的攻击点，以便准确地进入检查点 2. 运动员在进入检查点前，必须到达预先选好的攻击点 3. 使用指北针技术，概略定向及精确定向（注：教练需观察运动员表现，并站于其中一个攻击点指导运动员进入检查点）	30至45
越野式定向	路线以沿等高线前进为主，训练运动员的指北针运用和越野能力	30至45
无图训练	无图进行短距离越野式定向，深化运动员对等高线特征的认识和掌握，简化地图技巧	30至45
2×2接力赛	1. 两位运动员组成一队。每位运动员要接力完成两个短程越野式赛程 2. 以快速定向形式增加运动员的比赛经验，建立互相竞争及团结协作精神	46至60

实践一（续）：定向运动第三训练阶段课程内容及实施要领（续）

单元主题	内　　容	时间（分钟）
总结及提问	（注：运动员把自己的路线标绘在地图上，并与其他运动员共同讨论）	15

实践二：（共10次，每周2次，每次4小时）

单元主题	内　　容	时间（分钟）
热身运动	由教练带领和指导热身运动及缓和运动	15
打卡练习	1. 快速及准确打卡。训练跑步适应性与柔韧性 2. 悬挂多个点标旗在一个细小范围内，组成一条100～200米长路程 3. 运动员须依最快速度打卡	15
越野式定向	以路线选择训练为主，要求运动员多运用技术，增强定向经验（注：须详细讲解训练方式，并指导运动员在特殊路段所采用的技术）	30至45
多重技术训练	1. 由走廊式、窗式和沿线式等组成的越野式定向训练 2. 要求运动员掌握指北针、简化地图、沿等高线前进技巧及越野训练 （注：教练需观察运动员表现，并站于特殊路段前指导运动员运用定向技术前进）	45至60
无图训练	无图进行短距离越野式定向，深化运动员对等高线特征的认识和掌握简化地图技巧	15至30
2×2接力赛	1. 两位运动员组成一队。每位运动员要接力完成两个短程越野式赛程 2. 以快速定向形式增加运动员的比赛经验，建立互相竞争及团结协作精神（注：完成训练后，教练带领做缓和运动）	40至60
总结及提问	（注：运动员把自己的路线标绘在地图上，并与其他运动员共同讨论）	15

第四训练阶段（赛前强化训练）

训练目标：

1. 熟练运动各种定向技术

2. 能以最快速度选择路线到达检查点

3. 力争在全国定向锦标赛及全国学生定向锦标赛中取得优异成绩。

训练时间：

大二第二学期（全国定向锦标赛前）

训练内容：

1. 体能训练

在校期间每天早上进行体能训练，时间为6：00—7：30，训练内容为长距离匀速跑、短距离加速跑、长距离进行变速跑、下坡加速跑，冲坡等

2. 技能训练

1）寒假集训

时间：10天

地点：野外

内容：模拟比赛，上午长距离，下午短距离，晚上分析讨论

2）周末技能训练：每天2次，上午长距离，下午短距离，每周一晚上利用多媒体设备对前面四场训练进行集体分析讨论

3）“五一”集训

时间：10天

地点：有彩图地域

内容：模拟比赛，上午长距离，下午短距离，晚上分析讨论，写赛后体会

4）赛前集训

时间：全国定向锦标赛比赛前20天左右，集训时间15天

地点：有彩色定向地图的地域

内容：各种定向技能综合训练

湖南人文科技学院定向运动队

二、全年训练计划

全年训练计划是将多年训练计划中的目标和要求，落实到每个年度中，其内容比多年训练计划要更加充实具体。全年训练计划的内容通常有：

（1）上一年度训练情况和本年度的训练目标。

（2）身体素质、定向技能训练及运动成绩所要达到的目标。

（3）全年训练周期及训练阶段的划分，各个时期身体训练和技术训练的比重与内容以及训练负荷的安排。

（4）参加比赛的次数与时间安排。

（5）检查评定训练效果的时间与方法等。

学校全年训练计划根据比赛任务一般按学期划分为单周期或双周期，并按竞技状态发展规律确定训练阶段。制订学校全年训练计划应注意的事项有：

（1）全年训练计划在多年训练计划中的位置和具体目标要有针对性。例如，有以基础为主的全年训练计划，也有以定向技能训练为主的全年训练计划等。

（2）要根据具体训练目标和学生实际划分周期。如处于基础训练阶段的初中生，由于重点抓身体全面训练和基本技术训练，教学因素比重大，可以不明显划分出周期。但对训练水平较高的学生，则可遵照竞技状态的形成规律，合理地划分周期，制订出准备期、竞赛期和休整期的训练目标和内容。

（3）全年训练的总目标和各项指标要切实可行，留有余地。

三、大周期训练计划

大周期训练计划是根据年度训练计划中所规定的各阶段的任务、内容、要求和训练次数等制订的。学校定向运动训练的阶段一般以 3 个月为宜。大周期训练计划主要以全年训练计划中该时期的训练任务、内容和要求为依据，并结合训练进展情况和下一阶段的训练，具体制订本阶段的训练任务、各项训练内容的比重、主要训练手段和负荷安排等。大周期训练计划的内容比全年训练计划更为具体，它应使训练的安排更加切合训练过程的实际。

大周期训练计划有不同的类型，如基础期的大周期计划、准备期的大周期计划、比赛期的大周期计划、恢复期的大周期计划和短期的临时集训计划。

基础期的阶段计划常用在全年训练的准备时期，其内容主要是各种有效的一般和专项训练的内容与手段。基础期训练的生理负荷较大，负荷量和强度的增减相互配合并保持在一个相当的水平上。见表 6-2。

表 6-2 参加 2004 年全国定向锦标赛（训练计划）

题目	内容	方法与目的	时间（天）
概述	1. 什么是定向越野 2. 定向越野类型 3. 国内外定向运动概况 4. 定向越野的意义	利用多媒体进行讲述， 了解定向运动的基本情况	1
识别地图	1. 地图比例尺 2. 地物符号 3. 地貌符号 4. 地图方位与磁方位角 5. 图例注记	利用多媒体讲解， 识别定向运动地图	4
基本定向技术训练	1. 实地判定方位 2. 标定地图 3. 对照地形、确定站立点和目标点 4. 路线选择	野外讲解、练习，明确地图与实地的关系，学会地图与实地对照的基本方法	50
参赛技能训练	1. 器材介绍 2. 出发点动作 3. 运动中动作 4. 检查点动作 5. 终点动作	野外实地讲解、练习，明确参赛全过程运动员所必须掌握的基本技术与技能	90
模拟训练		模拟设置比赛场地、路线，组织运动员进行模拟比赛， 使运动员熟悉参赛全过程	60
比赛组织	1. 本次比赛的基本情况 2. 有关比赛的规则	宣读本次比赛的有关公报，讲述比赛场地的设置与有关规定，明确如何参加比赛	2

准备期的计划是在参加比赛前专门安排的训练计划，主要是进行模拟比赛的大周期训练，其内容主要是比赛性的练习，生理负荷大，尤其是负荷强度会达到或超过正式比赛的强度。

比赛期的大周期计划是赛季最主要的中周期训练计划，其内容和训练方法、手段主要根据正式比赛任务的需要来选择安排，生理负荷起伏较大，并以加大负荷强度为主。

恢复期的阶段计划是在比赛期后进入休整期的一种中周期训练计划，其内容要适当调整，转换生理负荷，逐渐降低要求，消除疲劳，使机体得以恢复。

短期的临时集训计划是为准备某个特定的比赛，为学生创造较好的训练条件，以求在比赛中能够表现出较高的竞技水平。短期集训计划的内容具有较为明显的独立性，学校定向运动训练更应注意把握这一特点。

制订大周期训练计划要明确该阶段的时间及由几个小周期组成，负荷节奏是以周次来组合的，并规定本阶段各周重点训练内容。在实际训练过程中，要从学生的具体情况出发，根据大周期训练的目标、指标和周次，设计好阶段训练的结构。

四、周训练计划

周训练计划亦称小周期训练计划，是根据阶段训练计划并结合课余训练实际制订的一个星期的训练安排。

学校定向运动训练的周训练计划，一般每周安排训练 3～4 次，每次训练时间 2～3 小时。

周训练计划的内容通常包括：本周训练任务与要求、训练次数、每次训练的时间、每次训练课的内容和负荷、测验和比赛安排等。

安排周训练计划要考虑的主要因素有：

（1）本周训练在本阶段训练中的地位和作用。

（2）根据一周的主要任务，应将不同的训练内容交替进行训练，使之相互调节。

五、课训练计划

课训练计划是最基础的训练计划，是根据周训练计划以及训练进展情况，对一次训练课所作的具体安排。学校定向运动训练课训练计划的内容通常包括：训练任务与要求、内容安排与主要手段、组织形式、时间与负荷安排等。

课训练计划是教练员组织训练的主要依据。前述各种训练计划的各项训练任务与要求都要落实到每次训练课中，训练目标的实现和训练水平的提高，都有赖于每次训练课效果的积累。因此，制订切实可行的课训练计划，是取得良好训练效果的重要一环。

根据训练课的主要任务和内容，学校定向运动训练课一般可以分为体能训练课，技能训练课，测验、比赛训练课和调整训练课 4 种类型。训练课基本结构一般都是由准备部分、基本部分和结束部分 3 个部分组成，这与一般体育教学课的结构是基本相同的。

上述 5 种训练计划，从步骤来看，先制订多年、全年训练计划，后制订大周期、周训练计划，最后制订课训练计划。从训练计划内容来看，是逐步详细、具体的。从制订训练计划的要求来看，要根据学校教育目标与实际情况以及学生的特点确定训练目标，合理安排训练的阶段、时间、内容和负荷。加强基础训练，采取符合学生生理、心理特点的组织形式、方法和手段，防止训练手段成人化和心业化，使各种训练计划更加切合训练的实际。在训练计划的贯彻落实当中，要随时进行检查与评价，并把它纳入学校整个体育工作质量评估体系中。通过对课余定向运动训练的检查与评定，能客观地了解训练效果，及时得到反馈，总结经验，有利于更好地完成学校定向运动训练所制订的总目标。

第三节　定向运动的技术训练

一、地图的使用

（一）读图

读图是将二维的平面地图通过心理过程在大脑中视觉化，形成立体的三维实际地形并与实地进行对照的认知过程。一个优秀的定向人必须首先是一个优秀的读图者。因此对定向爱好者来说，迅速准确地读图技能是最基本的定向技能。为了学习上的方便，我们将读图技能分为动作技能和认知技能两个方面。

读图的动作技能包括折叠地图、拇指辅行、标定地图和确定前进方位，它们是正确读图的基础。所有定向人都必须熟练掌握这些技能并且最好能达到自动化的水平。但是读图动作技能的练习与读图的认知技能的练习常常是同步进行的，只是不同的阶段侧重点不同而已。通常先以动作技能练习为主，然后动作技能和认知技能练习并重，当动作技能达到熟练水平甚至自动化水平时，则以认知技能的练习为主。

按读图时的运动状态可将读图分为静止站立读图和运动中读图。读图练习从静止站立开始逐步过渡到运动中读图。而在运动中读图首先要使读图的动作技能达到熟练水平，为了避免因地形和地图符号对动作技能的影响，最初的练习应该安排在线状特征较多并且比较简单的地形中进行。

（二）标定地图

标定地图就是使地图跟实地保持一致，它是定向运动的基本技能之一。标定地图的方法有多种。

1. 概略标定

若已知实地方位和站立点的图上位置，只要将地图正置，使地图上方（即磁北方向）与实地北方向保持一致，地图即标定（见图 6-1）。

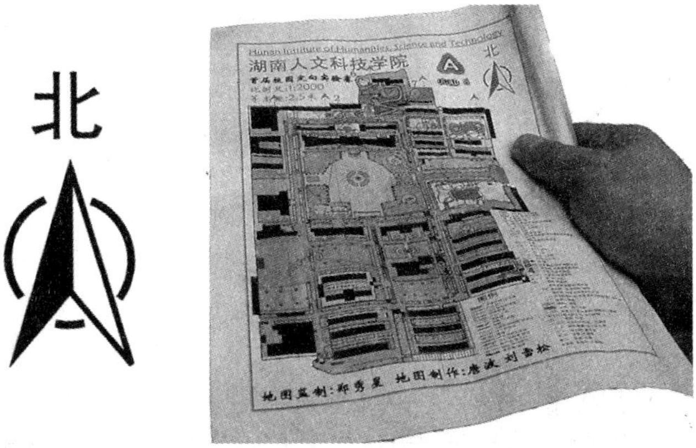

图 6-1　概略标定地图示意图

2. 指北针标定

指北针标定即使指北针的北方向与地图北方向保持一致，地图即标定。若以磁北针方向与地图北方标定地图时，要求图、地对应更精确，可对照周围地形，正置地图，使图、地的地貌、地物相对应即可（见图 6-2）。

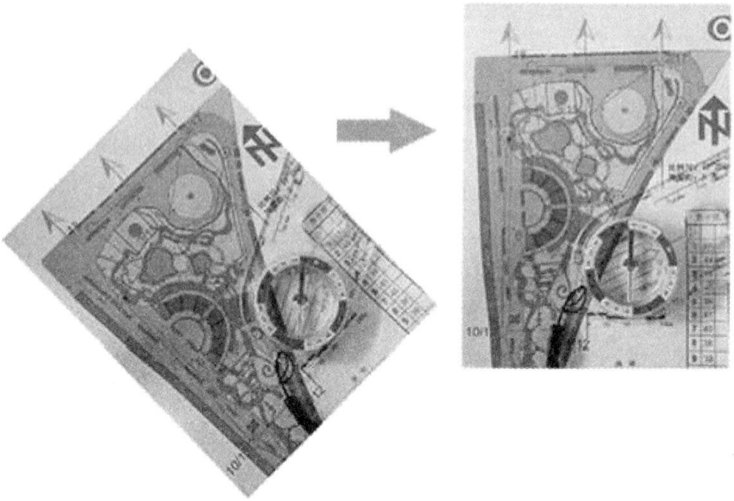

图 6-2　指北针标定地图

指北针标定地图第一步：用指北针的长尺边相切于磁北方向线，并使指北针的前进方向箭头指向地图北方。指北针标定地图第二步：转动身体或转动地图，使指北针磁针的北端（红色的一端）与地图的磁北方向线一致。

3. 明显地貌、地物点标定

地貌、地物的点标定即利用地图、实地对应的明显地貌或地物作为参照点标定地图。可作为地貌参照点的有：山头、鞍部、山凸、山谷等。可作为地物参照点的有：塔、亭、桥、烟囱、独立房、独立树等。

利用地貌、地物的参照点标定地图的前提是：必须知道实地站立点在地图上的位置，以及地图上和实地都有的明显同一地貌或地物。具体操作方法是：首先明确实地站立点在地图上的准确点，选择实地和地图上都有的山头上的点如烟囱作为参照点，水平转动地图，使地图上的站立点与地图上烟囱所构成的连线，和实地站立点与实地烟囱之间所构成的连线重合，并确保图、地烟囱在图、地站立点同侧，地图即标定。

4. 地貌、地物的线标定

地貌、地物的线标定即利用线状的地貌或地物作为参照物标定地图。可作为线状地貌参照物的有：山脊、合水线、分水线、长形陡崖、长堤等。可作为线状地物参照物的有：江河、沟渠、道路、围墙、电力线等。

利用线状地貌、地物的参照物标定地图，也必须知道实地站立点在地图上的位置，以及实地长形地貌或地物在地图上的位置。标定地图时，只需将地图上的长形地貌或地物与实地的长形地貌或地物保持方位一致即可，即长形地貌或地物在图、地走向或重合或平行，且选择的地图上的长形地貌或地物两侧的实地地貌和地物符号，与实地上对应的长形地貌或地物两侧的实地地貌和地物一一对应。

5. 利用明显面状地物标定

如利用池塘标定地图，只要将图上池塘与实地池塘外形轮廓对应，即图上池塘与实地池塘概略重合，地图即标定。

（三）图地对照，确定站立点和目标点

图地对照就是将地图与相应实地的地物、地貌进行逐一对照，确定站立点，就是在实地确定自己站立点在地图上的相应位置。确定目标点，就是确定实地某一目标在地图上相应的位置。图地对照，确定站立点和目标点，三者互为条件，有密切联系。通过对照地形，可以确定站立点和目标点；知道了站立点或某个目标点的图上位置，可以提高图地对照的速度与精度。同时，知道了站立点的图上位置，可以确定目标点，知道了目标点的图上位置，可以确定站立点。在三者中，虽然重点是站立点的确定，但由于可互为条件，因此，图地对照，确定站立点和确定目标点没有固定的先后顺序，可根据具体情况决定。在基础训练时应按下述步骤进行：

1. 先明确站立点，后进行图地对照

先明确站立点，是指站立点已知，即在进行地图与实地对照基础训练时，站立点一般先由教练员指出。通常在以下两种情况下出现：在进行定向运动模拟训练和比赛时，出发点即出发时的站立点已经在地图上标明；在定向运动途中运动员已经明确站立点，在站立点已知的前提下进行图地对照。

在初次进行野外地图与实地对照时，应利用已知站立点对照地形，先进行控制对照，即对照大而明显的控制点，如较高的山顶、较明显的鞍部、大的山背山谷与明显的地物等，根据这些控制点在地图上的相互关系位置，从而确定它们在实地的相应位置，这样可提高对照的精度和速度。在控制对照的基础上，再进行细部对照。进行细部对照时，以控制点为准进行分片对照；也可以由近至远、由左至右或由右至左进行对照。这时对照的重点是地貌，根据图上等高线的弯曲形状、间隔距离，结合等高线显示地貌的原理与特点，与实地地貌进行分析比较，反复验证，使地图与实地逐一对应。

对照地形时要注意：地图经过测绘和制图过程中的取舍，一些地貌的细部和少数次要地物在地图上有所省略，不要因追究这些而浪费时间与精力。同时，由于定向越野训练时，一般都使用国家基本地形图，这种地图大都成图时间早，虽然实地地貌与地图差异不大，但地物变化大。因此，在图地对照时要综合分析，以对照地貌为主，图地对照的难点也是地貌对照，只有把主要精力放在对照地貌上，才能收到较好的效果。

2. 先图地对照，再确定站立点

先图地对照，再确定站立点是在站立点不明确的情况下，通过对照地形来确定站立点。如在对照地形有一定的基础后，为提高训练效果而采用提高难度的方法时，教练员事先不指出站立点，让运动员通过图地对照来确定站立点；又如在实地运动（包括平时训练和实际比赛）中迷失方向时，也要通过图地对照才能确定站立点，明确运动方向与运动的具体路线。

确定站立点的主要方法是：依据实地站立点附近明显的地形特征，用综合分析的方法确定。用这种方法确定站立点时，先进行控制对照，确定各控制点的实地位置。这时的控制对照是在站立点不明确的情况下进行的，但站立点在地图上的范围是应清楚的，控制对照时，应根据各控制点本身的特征及其相互关系位置，通过综合分析，反复验证，是可以确定其图上位置的。确定各控制点（当然不是全部）的图上位置之后，再根据站立点附近的控制点，

结合站立点与此控制点的方向距离，经过细部对照，即可确定站立点的图上位置。用图较熟练者，在有一定的起伏、通视较好的地段或在有明显地物、通视较好的平坦地，用上述方法确定站立点会取得满意的效果，而且方便迅速。

二、指北针技术

与读图的重要性相比，指北针只是一种辅助读图和导航的工具。在定向运动中可以只用地图完成整个比赛，但是只用指北针不可能完成整个比赛。指北针的应用必须建立在读图的基础上。在定向运动中指北针使用要点是：

（1）指北针的主要作用是标定地图和确定前进方位。

（2）用指北针确定前进方位时，应该确保指北针正好位于身体前方正中线位置。

（3）读指北针时应该确保指北针呈水平位，并在磁针稳定后再进行。

（4）如果要沿着前进方向穿越特征稀少的开阔地，仅依靠指北针很容易偏离航向，应该在用指北针确定前进方位的同时，沿着前进方位向前看，尽量利用前进方向上的可视目标来导航，减少对指北针的依赖。

（5）在使用地图就可以进行导航时，不要使用指北针。这时使用指北针反而可能降低行进速度。

（6）在以下情况下，特别适合通过指北针来辅助读图：

① 读图技能差，需要掌握好方向才能沿着正确的路线行进时。

② 实地中特征或“扶手”很少，如在旷野中、平坦的地形中、长而平缓的坡地中。

③ 在浓密的植被、不良的气候（雾和雨）和阴天林地等通视度不良的环境中。

④ 在长路段穿过相似特征（小路，山凸，山凹）多的地域，不想降低速度来判读每个特征时。

⑤ 短路段或离开攻击点前往检查点的最后一段路程上：地图上细节很少，需要掌握好方向时；地图上细节太多，判读每个细节可能使速度下降时。

三、路线选择

选择运动路线必须考虑两个问题：① 什么才是最快的路线？② 什么才是最安全的路线？

最安全的路线不一定是最快的路线，但是最快的路线一定是比较安全的路线。

选择安全的路线是保证选择出最快路线的一个基本前提。沿直线方向前进不一定是最快的、最好的路线选择。

在实际中，沿直线方向行进虽然距离最短，但是可能遇到不可翻越的障碍，遇到难以通行的灌木丛，或路面状况不利于快速前进，可能进入易迷路的丛林，或使你的体能过多过早地消耗等不安全或不利因素，最后不是迷路就是不得不绕道走，或无法保持良好的运动状态，反而增加了距离或时间。选择线型特征物如路、小路、分界线、电力线等路线前进是简易的路线

我们在不同地貌上的运动速度是不同的（见表 6-3）。

表 6-3　不同地貌上运动速度

速度	大路	小径	森林	较难通行的林地
步行	12	17	22	27
慢跑	6	8	10	14
快跑	4	6	8	10

在定向运动中，选择合理的运动路线是非常重要的。选择运动路线应遵循以下三条原则。

（一）选近不选远

在定向运动中，遇到地形起伏不大、空旷的原野和草地，可通行的沼泽地，树木稀疏和树木下面空旷可跑等地域，可以选择直接越野的方法。优先选择越野，这样可以缩短路程，节省时间和体力。

选择越野路线，首先应在确定好运动方向的前提下认真地分析地图，仔细地观察实地的地形，充分利用地图和指北针，把握好运动方向和运动路线。查看分析定向运动竞赛彩色地图，一般白色或浅黄色区域为可跑地域，应选择直接越野。黄色区域为半空旷地域，要认真分析地图，仔细观察地形，确认直接越野的可行性和可靠性。越野的方法可根据实际情况，选择实地目标方向的明显地貌或地物作为参照物定向越野。实地目标点不可见，且目标点方向无明显参照物时，也可以利用指北针定向越野，同时估量出现站立点到目标点间的实地距离。实际应用时，第一要把握好运动方向，第二要把握好实际奔跑的路程。

（二）有路不越野

道路是人们在社会实践中，为了相互交往和便利交通而修筑和自然践踏形成的。所以道路相对便利、平坦好行，且安全可靠。加之定向运动竞赛地图现时性强，道路表示详细，利用道路有利于图、地对照。在道路上运动易于明确实地站立点在地图上的位置，不易迷失方向。在定向运动中，利用道路奔跑，既省时又省力。在利用道路时，应根据实际情况仔细查看地图，以便分析地形，充分合理地利用道路。查看分析定向运动竞赛彩色地图，若要穿越绿色不可通行区域，若有道路应充分利用道路。翻越高山峻岭或跨越深沟宽河，若有道路也应首选道路。在运动中若有多条道路可选，应仔细查看地图分析地形，弄清各道路的走向和下段路程的连接点，比较它们的路程距离等，选择快捷、省力的最佳运动道路。在定向运动中，还应学会利用地图上（因制图等原因）未标注的山间小径，合理地利用这些小径将会获益匪浅。

分析判断实地山间小径分布走向如下：

（1）若房屋（或村落）在山体同侧时，相连小径沿山脚走向；在山体两侧相连，小径多以就近鞍部翻越山体。

（2）山背上若有小径，则小径多以分水线走向。

（3）山谷中若有小径，则小径多以合水线走向。

（4）若实地站立点处于某小径，且附近有大路，则小径可能与大路某处相连。

（5）若实地站立点处于某小径，且附近有牧区、砍伐区、农田、湖泊、池塘等，则小径可能与这些生产作业区相连（如图 6-3 所示），从独立房到池塘，总是一定有小路相连，尽管在图上没有显示。

分析判断实地山间小径的存在要慎重，要把地图分析与实地观察结合起来，确保做出正确的判断。

（三）仔细读图，综合考虑

在定向运动中，由于竞赛的要求，组织者一般都选择地形较复杂的地域作为竞赛场地，定向运动路线多为蜿蜒曲折的运动路线，很少有直接抵达目标点的运动路线。加之地表的地形本来就千姿百态，运动途中不时会遇到高峻的险峰、陡峭的山崖、深险的冲沟或洞穴、宽深的江河或沟渠、辽阔的湖泊和大水塘等难以逾越的障碍。所以，在定向运动中，要求运动员要充分地利用地图和指北针，仔细地分析地图，判定地形，确定正确的运动方向和运动路线。在前进的道路上遇到大的障碍时，最好不要采用先抵达大的障碍物或在穿越障碍途中发现难以通行再走回头路的做法。这样不但浪费时间浪费体力，有时还可能发生意外事故。在前进的道路上遇到大的障碍时，应提前做出判断和选择，遇到大的难以逾越的障碍要分析利弊，选择最佳的迂回路线，提前绕行。

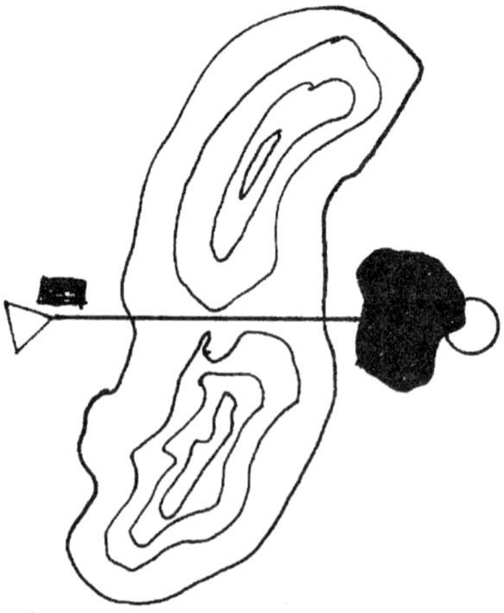

图 6-3

四、按方位角行进

（一）方位角概述

在进行定向运动的过程中，往往需要从图上判断两点的相对位置。如果仅有两点之间的水平距离，而没有方位关系，显然无法确定两点的相对位置。而要确定两点之间的方位关系则必须规定起始方向，然后求出两点间的连线与起始方向之间的夹角，以此确定两点的相对位置，这就需要用方位角来表示。它是指从起始方向北端算起，顺时针转至目标方向线间的水平角（见图 6-4），定向地图中都以磁北为起始方向，故所用的方位角均为磁方位角。那么，在什么情况下运用方位角技术，它的技术要领是什么，如何利用方位角技术进行训练？我们根据多年的训练经验，总结出了一些方法，以期对学习者有所帮助。

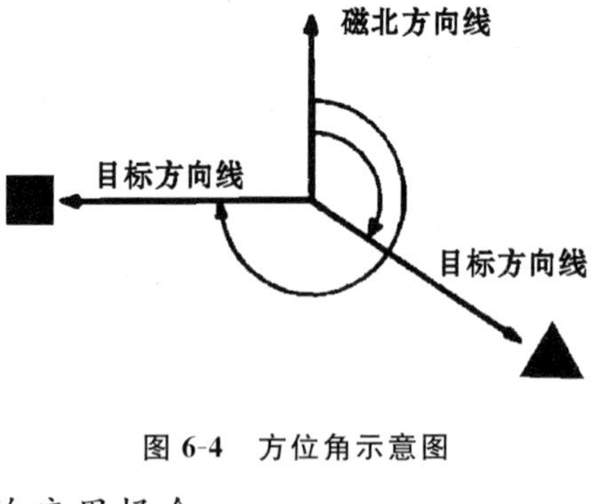

图 6-4　方位角示意图

（二）按方位角行进的应用场合

在实际定向中，有时往往由于地形平坦，森林覆盖范围较大，又无明显特征，运动员很难根据地形特征来确定前进方向或捕捉检查点。此时，运动员如果不能很好地运用按方位角行进技术，就会造成盲目被动，或是无目标地乱跑，或者过多地看地图，耽误时间。如能熟练地运用按方位角行进技术去完成定位到找点的全过程，将大大提高找点的速度。

此外，在运动途中，当运动员遇到多条岔路线，有多个相近或相同的地物或地貌特征时，也可以采用按方位角行进技术来确定前进方向，到达目标点。

（三）按方位角行进的技术要领

通过反复实践，我们总结出在定向运动中按方位角行进的“五准”要领，即方位角要估准，攻击点要选准，距离要判准，路线要走准，目标要找准。

1. 方位角要估准

获取准确的方位角有两种方法：一是利用指北针在地图上采用量取法：① 标定地图；② 指北针直尺边切站立点到目标点的方向线（前进箭头朝向目标方向）；③ 转动分度盘，使定向箭头与磁针北端重合，此时指北针中心指示线所对正的度数，即为站立点到目标点的磁方位角。二是目估法，就是根据平时经验的积累在地图上估算出目标点的磁方位角，准确度应在±1 度之内，这需要运动员在相当熟练后才能做到。此方法简单快捷，在训练竞赛中运用较多。

2. 攻击点要选准

磁方位角测准后，若不采取措施，帮助记忆方向线，那也将事倍功半。记忆的办法除依靠指北针指示的方位角外，就是要选准和瞄准方向线上前方较远处的攻击点作为参照。攻击点必须清楚、明显，宜选那些有特点、易辨认、目视可见的，最好是高大、独立、背景开阔的。例如：电线杆、高压线、塔、独立树、独立房或某些特殊地物及林中的特殊树种等。

如果点位距离较远，利用一次攻击点达不到目的时，则需选择多次和瞄准多个攻击点，采取分段运动的办法。运动时，切记每段均应注意还原到预选的攻击点上，防止因偏离或丢失攻击点而造成方向的偏离。

3. 点距离要判准

为提高找点成功率，距离的判断也是很重要的。首先应根据地图比例尺估算出图上距离。由于实地地形的起伏和道路的迂回曲折，实地距离应比图上距离略长。起伏越大，实地距离越长。在平时可根据自己的速度和所跑时间来确定所跑距离。

4. 路线要走准

在上述“三准”的基础上，要想又快又准地行进在方向线上，如何选择好行进路线，把握好行进方向及提高行进速度，是至关重要的一环。

在按方位角或参照物行进时，由于山地崎岖不平，途中还会遇到各种障碍，因而偏离方向线也就在所难免。但如果掌握了行进要领，还是可以尽量减少偏差的。行进时应注意以下几点。

（1）选好路线。如果是覆盖范围大的树林，地面情况又简单易行，那就应果断地采取直线穿越法。但如果是大面积的灌木林，通行困难，就不能直穿硬插，而应酌情选路绕行，否则，既耽误时间又易造成心理障碍。若地面情况不算太复杂，属中等难度的，则可根据个人体力、越野能力等酌情处理。若当时无合适道路可选，感觉通过拼搏能过去又能争取时间的话，就硬拼。若不具备这种能力，哪怕多绕路也别硬拼。当遇到河流、水库、陡崖、禁区、深沟等无法通行的障碍时，应纵观现地全局，毫不犹豫地选路绕行。选路时应注意选择便于通行，特征物也较明显，又能快速接近点标的道路。

（2）减少平移误差。当遇障碍绕行、迂回后，必须及时调整，准确修正跑偏的距离。例如，若向右绕行了 50 米，绕过后应有意识地向左跑回 50 米，即每次绕行都应估出和记住绕行的距离及反向修正，类似蛇形前进。

5. 目标要找准

在训练和比赛中常听运动员反映，自己方向线很准，路线也走得准，可就是近距离耽误多或找错点位。这是因为：第一，距离感不强，过早地进行找点或跑过头，致使找不到点位。遇到这种情况，运动员应保持清醒的头脑，不急躁，不慌乱，不盲目地乱窜乱搜，更忌受他人影响或主观臆想而离弃原方向线，而应冷静下来认真分析地图，根据所跑距离寻找攻击点，找出所在站立点，再重新确定点标位置。第二，就是到位后找错点的事情常有发生。为力求比赛的公平、公正性，比赛的组织越来越严密，一点多标应运而生，也就是在同一个范围内设有多个组别的不同点标。这就要求运动员要有相当高的识图能力和判断能力，在打卡时一定要确保点标上的代号与自己所找点的代号一致时才能打卡。

上述“五准”技术要领相互依存，缺一不可，均是按方位角行进找点的重要组成部分和关键所在。必须反复练，多体会，在“准”字上下功夫，才能做到心中有数，熟能生巧，灵活运用，提高按方位角行进的能力，提高在复杂地形中找点的速度。

（四）训练方法

按方位角行进技术训练，应按照由简到繁、循序渐进、反复体会、逐步提高的原则进行。此技术实际包括两大环节：一是快速量取方位角，判断距离，瞄准方向线，选准参照物；二是按方位角行进直至找到检查点。所以，可先进行分解训练然后再综合训练，点距离和地形难度逐渐加大。

1. 基础环节（分解）训练

目的：训练运动员估算方位角、判断距离及选择攻击点的速度和准确性。

方法一：在图上作业。先在地图上设计一条完整的比赛路线，按顺序从起点到一号点，一号到二号……直至到终点。要求运动员在规定时间内（可先规定 30 秒，然后逐渐减少，最后到 5 秒之内），迅速判断出这一点到下一点的方位角和距离，以及在途中可能经过的参照物，并将其标注在地图上。然后由教练统一讲评，把每点的正确数据公布给运动员，最后让运动员自行校对，检查其准确性。

方法二：实地训练。运动员在图上量测（估算）出方位角、估算出距离后，在实地选瞄方向线和攻击点，然后由教练讲评。

2. 单点可观察训练

目的：训练运动员按方位角行进的准确性。

方法一：

（1）选择范围为 200～300 米的简单林地（如公园、乔木林），在周围设置点标，在图上标出。

（2）为便于观察运动员的行进路线，出发点应选在视野开阔的地方。运动员轮流单个出发（由教练安排，原则上回来一个再出发另一个）。要求运动员在估准方位角、估准距离、瞄准方向线、选准攻击点后，把地图交给教练开始出发，按方位角行进找点。若找到，立即返回起点，以安排他人出发。若找不到，也需迅速返回重新进行。教练员注意观察每个队员的动作和沿方位角行进的准确性。

方法二：

（1）选择不能直接通行、有较大障碍（如池塘、水库、茂密灌木林）的地方，在障碍物前方设置检查点。

（2）运动员从障碍物后方的某起点单个出发，按方位角进行找点。教练员观察运动员绕过障碍物后能否修正平移误差并返回到原方向线上。

3. 多点综合性训练

目的：进一步提高运动员按方位角找点的能力。

方法：

（1）在方圆300～3 000米范围内，设置多个检查点。每个检查点上都挂一张地图，只标出这一点和下一点的位置。

（2）运动员在同一起点，按顺序找点。运动员在看完起点到第一点的图，量测（估算）出方位角、距离，选瞄好方向线和攻击点后，把地图交给教练开始出发，找到第一点后，看第一点到第二点的图，以同样方法找第二点，以此类推，直到找完最后一点。要求每点都严格按方位角行进的技术要领进行，重点体会和练习按方位角行进的各个技术环节和要领。

（3）由于训练难度较大，花费时间多，所以前几次训练不一定规定时间，以体会为主。随着水平的逐步提高，再规定时间。

按方位角行进这一技术环节在定向技能中占相当大的比重，我们只有把这个技术要领掌握熟练，运用自如，才能适应各种地形的比赛。这也是我国定向运动员在世界大赛中提高运动成绩的一个重要突破口。

五、重新定位

（一）重新定位概述

重新定位指在迷失站立点后通过标定地图、路线回忆、安全方位和重新定位特征等重新确定站立点的技术。发现迷失站立点后，首先要做的事是停下来旋转三百六十度观察周围环境的特点，标定地图，进行回忆和思考。重新定位时需要思考和回忆的主要问题是：

（1）经过的路线，步测距离与地图上的距离是否一致？

（2）是否在易跑路段发生了方向偏移？在此之前你经过了哪些特征地物？

（3）在地图上能够明确确定的最后位置。

（4）目前能看到的最显著特征是什么？

如果得到的结论不能解决重新定位问题，应该检查地图，然后跑向最近的显著特征，在显著特征处通过标定地图进行重新定位。迷失后必须牢记的一点是：在迷失的地方漫无目的地搜索将会耽误更多的时间。

（二）重新定位练习

1.“跟我来”练习

目标：发展练习者的重新定位能力。

方法：

（1）选择一块具有较多特征的地域，在地图上设计好检查点及其代码，并在实地上设置好检查点。

（2）利用 OCAD 软件将地图分割成一张张只有一个检查点的单点地图。

（3）指导者带领练习者到达图上任意位置处，然后将单点地图分发给练习者。

（4）练习者持图出发寻找检查点，完成任务后回到起点。

（5）改变出发点重新开始练习。

练习提示：

（1）指导者应该提醒练习者在前往出发点的途中注意观察、记忆周围的特征。

（2）为了加大难度，出发点可以设置在没有明显特征的地方。

2. 双人重新定位练习

目标：发展重新定位的能力。

方法：

（1）设计一条每个检查点周围 50～100 米范围内有一个攻击点的路线，并在地图上标出这个范围。

（2）两人一组同时出发，其中一人持地图。

（3）持地图的练习者 A 带领练习者 B 到达地图上的攻击点（地图上的紫红色方框处）。

（4）在攻击点练习者 A 将地图交给练习者 B，由练习者 B 重新定位并寻找检查点。

（5）练习者 B 持图带领练习者 A 到达下一个攻击点，由练习者 A 重新定位并寻找检查点。

（6）依此轮流进行练习完成整条路线。

练习提示：两人在途中可以互相讨论。

（三）错误预防与纠正

1. 在第一个路段上迷路

错误原因：出发前的准备工作不足，没有正确地执行出发程序。

纠正方法：出发前做好充分的准备工作，按照正确的出发程序，建立良好的比赛节奏。

2. 无法重新定位

错误原因：跑出地图范围；导航特征选择错误；心理压力大，不能集中注意力。

纠正方法：对行进路线进行仔细回忆；选择正确的导航特征，调整心理状态，集中注意力。

六、检查点攻击技术

在不同的情况下选择使用不同的定向技能，但定向运动中经常相互交替、混合使用。下面几种定向技巧值得学习。

（一）精确定向和概略定向

精确定向是利用野外复杂地物地貌进行定向的技能，通常在短距离的路段或长距离路段的最后部分使用。在实施精确定向技能时，一方面选手通常可以借助指北针仔细瞄准目标方向前进（从“进攻点”接近检查点），并只需要判读预定直线方向的地物地貌，读图相对容易些。另一方面，由于实施精确定向技能的区域的地貌一般较为细碎复杂，读图的地形范围较小，而要求选手集中注意力和分析思考，限制了奔跑的速度。通常用步测结果确定行进距离。如图 6-5 所示，地物地貌很细碎，在这样的地域行进很容易偏离预定的行进方向，必须仔细瞄准方向，尽可能地读出周围必要的地物，从图中量出实地从站立点到检查点的距离，并用步测估算出行进的距离。

概略定向就是利用野外的地物地貌朝着大型特征点，或沿明显特征（线状地物地貌）进行定向的技能。使用该技能时，选手可以对图上的地物地貌进行简化处理，忽略细碎的不重要的地物地貌，只需留下一些突出的大的对定向有用的地物地貌特征。在这个阶段，需要边奔跑边读图，同时不断调整地图的方位，并看清前方地形，注意身体两侧的地形特征，留心地形细部特征，但不要把时间浪费在核实地形上。如图 6-6 所示，从 5 号检查点到 6 号检查点，往正北方向下坡，瞄准前方水塘至水塘南侧小路，沿小路向西北方向行进即可捕捉到 6 号检查点。

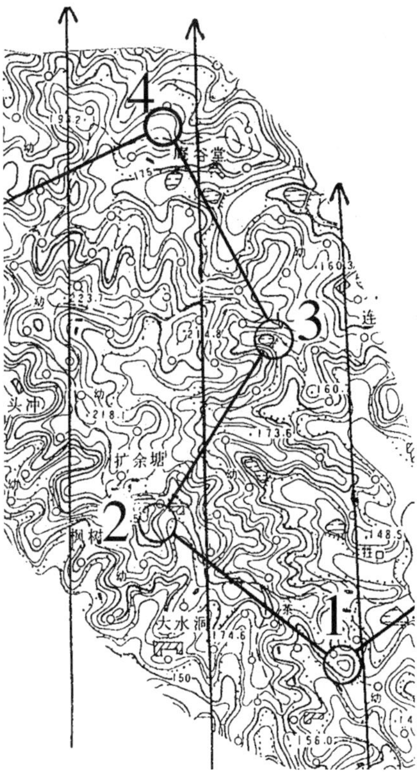

图 6-5　精确定向示意图

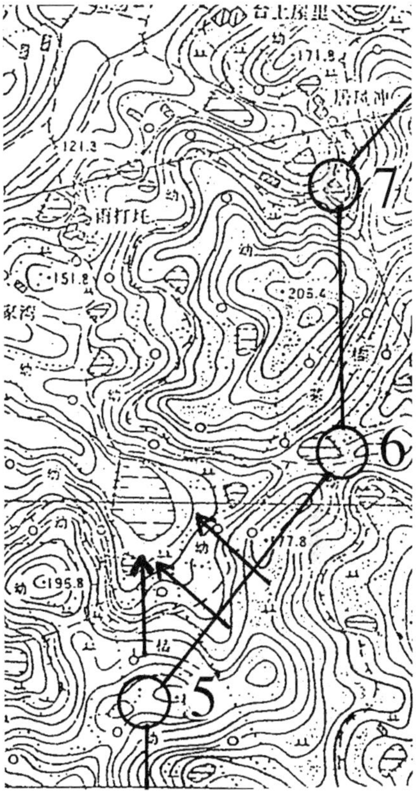

图 6-6　概略定向示意图

（二）简化地图（概略读图、概略定向）

首先在地图中找出最重要的信息或特征，略去不重要的细节，将它们在脑中转化为实地的概略景象。然后将这一头脑中的概略景象与实地对照，进行概略定向。选定易达到点标的明显的或特殊的目标，如湖、大山包等，或更安全的目标作为定向目标（概略定向），先到达该目标，再快速地到达检查点（精确定向）。

（三）偏向瞄准

在向线状地物上或线状地物旁边的检查点或目标点前进时，有意偏离目标，向目标的一侧前进，到达线状地物后，再朝一个明确的方向前进到达检查点，从而可避免在到达线状地物时影响前进速度。如图 6-7 所示，在出发前，你必须明确你是向左还是向右偏，如果是向左偏，那么到达线状地物后应沿线状地物右行。

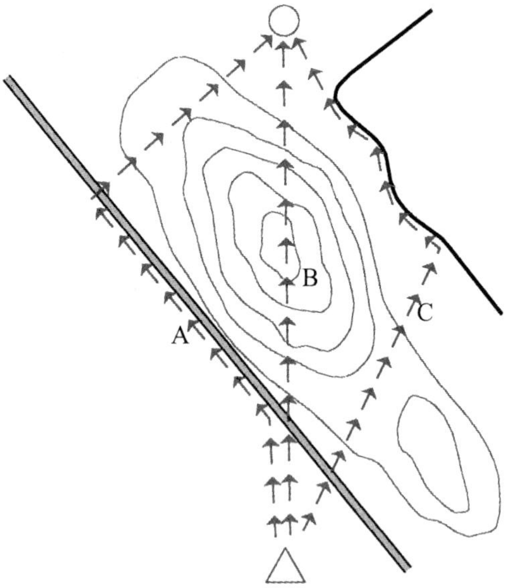

图 6-7 偏向瞄准示意图

（四）简化到达下一检查点的路段的周边特征

如图 6-8 所示，从 7 号检查点到 8 号检查点中间地形很碎，如果每一个细部地形都进行对照，会浪费很多时间和精力。这时，你可以简化周边的特征，将两边的地貌看成两座小山，中间有两块沼泽地，前进时，从两座小山的中间经过两块沼泽地即到达 8 号检查点。

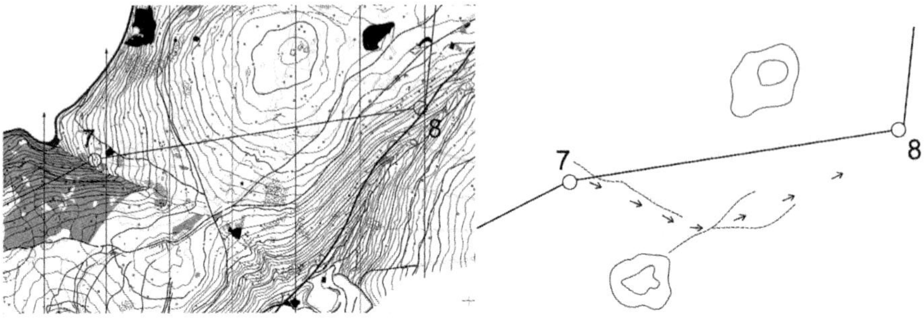

图 6-8 简化路段示意图

（五）扩大目标范围

检查点中特征物太多太杂，不易对其中某一个进行锁定。可将视野扩大到检查点外，找出一个易锁定且易到达点标的特征物作为定向目标。如图 6-9 所示，目标是在一块很细碎的地形中，不易锁定，此时可将目标扩大到东北方向的一大块沼泽地，先抵达沼泽地，然后进行精确定向到达目标点，这样就容易控制方向，不会出错。在目标引导下快速到达点标附近再进行精确定向达到点标。

（六）选择攻击点

攻击点是在检查点附近，通常在检查点四周 100～150 米范围内的一个明显的、运用概

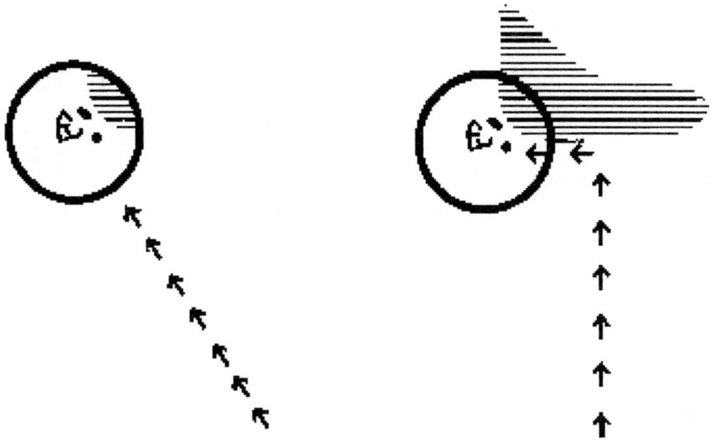

图 6-9　扩大目标范围示意图

略定向即可到达的特征。到达这一点后，应该开始运用精确定向技术向检查点前进。选择路线时，通常先选择一个攻击点，然后再由攻击点出发"捕捉"检查点。在一些初级的定向赛事或活动中，检查点本身就具有攻击点的性质。攻击点必须是容易辨认的，如高塔、小路交叉、池塘、建筑物等。如图 6-10 所示，在寻找 8 号检查点时，池塘作为第一攻击点，建筑物作为第二攻击点，往建筑物方向进攻，在建筑物正后方的冲沟即为 8 号检查点。

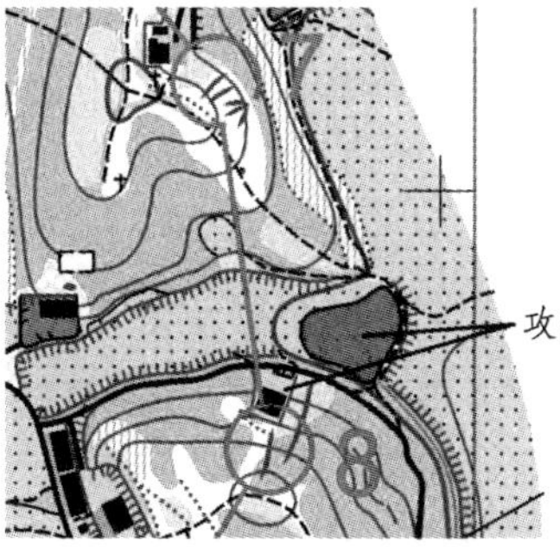

图 6-10　攻击点示意图

（七）拇指辅行法

如图 6-11 所示，先将地图折叠，把拇指放在地图上的站立点，再正置地图。这样，从站立点到目标点的区域就在拇指附近。利用拇指辅行法的优点在于方便运动途中读图，走到哪里，拇指随即指向哪里，即人在实地走，"指"在图上移，这样能随时知道你在图上的位置，既节省读图时间，又能随时保证运动方向正确。

（八）数步测距

先在地图上估算两点的距离，然后利用步幅测量要走的路程。方法：先测量 100 米我们所需要步测的步数（设 120 步）。当我们在图上量出 A 点到目标的距离是 150 米时，便可以算出我们应走 180 步。要记住，走到 180 步时要停下来仔细读图，进行精确定向到达目标点。

图 6-11　拇指辅行示意图

七、越野跑技术

掌握越野跑的技术也是决定定向越野成绩优劣的重要因素之一。要想在比赛中既能保持高速度、长距离奔跑，又能避免一切可能发生的危险并取得好成绩，还需要掌握一定的越野跑技能。

（一）越野跑的特点

定向越野中的越野跑实际上是一种长距离的间歇跑。由于在途中常常需要停下来看图和辨别方向，在崎岖的道路上不可能始终保持均匀的跑速，越野跑总是体现出走、跑、停相交替的间歇跑的特点。在野外环境中的这种奔跑形式，可以使身体肌肉的紧张与放松、身体的负荷与精神的专注不断交替进行，使参赛者身体的各个部分特别是呼吸系统与心血管系统得到较大的锻炼。也正因为这一特点，使得对定向越野中的越野跑技术要求不能等同于一般长跑的技术要求。

（二）越野跑的基本要求

1. 基本跑步姿势

上体保持正直或微向前倾，使身体各部分（包括头、颈、躯干、臂、臀、腿、足等）的动作协调配合。善于利用跑步中产生的支撑反作用力和惯性，这一点在山地和丘陵地带尤其重要；应时刻注意调整上体的姿势，使身体保持平稳，从而提高奔跑的速度。

2. 呼吸

最好利用鼻子与半张开的嘴共同呼吸。在野外，风大、尘土多，要学会用舌尖顶住上颚呼吸。呼吸要保持自然、平稳、有节奏。当出现生理“极点”现象时，应及时调整呼吸的频率与深度。

3. 体力分配

可以按选择路段、比赛阶段、自身体能状况的不同确定体力分配。通过运动阶段（运动肌肉紧张）和休息阶段（运动肌肉放松）适时交替的方法，达到既快又节省体力的目的。

4. 行进速度

一般来讲越野跑的速度不宜过快。过快或在途中加速太猛不仅会影响体力的正常发挥，而且会严重影响判断力。当地形有利（如参照物多，道路平坦）时，可适当加速。

5. 行进节奏

行进的节奏要平稳、适宜。节奏过快会降低对周围环境的感知能力，过慢则会影响运动成绩。有节奏的动作可以减少体能的消耗。

6. 距离感

在越野跑中保持一定的距离感是必要的，不仅可以帮助提高找点的速度，而且有利于体力的计划与分配。可以通过测量自己的步长，或参考有关数据进行距离感的训练。

7. 间歇时采取的正确方式

一般来说，在间歇时采用放松性的慢跑比走好，走比停下来好，没有特殊情况不要坐。当然，迷路、迷向时就另当别论了。

（三）不同地形越野跑的技术

越野跑时，由于跑的地点和环境在不断地变化，因此跑的技术也要随之变化。下面介绍几种在常见地形上的越野跑技术。

(1) 沿道路跑时，采用与中、长距离跑基本相同的技术，并尽量注意在路面平坦的地方可采用加速奔跑。

(2) 过草地时，用全脚掌着地，看清地面，以免陷入坑洼或碰在石头上。

(3) 上坡时，上体应前倾，大腿应高抬，并用前脚掌着地，小步跑上去。遇到较陡的斜坡时，可改用走步的方法或用“之”字形跑（走）法，必要时还可用单手或双手辅助攀登。

(4) 下坡时，上体应稍后倾，并以全脚掌或脚跟着地的方法行进。遇到较陡的下坡或地面很滑的斜坡时，可改用侧脚掌着地，甚至采用蹲状并用手在体后牵拉草、树、撑地等方法行进。到达下坡的末端时，可顺坡势疾跑至平地。

(5) 从稍高的地方（1.50 米以下）往下跳时，可用跨步跳的方法：踏在高处的腿（支撑腿）必须弯曲并用力蹬地，另一条腿则向前下方伸出，跳下；两脚着地，并屈膝来缓和冲击的力量。在落地时，两脚应稍微前后分开，以便继续前跑。从很高的地方往下跳时，应设法降低下跳的高差，根据情况采用屈膝深蹲或坐地双手撑跳下或侧身单手撑跳下的方法。落地时要两腿用力，屈膝深蹲。

(6) 穿树林奔跑时，要注意避免被树枝、树叶、藤蔓等刮伤，特别要防止眼睛被树枝戳伤。此时一般都随时用手护住脸部。

(7) 过障碍物遇到小的沟渠、土坑、矮的灌木丛或倒伏树木时，要增加奔跑速度，大步跨跳而过；落地的同时上体稍向前倾，以保护腰部，便于继续前跑。在通过较宽的沟渠时，可加速跑，采用大跨步跳和跳远的方法越过。落地时，要防止后倒。遇到大的倒伏树木或其他矮障碍物，可以用踏过它们的方法越过。遇到较高的障碍物如矮围栏、土墙等，可用正面助跑蹬跳和单手或双手支撑的方法翻越。

(8) 通过独木桥等狭窄悬空的障碍物时，应采取使脚掌外转成“八”字形的方法。如这类障碍物很长，就不应跑，而应平稳地走过。

第四节　定向运动的体能训练

一、体能训练的基本理论

（一）体能训练概述

1. 体能训练的意义

体能是人体各器官系统的机能在体育活动中表现出来的能力。包括力量、速度、灵敏、耐力和柔韧等基本的身体素质，以及人体的形态和基本的活动能力（如走、跑、跳、投掷、攀登、爬越、悬垂和支撑等）。定向运动员的体能训练主要是为了提高各项身体机能，改善中枢神经系统及内脏器官的机能，使之能适应定向运动技战术发展的需要，保持良好的竞技状态，延长运动寿命，防止伤害事故的发生。

体能是参与定向运动的基础，良好的体能是不断提高定向运动竞技水平的重要保证。现代定向运动技能水平不断提高，竞争日趋激烈。现代定向运动对运动员的各项身体机能提出了更高的要求，体能训练的重要性就显得更为突出。发展与提高运动员的体能必须通过有计划、有目的的科学训练才能实现。

青少年运动员正处在生长发育的第二高峰期，新陈代谢旺盛，身体各器官、各系统机能发展迅速，是提高体能水平的黄金时期。加强青少年运动员的体能训练，从小打好身体基础，不仅是保证青少年运动员生长发育的需要，也是为国家培养全面发展人才的需要，是培养和造就优秀定向运动员的战略性措施。

2. 学校定向运动队员体能训练的特点及要求

第一，学校体育是学校教育的重要组成部分，学校定向运动队的训练应紧紧围绕学校德、智、体、美、劳的培养目标来进行。应把训练工作纳入学校教育工作的系列，使训练工作与班主任、少先队或共青团组织、学生家长密切配合，争取教务、总务部门的支持，使队员既能保证接受系统、科学的训练，又能保证参加学校的教育教学活动，促进队员的全面发展。

学校体育的首要任务是健全学生体魄，促进人的全面发展，学校定向运动队的任务也必须把健全队员体魄作为训练工作的首要任务。对学校定向队员运动负荷的安排必须遵循其身体活动规律，运动技能形成规律和机体生长发育规律等，通过科学的训练，为培养具有健全体魄的“四有”人才服务。

第二，学校定向运动队的训练是业余训练，不能影响队员的学习教育活动，而体能训练也必须在业余时间的训练课上进行。所以，运动负荷的安排，既要体现教育教学活动规律的周期性，又要反映出对不同年龄、性别、体质、水平的学生不同的训练强度、密度、时间的要求。一般来说，复习考试期间运动负荷宜小，寒、暑假期间运动负荷宜大，平时训练运动负荷应适度。

第三，学校定向队员大多数都在人体生长发育的第二高峰期（11～12 岁），他们的起始训练时间和最佳训练时期刚好在学校里度过。了解他们在这一时期的身心特点，将有助于更科学地安排训练内容和制订体能训练计划，促进他们的身体得到全面的发展。

① 中枢神经系统：青少年运动员神经系统的发育优于其他系统，神经活动的兴奋和抑制过程呈不平衡状态，兴奋过程占优势，表现为活泼好动，精力充沛。由于新陈代谢过程旺

盛，疲劳也容易恢复，模仿能力较强，容易建立条件反射，但动作不够协调精确，不巩固，易消退。神经活动中第二信号系统的活动还不完善，抽象思维能力较差。因此，在体能训练中要多做示范，多采用直观形象的手段与方法，使他们能直接得到形象的和各肌肉本体的感觉，形成正确的动力定型。

② 骨骼系统：青少年运动员骨骼迅速增粗和加长，一般平均每年长 7～8 厘米（有的长 10～12 厘米）。12～14 岁的女少年和 13～15 岁的男少年处于性成熟的前期，骨骼的生长速度加快，骨的成分比成年人胶质多、钙质少，未完全骨化，骨的弹性和韧性较好，但承受力和张力不如成年人；所以在体能训练中，要注意身体的全面发展，防止局部负担过大，多做对称性练习，并用多种方法交替进行。这一阶段宜做速度、跳跃的练习，促进骨骼的增长。力量训练时要注意负荷，避免大重量的练习或过多采用静力性练习，不宜在水泥或沥青场地反复进行跳跃练习。

③ 肌肉系统：青少年运动员肌肉中水分较多，蛋白质含量较少，随着年龄的增长，肌肉中的蛋白质含量逐渐增加，肌肉的收缩和弹性也随之提高，但柔韧性相对降低。肌肉的重量也随年龄的增长而增长，8～12 岁肌肉生长速度开始加快，尤其是 15～18 岁增长最快。在 12～15 岁阶段，肌肉主要是纵向增长，肌肉雏形是细长的；与成年人相比，肌肉横断面积较小，肌肉的收缩力、伸展性、弹性和耐抗力不如成年人。因此，在发展肌肉力量时，宜多做多种徒手练习，以及不负重跑和跳跃练习来发展肌肉力量。15 岁开始，适当增加负重量。发展力量应以动力的练习为主，宜多做助跑起跳、变向移动、挥臂击球等练习。要增强肩、膝、踝和腰背肌、腹肌的力量，多做一些带有爆发性而又能很快自然放松的练习。要注意发展小肌肉群的力量，保证身体得到全面发展。

④ 心血管系统：青少年运动员心肌纤维短而细，肌纤维之间的间质较少，心脏重量比成人小。随着年龄的增长，心脏的重量、容积及心率不断变化，到 18 岁时接近成年人水平。心收缩力较弱，心输出量较小，但新陈代谢旺盛，交感神经系统占优势，心率比成年人快；心脏功能和神经系统的调节均不及成年人，但血管弹性优于成年人，血压比成年人低，16～17 岁时血压接近成年人水平。因此，在对学生进行体能训练时应合理安排运动负荷。少儿运动员不宜做持续而紧张的耐力性练习，随着年龄的增长，可逐渐增加耐力训练的比重，但练习密度可大些，间歇次数要多些。13～14 岁以后可以承受较大的运动负荷，但要循序渐进，区别对待，应多做一些促进血液循环系统功能的练习，例如间歇跑、竞赛跑游戏、打篮球、踢足球等活动，以提高血液循环和呼吸机能。

⑤ 呼吸系统：青少年的呼吸系统处在生长发育的过程中，他们的呼吸频率较快，12～13 岁约为 12～14 次/每分钟，队员呼吸深度和肺通气量均比成年人低，屏气时间较成年人短。随着年龄的增大，呼吸机能逐渐提高。因此，在进行体能训练时，要突出以强度为主的间歇性训练，避免强度较大且持续时间较长的练习。训练强度应循序渐进，不能要求过急。要培养他们加大呼吸深度和使呼吸与动作配合的能力，尽量减少屏气活动。

⑥ 女运动员青春期：女运动员从 11～13 岁就进入了青春期，在生理和心理上会有较大的变化。在月经期进行体能训练时，容易使她们在精神上产生恐惧和紧张感。因此，应严格遵守区别对待的原则，对月经期反应正常的运动员，可以进行适当的训练，但要合理选择体能训练内容，减少或避免剧烈的跳动、静止用力，以及猛烈的收腹、收髋动作和长时间屏气动作。经期适量训练，能促进血液循环，调节大脑皮质的兴奋和抑制过程，有利于减轻或消

除经期中的不良反应。对刚出现月经期和月经期没有训练习惯的队员应注意循序渐进，逐步提高她们适应训练的能力。经期训练应避免做跨跳、劈腿和剧烈的活动。如发现月经失调，应进行医疗检查，调整或停止训练。平时应注意加强腰腹肌和盆底肌的锻炼，可以预防痛经等不适反应，而且对于提高动作的灵活性有很大的帮助。

（二）体能训练的内容与基本要求

1. 内容

定向运动员体能训练应包括速度、耐力、弹跳力等素质，这些素质称为一般身体能力。反应速度、起动速度、短跑速度、中长跑耐力、灵活应变能力、跨越能力等称为专项身体能力。专项体能的发展应建立在一般体能的基础上，在安排体能训练时要考虑到它们的特点，并使两者有机结合，才能有效、全面地发展运动员的专项身体能力。

2. 基本要求

（1）体能训练的方法要多样化。长期以来，人们对体能训练的看法是方法单一，枯燥无味。产生这种看法的原因之一是对体能训练的意义认识不足，产生心理惰性；另一方面，在安排体能训练时，方法简单，形式呆板，甚至对较先进的方法缺乏足够的了解，给运动员下达的训练指标往往是硬性的多，这样导致运动员在训练中积极性不高而影响训练质量。因此，在训练中要充分做好组织工作，明确要求，调动运动员的积极性和主动性，并结合竞赛性和游戏性的体能训练方法，使他们在情绪高涨、兴趣浓厚、兴奋性强的情况下练习。

（2）体能训练必须全面安排。定向运动本身需要运动员具有全面的身体能力。如整个比赛中的越野跑需要运动员有良好的耐力；在明确运动方向和运动路线情况下，并且在平坦的大路上奔跑时就需要运动员有短跑的速度；离开检查点时要有很快的起动速度；在越过小沟渠时要求有较好的跨越能力。各单项身体能力之间有一定的内在联系，如在发展短跑时也发展了起动速度。因此，体能训练应结合各阶段训练的任务，在全面安排的基础上，突出主要能力的发展。

（3）合理安排体能训练的时间和运动负荷 。队员在大脑皮层处于良性兴奋状态时进行体能训练效果最好，而且不容易受伤。运动负荷安排要合理，大、中、小要结合起来，合理搭配，不能一味追求大运动负荷，但训练中既要有足够的负荷，又要科学地掌握间隔和休息时间，应尽量在超量恢复阶段开始下一次的训练。在内容次序的安排上，一般是把协调、速度等内容放在课的前半部分，力量、耐力等内容放在课的后半部分进行。要上、下肢搭配，左、右侧平衡，避免局部肌肉过度疲劳，影响训练效果。

（4）根据训练对象的情况有针对性地选用训练手段 。学校定向运动队员在年龄结构上差别较大。对中、小学队员进行的体能训练，主要突出基础素质的训练，结合各时期身体能力发展的规律及性别的差异，选用针对性较强的训练手段。如初中、小学的定向运动队员在发展他们的下肢力量时应避免负重，而较多地选用克服自身阻力的方式，以免对脊柱骨骼的生长发育造成不良影响。又如利用短距离冲刺跑来提高速度能力时，可根据情况，安排上坡跑以提高后蹬力，安排下坡跑以提高频率。投实心球可以发展上肢和腰腹肌力量，而投网球则可重点发展上肢和腰腹肌的速率与协调性。

（5）体能训练应与技能训练有机结合 。学校定向运动队员的体能训练既可以通过无图的越野跑训练，也可以通过持图跑的专项技能训练来实施。无图训练的手段主要是通过如短跑、中长跑、越野跑等进行练习。在技能训练过程中也同时可以进行体能训练。在技能训练开始阶段，应以技能为主，体能训练次之；当技能达到一定水平后，应该两者并重，高水平运动员则偏重体能。

(6) 加强体能训练的计划性。体能训练要长期坚持，不能间断，也不能搞突击。应按照学校的培养目标，针对不同年龄、性别的运动员的特点制订长期和年度、学期计划，根据不同的训练周期安排体能训练的相应比例。一般来说，寒暑假期间体能训练的比例可大些，比赛期间也应保持一定比例的体能训练。在训练内容、方法和运动负荷等方面应注意循序渐进、因人而异、区别对待，克服“大锅饭”“一刀切”的现象。

(7) 体能训练要有具体指标的要求 。体能训练要讲求实效，不能走过场，更不能急功近利、投机取巧，要严格遵循青少年身体发育的规律，以及他们的年龄、性别特点对体能训练进行科学而周密的安排，把体能训练的任务落到实处。为此，体能训练必须要有具体指标的要求，分阶段落实到全队，落实到每个队员，并通过阶段考核来检验是否达到训练指标的要求。对每个队员的体能状况，需要解决的问题及相关指标，已取得的进步，存在的主要问题以及今后的训练任务等都能做到心中有数，为安排落实好下一阶段的训练打下良好的基础。

二、定向运动的一般体能训练

定向运动的一般体能包括耐力、速度、弹跳力、柔韧和协调性等，同时还应包括判断、意志等能力。这些能力是由机体的形态结构，各系统器官的机能水平，能量物质贮备，代谢水平及大脑的意志品质等决定。一般体能训练与专项体能训练不同的是，可以通过田径、越野、球类等多种训练方式，促使体能获得提高。

（一）意志行为素质

意志行为是指为达到既定的目的而自觉努力的心理状态，它支配着运动员的行为。而定向运动正是一种有意识、有目的的意志行为。竞赛的目的是要求选择最佳路线并以最快的速度跑完全程，尤其是野外长距离定向运动，要求运动员机体长时间活动，就要具有与疲劳作战的能力，同时还应保持清醒的头脑，以做出正确的判断。这就意味着：运动员克服疲劳的能力越强，坚持工作的时间就越长，表现出来的意志行为素质也就越高。当运动员在很高的速度耐力强化条件下，要求克服肌肉长时间活动而引起的体力上的疲劳，困难就更大，所表现的意志力就更强。运动疲劳不仅是体力上的疲劳，而且还包括感觉、情感和意识上的多样性“疲劳”。

定向运动的意志行为训练贯穿于整个训练中，特别是个人在野外灌木丛中奔跑时，没有过硬的意志品质是难以坚持下来的。因此，平时训练一定要注意培养运动员以超人的意志力，为实现预定的目标，勇于战胜一切困难。时刻以“我是一名优秀运动员，我面临困难的程度愈大，战胜困难的意志力就愈强”的信念来支撑、鼓励自己，用全部力量去拼、去搏、去争，不惜一切代价去赢得胜利。

（二）一般耐力素质

耐力素质可视为定向运动的“法定”素质。耐力一般理解为在一定时间内，运动员能发挥最佳速度持续跑的能力。耐力主要是在平时训练中不断克服疲劳的过程中获得的。只有在训练、比赛中出现疲劳时坚持跑下去，耐力素质才能有所提高。可以说，不克服疲劳就没有耐力。

定向运动的耐力训练有别于田径运动中长跑的耐力训练。因为它是在不规则的场地上跑步，同时因为路程中有上坡、下坡、障碍物、检查点等，跑步的速度就会时快时慢，没有规律，这就更加提高了对运动员的要求。所以，我们的训练必须针对这些特点进行，田径场上的训练只能检查运动员的耐力是否有所提高，平时的大部分训练时间应安排在野外，以适应定向运动中不规则的跑步场地。

三、定向运动的专项体能训练

定向运动的专项体能特指野外跑的能力。在公路、乡间小道上跑动时，采用基本上与中长跑相同的技术。但由于路面比较坚硬，所以着地时要注意做好缓冲动作，用前脚掌先着地，后蹬用力的程度和大腿前摆的高度都要比在跑道上小一些。如图 6-12 所示。

图 6-12　学生在进行体能训练

跑上坡时，步幅要小，上体前倾，用前脚掌在距离身体重心投影较近的地方着地，适当加大后蹬用力和大腿高抬的程度。跑下坡时，上体直立或稍后仰，步幅适当放大，步频减慢，用全脚掌或脚跟先着地。

在树林或灌木丛中跑动时，一方面要防止被树枝擦伤、刺伤，另一方面要防止草丛中的杂物绊脚或陷入坑洼，因此，跑速要慢，用全脚掌着地。遇到沟渠、栅栏等障碍物时，不降低跑速甚至适当增加跑速，用大步跨越。

（一）专项耐力素质

定向运动的专项耐力不同于中长跑运动员在整个跑程中始终保持相对均匀的跑速。它一般有长、中、短距离的比赛，各种距离比赛的检查点的相互距离也各不相同，在检查点停下打卡后又得迅速接着跑，这就要求运动员具有高速跑一段距离停下 3 秒左右，接着快速跑进的能力。训练中可采用在校园内规定路线跑 500～800 米后签名再跑，跑 4 次为一组，训练强度取 80%～90%。

专项耐力对定向运动员是至关重要的。定向运动员如果只有一般耐力，在田径场上的长跑成绩无论有多好，若专项耐力欠缺，定向成绩是无法提高的。专项耐力越好，野外奔跑能力也就越强。

（二）速度素质

速度素质是田径运动员最基本的素质，对定向运动员也同样重要。速度有三种表现形式，绝对速度、基础速度和相对速度，相对速度对定向运动员来说是关键。相对速度是建立在基础速度和专项耐力基础上的，基础速度又建立在绝对速度和速度耐力的基础上。因此，绝对速度在某种意义上来说对定向运动员起着重要的作用。

中、短距离的定向运动竞赛，各检查点之间的距离一般在 300～500 米，所以定向运动的速度素质相对于长跑来说要求就更高，没有一定的速度，在比赛中就取得不了好的成绩。

（三）有氧训练与无氧训练

现代研究表明，只有氧债占 70％时为无氧代谢，氧债为 30％时为有氧代谢。从表 6-4 中可以看出，5 000 米以上为有氧代谢，800 米与 1 500 米处在无氧与有氧代谢的临界区间内，也可称为混合代谢。

定向运动员与长跑运动员一样具有良好的耐乳酸能力。提高有氧与无氧训练水平是定向运动员的努力方向。定向运动项目中有氧训练与无氧训练的比重因各项赛事的不同而不同，野外定向距离较长，有氧训练的比例就较大，无氧训练则相反；公园定向一般是中短距离，有氧与无氧训练当同等重要，忽视无氧训练肯定会影响到比赛成绩。

表 6-4　不同项目对氧的需要量与氧债的对比

项　　目	需氧量（升）	氧债（％）	获氧量（升）
800 米	27.0	67.7	23.3
1 500 米	38.0	47.5	52.5
5 000 米	90.0	20.0	80.0
10 000 米	178.0	10.0	90.0
马拉松	763.0	2.5	97.5

第五节　定向运动员的心理训练

定向运动员的心理训练是指根据定向运动的特点和运动员心理活动的规律，有目的、有计划地培养运动员在训练和比赛中所需要的心理素质，以及调节心理状态，适应比赛的能力，以确保最佳竞技水平的获得和发挥。

一、心理训练的作用

心理训练是定向运动训练的重要组成部分。定向运动是一项体能与智能并重的运动，运动员必须在快速奔跑中思考问题、判断问题和解决问题，所以定向运动员的心理训练显得特别重要。其主要表现在以下几个方面：

（一）促进运动员心理过程的完善

心理训练可以培养运动员在训练和比赛中精确的运动知觉、敏锐的思维、良好的注意力稳定性与迅速转移能力，以及稳定活动的情绪和坚强的意志品质。

（二）促进运动员个性心理特征的形成和发展

心理训练可以对运动员良好性格的形成和发展产生巨大影响，可以发展其临强不惧、沉着冷静等独特风格和训练及比赛中所需的特殊能力。

（三）促进参加训练和比赛的适宜心理状态的形成

心理训练可激发运动员具有正确的比赛动机和强烈的求战欲望，建立必胜信念。同时，可以提高运动员的自我控制能力，及时消除心理障碍及由此带来的行为障碍，使其心理状态适应训练和比赛的要求，为提高运动技术水平和获得最佳竞技状态奠定良好的心理基础。

（四）促进运动员加速消除疲劳

大运动负荷的训练和比赛容易导致运动员身体上和心理上的疲劳，即运动员在消耗巨大身体能量的同时，也要付出巨大的心理能量。在一般情况下，这种体力上和脑力上的疲劳可以通过休息、睡眠和营养来消除，而心理训练可以加速消除疲劳及恢复体力和脑力的进程。借助心理训练可迅速地减少心理紧张，克服心理抑制状态，较快地恢复所消耗的神经能量。

二、心理训练的内容与方法

（一）心理训练的内容

定向运动员心理训练的内容，在不同的训练阶段，针对不同的训练对象，应有所区别。总的来说应包括：运动员成就动机与必胜信心（理想、信念）；稳定而不断增长的情绪；勇敢顽强战胜困难的意志；出色的专项认知能力（注意、记忆、想象、思维、运动感知觉等）；良好的人际关系与社会适应能力；优良的个性品质等方面的培养和训练。

（二）心理训练的方法

1. 注意力训练

注意力训练是坚持全神贯注一个确定的目标，不为其他杂念所干扰而分散的一种能力。集中注意力训练是一种综合性训练过程，注意力集中的强度依赖于精神机能，注意力的保持与延长取决于肉体机能。造成运动员注意力分散的原因很多，如疾病、失眠、疲劳、急躁、轻敌、过分计较个人得失，以及环境的变化等，都会妨碍注意力的集中。集中注意力训练可采取以下方法。

（1）专线定向练习。如图 6-13 所示，练习时在地图上明确标出了比赛的路线，运动员必须按规定的路线行进，并将途中遇到的检查点位置标绘到地图上。成绩以检查点位置标绘的准确程度和所用的时间长短确定。

效果：提高长时间保持注意力的能力；提高现地用图能力（图与实地联系起来的能力）。该方法根据目的不同，要求有所不同。

对于提高新手现地用图能力，点标旗应大些，路线应短些。而对于高水平队员，点标旗应小些，甚至可用纸片代替，路线应长些，这样在训练现地用图能力的同时，也训练了队员保持注意力的能力。

（2）接力定向练习。如图 6-14 所示，这种方法可同时出发 3 名队员，每名队员跑完一条线路回来后，接着跑第二条线路。3 名队员完成整个练习跑的总路线相同，但练习的同一时间跑的路线不同。这个方法可改成多人接力，每个队员跑其中的一条路线，3 组同时出发，可以让更多的队员参加练习。

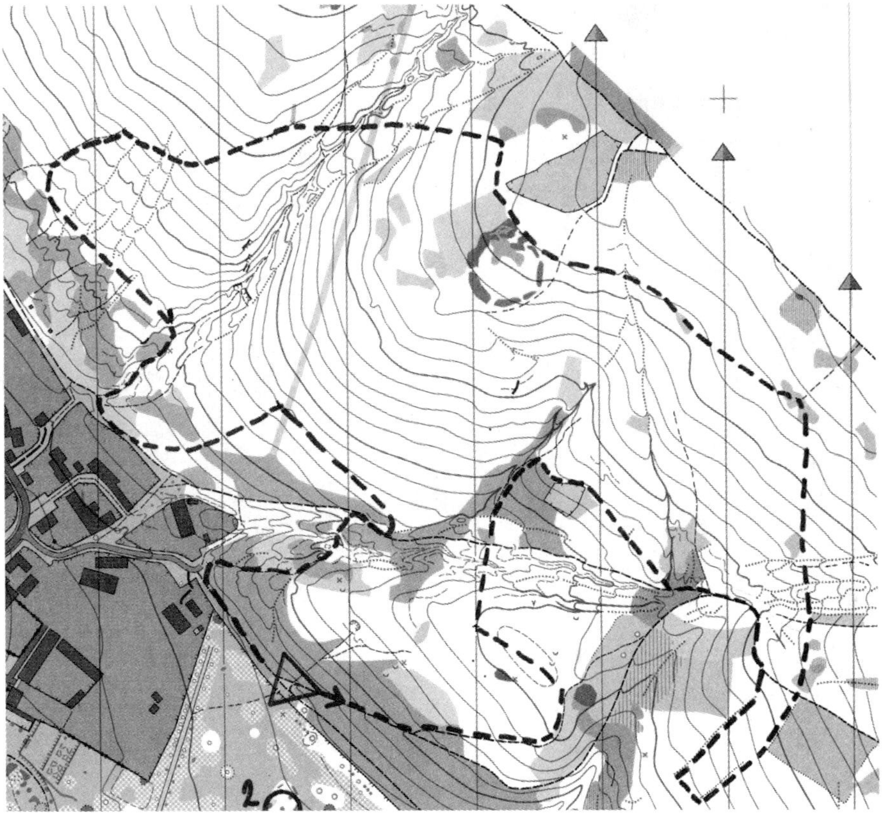

图 6-13　专线定向练习示意图

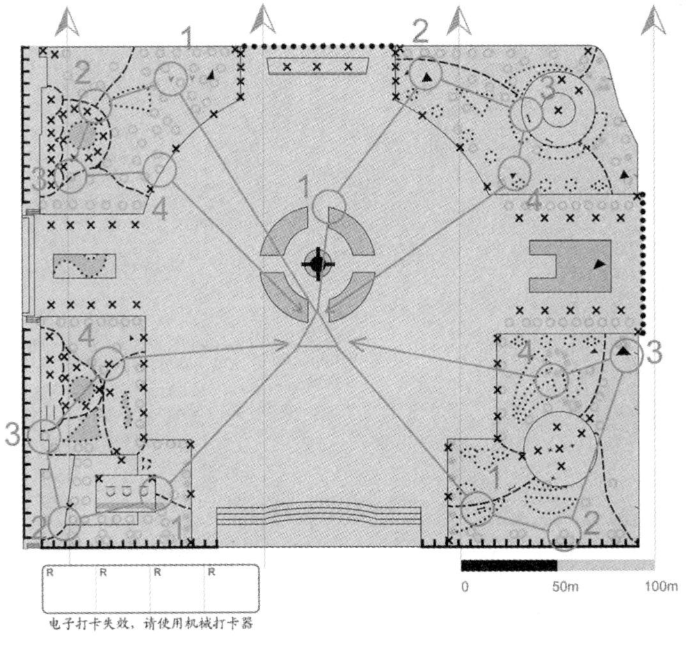

图 6-14　接力定向练习示意图

（3）自选性练习。如图 6-15 所示，只规定了部分点的先后顺序，其他点的顺序由队员自己决定，按自己认为最近的方式连起来。

效果：提高队员注意力和计算距离的能力。

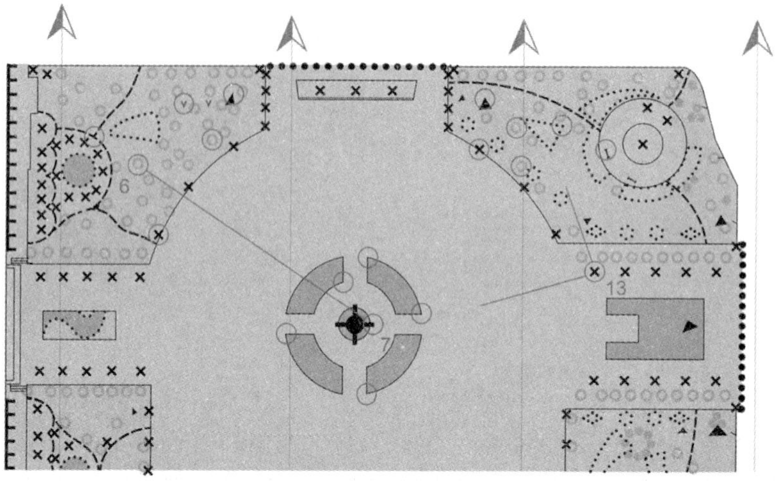

图 6-15　自选性练习示意图

（4）星形定向练习。如图 6-16 所示，起点在中心，每找到一个点后必须先回到起点，再找下一点。

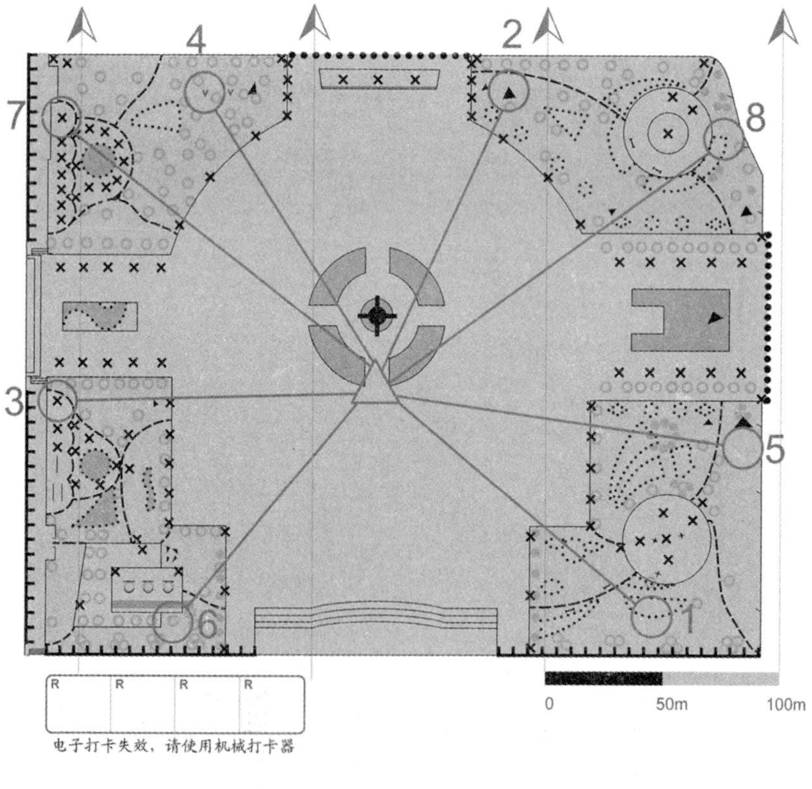

图 6-16　星形定向练习示意图

效果：提高标定地图能力，提高体能（回来是熟路，可要求加快速度）。多人同时练习，增加趣味性，对新手可改成接力的形式。

（5）记分定向练习。如图 6-17 所示，在场地内设计许多检查点，并根据其地形的复杂性、距离的远近、点间的相互关系给以不同的分值，队员在限定的时间内按任意顺序找点，以积分高低决定成绩。

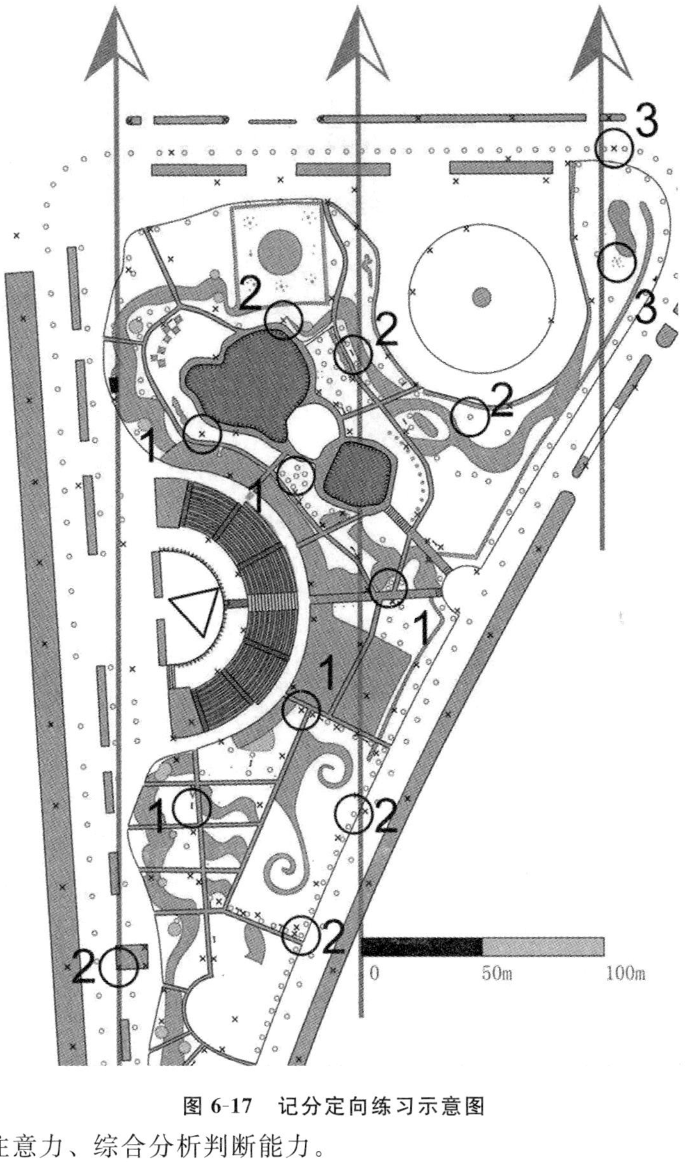

图 6-17　记分定向练习示意图

效果：提高注意力、综合分析判断能力。

（6）矩形练习。在规定的运动范围内借助指北针进行定向。范围以外的地图不出现，如图 6-18 所示。

效果：提高指北针运用能力、现地用图（图地对照联系）能力和保持注意力的能力。

（7）开窗定向练习。只提供检查点附近的小块地图（窗），队员借助指北针进行定向，如图 6-19 所示。

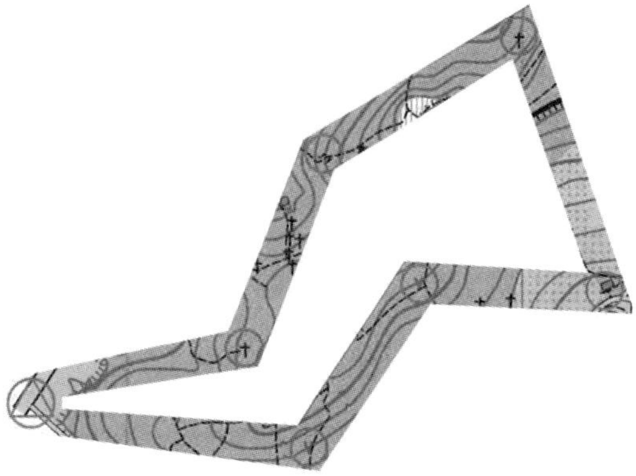

图 6-18 矩形定向练习示意图

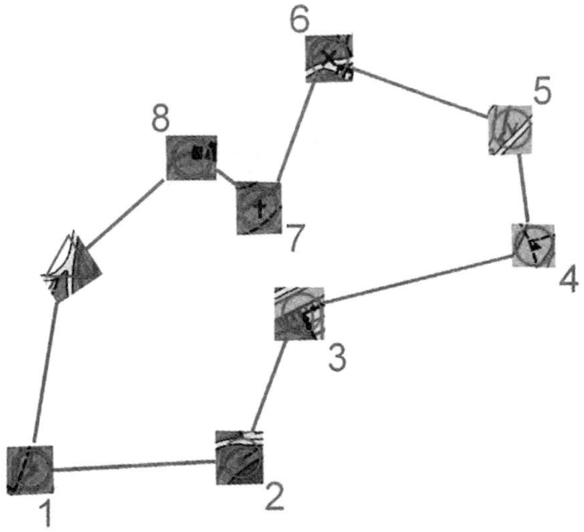

图 6-19 开窗定向练习示意图

效果：提高指北针运用能力、现地用图能力（图地对照联系能力）；提高保持注意力的能力。

（8）派对练习。

方法一 ：两名队员 A 和 B 配对进行练习。A 持只有单数序号检查点的地图，检查点间没有连接线。B 持只有双数序号检查点的地图，检查点间没有连接线。A 先带路按顺序找点，B 跟跑，记忆经过的明显特征物，A 找到第一点后，B 在其地图上将检查点及经过的路线标出。然后交换，由 B 按顺序找下一点，A 跟跑，在自己的地图上标出检查点，如此依次交替进行。

效果：提高现地用图能力、记忆路线能力、保持注意力能力。

方法二：2～4 人参加练习。其中 1 人执有检查点的图，其他人执无检查点标记的地图跟随其后，记忆经过的明显特征物，找到检查点后标出现在的位置及经过的路线，然后换另一人带路找下一个检查点。

2. 表象训练

表象训练是指有意识地、积极地利用自己头脑中已经形成的运动表象，进行回顾、重复、修正、发展和创造自己的动作。良好的表象训练可帮助运动员形成精确的运动知觉、清晰的运动记忆和敏捷灵活的想象能力，可使他们尽快地熟练掌握技术，减少运动员的各种焦虑，克服各种心理障碍，以增强自信心。

表象训练的方法有：

利用多媒体设备，通过观看比赛实况等方法，使运动员领会定向运动的全过程，然后结合自己实际练习时所产生的体验，进一步巩固头脑中逐步建立起来的技能概念。

详细地想象自己在完成定向技能时最成功的经验和最不成功的经验，仔细地检查技术过程的每一个环节。

教练员根据运动员的情况，采取针对性的语言刺激，不断强化运动员头脑中的技术概念，促使他们在训练中做到“边练、边想、想象结合”的训练。

3. 意志训练

意志训练是在运动训练中有目的地使运动员克服各种困难，完成意志行动，实现既定目标，从而提高意志品质的过程。来培养意志品质主要是通过让运动员克服运动实践中的困难和解决教练员有意识出的难题来进行的。在克服困难训练中可采用以下几种方法：

(1) 鼓励法：表扬本队中意志坚强的运动员；激励运动员去相互学习，共同提高。

(2) 诱导法：激发和诱导运动员的事业心和责任感，把运动训练成绩提高与祖国的荣誉结合起来，从而使运动员产生强大的动力，为事业去奋斗，为理想去拼搏。

(3) 刺激法：通过大运动负荷训练，使运动员能承受大强度、大密度、大难度的考验，以增强克服困难的勇气和信心。特别是在疲劳的状态下进行这种训练，对运动员的意志品质培养有积极的促进作用。

(4) 强制法：教练员下达命令，提出训练规定要求，运动员必须保质保量去完成。如模拟训练中，把路线设计为 10 千米，运动员必须完成，这样去培养运动员的顽强意志。

4. 消除紧张心理训练

方法一：限定时间。要求运动员在规定时间内完成整个路段的训练，对其施加压力。

方法二：教练员跟跑。教练员跟跑一方面可以观察运动员找点的情况，另一方面可以给运动员造成较大心理压力，使其在比赛中不会因为后面运动员跟跑而造成紧张心理。

5. 准备比赛的心理训练

主要方法是分析了解对手情况，做到知己知彼、百战不殆。

6. 比赛中的心理调整

(1) 开好准备会：对运动员比赛中的心理调整应从准备会开始。赛前任务会对于运动员比赛中的心理状态有非常重要的影响。在准备会上详细地介绍对方的技能水平及心理特点，客观分析对手和自身的实力，摆正自己的位置，制订并布置切实可行的战术方案。一般要求对弱队不轻敌、思想上不放松，对强队不胆怯，对实力相当的队不背胜负包袱，防止想赢怕输的心理状态出现。对比赛中可能出现的困难要做充分估计，分析问题并提出解决问题的办法。教练员要用客观、准确的语言，说明比赛的意义、目的，帮助运动员调动积极性，活跃情绪，调整比赛动机。

(2) 准备活动：赛前准备活动是使运动员进入比赛状态的重要环节。准备活动主要是热身，从开始活动到浑身出汗，目的是要提高运动员的兴奋程度。教练员要准确掌握准备活动并注意观察运动员的状态，发现有状态不佳者，要善于使用积极、正面的语言进行调节。通过准备活动要使运动员做到情绪高昂、信心充足、兴奋适当、头脑冷静，以最佳的心理状态投入到比赛中去。

（3）赛中自我调节：比赛中运动员的自我调整是一切心理调节活动中最为重要的一环。运动员要及时把心理训练中学到的各种知识和方法运用到比赛中，对自己的心理状态进行自我调整，以保证技战术水平的充分发挥。运动员心理训练水平的高低将在这时得到最终的体现。

（三）心理训练的程序与注意事项

1. 定向运动员心理训练的程序

（1）对运动员进行心理咨询与诊断 。心理咨询是一种从心理方面进行帮助、指导的过程或方法。主要针对运动员的心理障碍及各种适应、发展问题进行帮助、指导，以提高其心理自主能力，达到更佳的心理水平。咨询过程一般为 3 个阶段：初期，建立关系及了解情况；中期，探明问题与选择方法；后期，帮助行动与结束咨询。心理诊断是指采用一定的手段与方法对运动员的心理状况进行测试与分析，从而对运动员心理方面的不足、存在问题的性质、产生的原因等做出正确的判断。

（2）根据心理咨询与诊断的结果制订心理训练计划并实施训练。

2. 定向运动员心理训练中应注意的事项

（1）心理训练一定要列入整个训练计划，严格按计划进行，要与技能训练、体能训练以及比赛相结合，在实践中运用提高。

（2）实行咨询与诊断的心理工作者本身的条件，是影响咨询与诊断结果的关键因素之一，因此，应当请那些有经验的心理学专家进行咨询或诊断，以求获得正确的分析结果，保证心理训练的效果。

（3）教练员要与运动心理学工作者互相配合、互相合作，使科研与训练紧密结合，为不断提高我国定向运动心理训练的水平而共同努力。

（4）心理训练要注意长期训练计划与即时心理调整相结合。要在经常性心理训练的基础上，进行准备比赛的心理训练，并使二者有机结合，同时还要适时解决训练过程中出现的心理问题。

第六节　定向运动战术训练

一、赛前战术

赛前战术，一般指为了准备一次比赛而有意识地根据该次比赛的特点所制订的相关训练计划，制订合适的比赛目标，调整赛前最佳状态的行为。

（一）赛前分析情况，制订合理的训练计划

对于一支队伍来说，赛前训练期间应对比赛情况做充分的了解，如比赛地点的地形特点、气候，比赛项目设置、赛事规模、日程和参赛对手情况等，并根据获得的信息和队伍中运动员的构成情况，有针对性地制订队伍赛前训练计划和整体竞赛目标。

对于个人而言，各项竞技能力是否达到了较好的比赛状态，自己可以对前段时间的训练进行综合评价。首先是否清楚比赛任务，对自己的技术和体能是否有信心，有没有全力以赴和争取胜利的强烈愿望。为了达到最好的竞技状态，在训练期间要有目的地培养积极的竞赛动机，要有明确而合适的竞赛目标，要有坚强的意志、获胜的信心和稳定的情绪，以及对比赛的高度责任感，使自己较好地进入竞技状态。

（二）设定合理的比赛目标

制订合理的比赛目标一般要考虑到比赛规模、对手情况、自身情况、训练水平和比赛经验等几个因素。在比赛前，参赛队员一般都会表现出较强的竞赛求胜欲，但如果竞赛目标过高，参赛队员可能会感到不安和产生恐惧心理，特别是会预感到有失败的可能性。因此，合理设置竞赛目标能使参赛队员在比赛中承受适当的压力。如参赛队员在去年同等级别的比赛中获得了第三名的成绩，在分析过对手情况后，认为今年的对手没有去年的对手强，在这名参赛队员极有可能拿到冠军的情况下，还是应该将目标定为“保三争二”，这样的目标有一定的灵活性，有利于参赛队员发挥技术水平。

二、赛中战术

（一）开始路段的战术

开始路段的战术主要指比赛路线中由起点开始第1、2个路段所运用的战术。

1. 出发前的战术

（1）拿到地图后，应快速阅读地图，了解比赛路线的情况，判断第一点的方向。在目前国内的比赛中，出发的位置与起点的位置是一致的，因此在比赛出发前可以留意同组中出发靠前的参赛队员的奔跑方向。如果前几位跑的方向相同，拿图后可按相同的方向跑，边跑边读图，特别是前进方向的路面情况较好时。如果前几位跑的方向不同，说明找寻第一个检查点可能有多条路线选择，这时出发时不应太快，应小心做出正确的选择。但在国外的比赛中，参赛队员出发后，需向前跑一段距离才能到达出发点，后面的参赛队员看不到前面参赛队员的出发路线。因而，如果到国外参加比赛时，要特别注意拿到地图出发后快速阅读地图。

（2）快速阅读地图后，根据地图、地形和路线的情况，结合自己以往的比赛经验，预计自己本场比赛时间（预计胜出时间），从而做好心理准备。只有较高水平的运动员才会使用这种战术，初学者慎用，以免造成不必要的心理压力。在国外比赛中，可以提前1天左右拿到检查点说明表，因而可以提前对比赛胜出时间做一个预测。目前在国内比赛中，有时提前1天发放检查点说明表，有时在出发前1到2分钟发放，因此都有足够的时间进行判断，从而做好心理准备，并结合自己的体能特点制订体能分配计划。

（3）阅读检查点说明表。检查点说明表是对检查点具体位置设置的说明，也就是对所要找的检查点所在地的地物进行说明。检查点说明对参赛队员的路线选择有一定的影响。一般参赛队员在找寻一个点标前，应该先查看检查点的代码和地物，在找到检查点后查看检查点说明，以确认所找到的点标是否正确。

比赛要求我们寻找的是特征而不是点标旗，当检查点设置在点状或面状特征旁时，一般只需读检查点代码和检查点特征，不需要读检查点说明表中的其他内容，因为如找一个石头或房子，检查点通常放在行进方向地物的背面。但检查点设置在深绿色区域中，则需要看其他部分。当检查点设置在不可翻越的特征时，如悬崖，则要看点标旗的位置是在其上还是其下，此时要根据位置的不同而选择完全不同的路线。还有在森林中比赛，有时也需要理解检查点说明表的全部内容。

2. 起点到第 1、2 个检查点

(1) 控制跑动速度，顺利找到 1 号点标，建立比赛信心。比赛中开始路段是一场比赛的重点路段，这个路段对于所有参赛队员完成比赛来说至关重要。开始路段的发挥直接影响到完成比赛的信心，如果在比赛的开始路段中出现错误，不利于参赛队员对比赛信心的建立，甚至导致参赛队员放弃比赛，因而在开始路段跑动不要太快，主要目的是保证顺利找到检查点。

(2) 了解地图质量，熟悉制图员的风格和水平。如果地图质量差，应减少穿越，减少走小路的机会，多选择开阔的路行进。熟悉制图员的风格与水平有两个途径，一个是在比赛开始路段中对制图员的风格和水平做出判断，另一个是从比赛前组委会提供的训练地图中了解。一般情况下，使用比赛前组委会提供的训练地图来熟悉制图员的风格和水平最好，因为参赛队员有足够的时间来进行判断。

(3) 如果赛前组委会没有提供训练地图，参赛队员就只能利用比赛开始路段进行判断。一般情况下，制图员在测图时首先测路，对于测绘水平不高的制图员，你应该考虑到，如果在测绘过程中发现一片他认为对参赛队员意义不大的绿色区域，他可能不会深入实地进行很详细的测绘，因此包括小径、植被的界线等在内的特征，可能会有较大的误差，应避免选择进入此路线。同时，不同制图员对植被覆盖情况下的可跑性判断也有一定误差，特别是测绘水平不高的制图员。因此，在比赛开始前应对此做一个初步的判断与评价。

(二) 中间路段的战术

中间路段的战术主要指从比赛路线上第二个路段后开始到最后 1、2 个路段前所应用的战术。

1. 找寻检查点战术

找点过程中应注意的几个问题：第一，检查点圆圈中心是什么，应找什么；第二，攻击点选择的安全性问题；第三，从攻击点到检查点的过程应非常小心，特别是由攻击点到检查点的距离较远时。另外，当自己在途中发现有更好的攻击点时，可利用新的攻击点，而不必再去找原来计划的攻击点。在偏离前进方向出现错误时，如果由出错时的站立点出发，可找到一个较好的攻击点时，就应改变原计划，利用新的攻击点到达检查点。

攻击点对选择路线的影响较大，要充分利用攻击点的优点，因为好的攻击点能保证我们安全、快速地找到点标。即使在到达攻击点的路线比较复杂时，也不应该放弃攻击点而直接找检查点，这有可能会丢失更多的时间。对于从攻击点到检查点需穿越复杂地带的情况，可首先标定前进方向，判断距离，然后通过慢跑或者使用步测技术，小心地接近点标。如果距离较远，使用步测技术的误差可能较大，导致无法找到点标时，可通过分段使用步测技术的方法向点标前进。可根据整个路段中的一些小的不明显的地物或特征进行分段，一段段地使用步测技术，找到每个细小特征处，通过这些细小特征来校正或减小使用步测技术进行距离判断可能导致的误差。

2. 控制奔跑速度的战术

在中间路段，控制好速度，合理平衡体能和智能的分配是比赛成败的关键。在中间路段，即使是好跑的大路，也不能全速奔跑，而是应该适当降低速度。一方面避免体能消耗过多而影响后续的比赛过程，另一方面可花一些精力研究下一路段的技术问题，如提前研究下一路段的路线选择策略。在中间赛段控制奔跑速度应用得最多的战术是“红绿灯”战术。

“红绿灯”战术主要利用概略定向和精确定向技术对比赛过程中的体能和智力进行合理的分配。在红绿灯战术中，可以把一个路段（点与点之间的距离）分为三段，就像在街口遇到的红绿灯一样。首先是绿灯赛段，在这个赛段中，主要使用概略定向技术发挥体能，尽量快地接近攻击点；其次是黄灯赛段，当快接近攻击点时，黄灯开始闪烁，这时应适当降低奔跑速度，增加找寻攻击点的注意力，以保证顺利找到攻击点；然后是红灯赛段，到达攻击点后红灯开始闪烁，这时应把主要的精力用于仔细分辨检查点附近的地形细节以保证顺利找到检查点，而速度也应该是点与点之间最慢的。

此外，在中间路段还要特别注意控制好下坡时的速度，否则很可能出现跑过检查点的情况。

3. 绿色地带的穿越战术

穿越浓密林地的目的是节省比赛时间，如果穿越时出现错误，那么反而会浪费时间，因此穿越只有在有十分把握的情况下才能进行。做出穿越决策时不但要通过地图仔细来分析实地的情况，而且也要考虑地图的质量。通常绿色区域在地图上的精确性和准确性相对较低，如果地图的整体质量不佳，那么借助地图穿越绿色区域可能会遇到一些意外的情况。在这种情况下，最好的策略是放弃穿越计划。此外，还要根据实地情况及时调整穿越计划。例如，从地图上看所需穿越的绿色地带距离较短，但到达实地时却发现实地的灌木丛浓密，在这种情况下贸然进入林中，很可能走到半路时就无法继续前进。这时要迅速做出决定，是改变所选择的路线，还是继续前进，如果要选择继续前进就必须做好勇往直前、决不回头的心理准备。

穿越绿色地带时，还要注意观察等高线，原则上只有在坡度不大的下坡路段才可以应用穿越战术，上坡路段不能应用穿越战术。

（三）结束路段的战术

结束路段的战术主要指在整个比赛路线中，靠近终点 1 到 2 个路段所应用的战术。由于比赛接近尾声，当参赛队员到达最后 1 到 2 个点位时，往往能听到终点传来的声音，这种声音对于严重疲劳的参赛队员来说，很容易导致其注意力的严重下降而前功尽弃。曾经在芬兰尤古拉（Jokula）的夜间接力赛中，有一支队伍一直领先，但在最后一棒时，当听到广播说到他们队目前领先时，为了扩大战果，这名参赛队员把头灯和电池放在最后一个点标的位置上，但却忘记了打卡，导致全队成绩无效。事后无论他如何向组委会解释，而且组委会在最后一个点标位置上确实也看到了他的头灯和电池，但也无济于事。因此，在比赛的最后路段，注意力应集中于找点是非常重要的。

第七节　学校定向运动队的组织与管理

一、学校定向运动队的组织

（一）组织学校定向运动队的目的和任务

学校定向运动队的建立是为了贯彻落实党的教育方针，对学生进行社会主义道德风尚教育，推动学校定向运动的开展，增强学生体质，更好地培养德、智、体全面发展的社会主义建设人才。学校定向运动队的主要任务，是促进学生身体的正常发育和各项机能的发展，在进行全面身体素质训练的基础上，增强学生的意志品质，提高学生在陌生环境下独立思考问题、解决问题的能力，提高定向运动技术水平，丰富和活跃学校文化体育生活。学校定向运动队应积极参加校内外的有关竞赛活动，通过竞赛不断提高运动技术水平，为学校争取荣誉，同时向高一级运动队输送人才。

（二）学校定向运动的组织办法

运动队的组建是一项比较复杂而细致的工作，涉及的面很大。因此，在组建学校定向运动队时应事先征求学校领导或有关部门领导的意见，接受他们的指导，争取将运动队的组建工作纳入学校或部门工作计划，以便获得学校领导和学校有关部门的积极支持与帮助。具体组队办法如下：

（1）制订组队计划。

（2）确定选拔日期、时间和地点。

（3）规定报名资格。

（4）制订报名办法。由各班班长或班主任统一报名、推荐。

（5）规定选拔内容和方法。如身体素质测定、识图能力、方向感等技术评定。为了选拔思想、学习好，具有一定中长跑基础和识图能力且有培养条件的学生参加定向运动队，在选拔过程中应注意以下几点：第一，应根据学生自愿报名的办法来进行选拔。第二，组织选拔赛，通过比赛观察基本定向能力。第三，物色队员。教师要和班主任取得联系让他们介绍学生的品行、学习成绩、情趣、爱好、习惯、个性和身体健康诸方面情况，以便得到班主任的配合和支持。第四，家庭访问。了解学生在家中的表现，父母的运动史，家族遗传等情况。第五，队员的补充和调整。为了保持一定的稳定性，以每学年调整一次为宜，一般可在新生入校后一个月内进行调整，以便及时组队进行训练。个别队员需要临时调整的，应做好思想工作，使调出的队员能愉快接受，调进的队员努力进取，赶上队友。

（6）队的组成。确定队员名额，一般以保持 10 名队员为好。还要考虑到各年级参加成员的比例，使前后衔接，避免中断脱节。毕业班可留核心队员参加起以老带新的作用。选拔结果公布以后，应立即召开全体队员会议，请学校有关领导参加。明确建队的目的、任务、训练要求和选举队的干部。队长、副队长在学习上、思想作风上和定向运动技术等方面应是比较好的，一般由高年级学生担任。

（三）组队步骤

1. 选材

选材是组队工作的第一步，也是今后训练工作的第一步。因此，选材要严格，要选那些思想品德好，勤奋学习，对定向运动有浓厚兴趣，识图能力、方向感强，身体形态、机能和心理素质适合于定向运动项目，并具有发展前途的学生进队。

2. 试训筛选

初选上的学生人数应较组队规定人数略多，然后对他们进行短期试训。在试训期间重点观察这些学生的运动能力和定向技术水平，以及身体素质的提高幅度等，试训结束时再进行复选。

二、学校定向运动队的管理

（一）学校定向运动队管理的目的和任务

学校组织定向运动队进行课余训练，是学校体育工作的一个重要组成部分，是学校贯彻普及与提高的重要措施，对完成学校教育目标具有重要的意义。学校有关部门的教师与体育教师互相配合，通过对学生文化学习、思想政治教育、运动训练等工作的管理，促进定向运动队学生在德、智、体诸方面都得到全面发展，促进定向运动技术水平提高，在比赛中取得优异成绩，实现学校的教育和体育目标。

定向运动队管理的任务，应是根据学校体育事业发展的需要及学校领导提出的任务，科学地组织运动训练，提高训练效率；正确处理运动训练与学生其他学习任务之间的各种矛盾和冲突，充分发挥教师和队员的积极性；加强学生的思想政治教育，督促学生的文化学习；建立健全各项规章制度，保证定向运动队各项工作的落实和执行；为提高我国定向运动技术水平，缩小与国际定向运动技术水平的差距做出贡献。

（二）学校定向运动管理的内容的方法

学校定向运动队管理主要内容可分为三个部分：一是思想政治工作管理，二是运动训练工作管理，三是文化学习管理。

1. 思想政治工作管理

思想政治工作管理，要结合运动队的训练，围绕运动训练目标和学校教育目标进行。

（1）共产主义理想教育：培养有共产主义理想的，合格的社会主义新人是实现学校教育总目标的需要，也是运动队工作的一项重要任务。经常性地对队员进行共产主义理想教育，使他们树立正确的人生观、道德观，提高他们的各项素质和能力，为祖国、为人民服务。

（2）爱国主义、集体主义和社会主义教育：培养队员热爱集体、服从组织、遵守纪律、勇敢顽强、不怕困难等精神品质，有助于队员良好思想品德和道德行为的形成。

（3）团结、协作精神教育：定向运动队的团结协作精神教育十分重要。定向运动由于其自身的独特性，训练和比赛往往要在陌生的环境下独立完成，在野外可能会遇到各种各样的困难和危险，教练员无法监控每个队员的训练或比赛过程，这就要求队员之间要互相帮助、团结协作，以应对各种困难和危险。后面的队员如发现前面的队员遇到困难，应主动帮助解决或向当地民众求助。先到达终点的队员，要等到所有队员安全返回后才能返校；一旦有队员超过规定时间仍未到达终点，其余队员应主动积极协助教练寻找。

（4）队风、队纪教育：定向运动员常常单独在野外作业，容易犯这样或那样的错误，如偷摘农民果实、践踏农民庄稼等，要避免犯这些错误，如果没有良好的自制力，没有铁的组织纪律是做不到的。良好的队风，既是运动队长期教育、训练工作的结果，又是思想教育的有力手段。一个运动集体必须有严明的、铁的组织纪律，它能促进运动员积极向上，认真、刻苦地参加训练比赛，并在活动中自觉地克服和改变自己那些不符合规范的行为和作风，陶冶心灵，提高思想境界。

（5）环境保护教育：环境保护是我国每一个公民应尽的职责和义务，也是每一个地球人的职责和义务。当今世界任何一项运动都要强调环保，“绿色奥运”已成为奥运会的主题。

定向运动是一项最接近自然的运动，更要求我们每一个运动员做爱护自然、保护环境的带头人，使定向运动成为环保运动。

2. 运动训练工作管理

运动训练工作管理主要指对运动训练过程的管理。学校定向运动队训练工作的管理，主要包括运动训练工作的计划管理和组织管理两部分。

运动训练工作计划管理，是指教师根据学校领导的要求以及所要完成的任务，科学地制订计划并有效地组织计划实施，完成训练计划任务。

全年或阶段训练计划：教师要根据本队的实际情况，制订详细的阶段或全年训练计划，提出具体的任务和要求，确定训练的内容和训练的重点，以及体能、技能训练所需时间比重，使全年训练内容在周密的计划指导下得到全面落实。

训练课计划：根据全年计划，详细、具体地把训练内容安排在课次中，它包括训练课的任务、内容、训练步骤、训练方法、时间分配、训练要求和注意事项等。

组织管理包括：建立健全和严格执行各项规章制度，建立稳定的训练秩序，保证运动训练工作的顺利进行；做好运动训练器材设备等管理，不断完善运动训练物质条件，为提高运动训练水平服务；不断总结训练工作中出现的问题，科学合理地安排训练时间，探讨新的训练方法、手段，提高训练管理水平；训练时严格要求，有计划、循序渐进地提高运动员的运动负荷，以不影响学生的健康成长，不影响第二天的文化学习为前提。

3. 文化学习管理

学校定向运动训练具有课余性的特点，教师要摆正业余训练的位置，处理好运动训练和学生文化学习的关系，防止片面强调运动训练而忽视学生文化学习的倾向，并经常教育学生正确对待课余训练，努力学好文化课，做到运动训练和文化学习两不误。

每周体能训练次数不应过多，时间不宜过长，学生每周训练以 2～3 次、每次以 1～1.5 小时为宜。技能训练因花费时间较多，且一般在野外进行，应放在周末进行。参加比赛也不宜过多，并须及时补上因参加比赛而耽误的文化课。教师不仅要关心学生的训练，还应经常关心学生的文化学习，定期与班主任、其他任课教师联系，了解他们的学习态度、思想作风以及学习成绩，发现问题应互相配合，及时进行教育。运动队内部要互帮互学，开展学习情况竞赛。要求同班级、同年级的队员应互相关心、互相帮助，并且互相督促。每次考试结束后，队内要进行总结，表扬那些训练刻苦、学习认真、成绩优异的队员。对个别学习成绩明显退步的队员，可暂时让他停止训练，待学习进步后再恢复其训练，以促进其他队员能更好地完成学习任务。

三、学校定向运动队选材

运动员选材就是根据运动项目的特点与要求，用科学的方法把那些适合定向运动，并具有发展前途的人才挑选出来，加以科学系统地训练，以创造优异成绩。

定向运动员选材的目的，就是根据定向运动这个特定项目的特点与要求，把那些最适合定向运动的好苗子选出来。一般是在培养和训练过程中逐渐发现好的运动员，先广选，再精选。体能的可训练性相对来讲比较容易，因此要以定向能力和定向技巧为首先考虑的选材因素。定向运动员选材工作并不是阶段性的、突出性的临时任务，而必须坚持长年抓。只有这样才能源源不断地向各级训练网输送人才，使我国的定向运动英才辈出，后继有人，兴旺发达。学校定向运动队选材主要应从以下几个方面考察：

（一）基本定向能力

基本定向能力主要考查学生的方向感、识图能力。可分三个阶段进行，一般在一个星期内完成。

第一阶段：方向感测试。

将运动员带到野外，先朝正北方向快跑一段距离后停下，分散休息几分钟，然后立即集合，要求运动员快速指出东南西北方向。

让运动员在无指北针的情况下在森林中向正前方的目标前进，观察偏离方向的情况，如图 6-20。选择偏离幅度较小的队员。

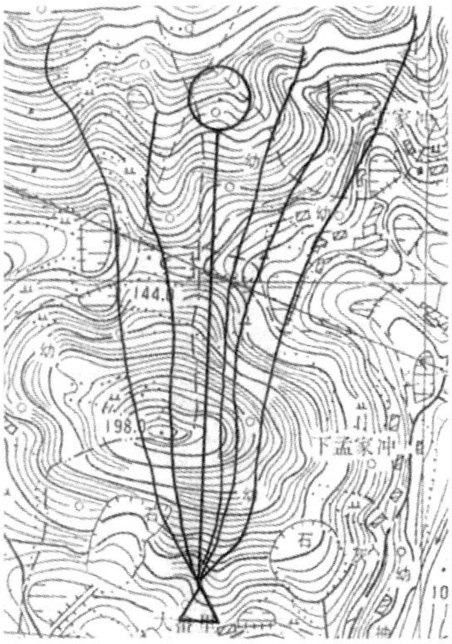

图 6-20　目标偏离示意图

第二阶段：持图走。

如图 6-21，在地图上设计一些简单的路线进行持图走（地图和实地对照走）练习，这时不用指北针，这个阶段可以比较出新手的基本读图能力。

第三阶段：按规定路线行进。

只设起、终点，每个队员按规定路线跑。在路途中放几个点标旗，要求运动员回来后说明发现几个点标旗，并圈出点标旗所在的明显地物。也可不设点标旗，走的过程中圈出明显地物，看谁标出的地物最准确，时间最短。经过上述三个阶段的试训考察，基本上可以看出运动员的定向能力了。

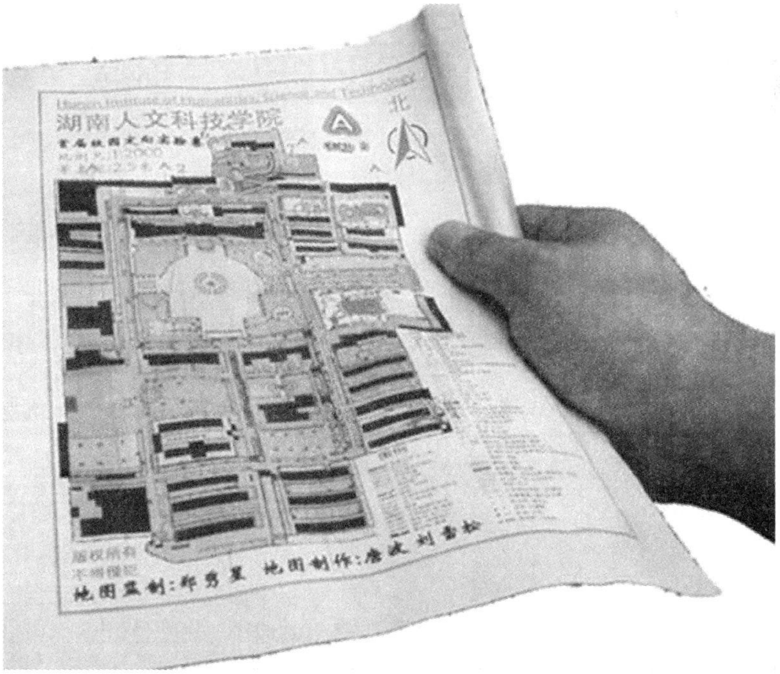

图 6-21　持图走练习示意图

（二）体能

体能是定向运动的基础，测试体能主要从以下方面入手。

(1) 身体形态特征。主要指与中长跑项目相关程度较高的身高、腿长、体重、跟健、足弹等身体部分的比例关系。

(2) 身体机能。主要包括心率、肺活量、最大吸氧量等，定向运动要求心肺功能较强，视野广阔，反应迅速。

(3) 身体素质。要尽量选择身素质好的学生。

（三）心理素质

定向运动员的心理素质非常重要。心理选材内容包括运动员心理过程和个性心理特征两方面。根据定向运动特点，在选择定向运动员时应从以下几方面考虑：

(1) 反应时间：这是定向运动员必备的一项主要的心理品质。定向运动要求运动员在快速奔跑中迅速做出反应，及时准确地判断运动方向、运动路线。运动员的反应时间，可通过简单反应时间（视、听）和复杂反应时间等的测试予以评定。

(2) 思维敏捷性：比赛中运动员要在瞬息间处理各种信息，包括图地对照、站立点的确定、目标的确定等，在最短时间内，通过思考做出准确的应答行动，这就需要具有敏捷而迅速的思维能力。

(3) 神经类型：目前对优秀定向运动员的神经类型研究较少，但根据国内大多数优秀定向运动教练的经验发现：多血质（活泼型）的人比较适宜定向运动，而且比较全面，但要克服粗心大意的毛病；胆汁质（兴奋型）的人比较适合短距离比赛，但要注意克服易冲动，主观任性的毛病；黏液质（安静型）的人比较适合长距离比赛。

第八节　定向运动训练与赛前指导

训练与赛前技术指导工作十分重要，指导工作是否正确，是否符合客观实际，直接影响到运动员技术水平的发挥。

一、在出发点应做些什么

（一）浏览全图明走向

得到训练或比赛地图后，首先要浏览全图，根据图上标绘的比赛路线，弄清其基本走向；同时还要明确出发点与终点的关系。在路线设计时，为便于组织者掌握比赛进展和观众参观，一般是起点和终点在一地或相距很近；有时由于地形条件的限制，起点与终点也可以相距较远。两点在同一地或相距很近时，应在实地观察一下终点设置、终点与附近地形的相互关系，便于终点冲刺。

（二）标定地图定好向

为准确、迅速起见，在出发区一般利用指北针标定地图。地图标定后，通过地图上出发点与第 1 号检查点的延伸方向就是实地运动的方向。

（三）对照地形选准路

根据确定的运动方向，迅速进行地图与实地对照，依据实地的地形条件，在能通视的地段内，选择好具体的运动路线，与此同时在通视地段的尽头适当位置选好辅助目标，并确定该目标的图上位置。

通过上述三个步骤，要达到以下目的：

（1）图上明：要明确图上整条路线的具体走向；要明确图上出发点与终点的具体实地位置（两点在同一地或相距很近时）；要明确出发点至第1号检查点的图上最佳运动路线。

（2）方向明：要明确实地的出发方向。

（3）路线明：要明确出发时的实地具体运动路线。

如还有剩余时间，可在地图上分析、确定以下各检查点之间的最佳运动路线，也可活动身体，准备出发。当听到出发口令或哨音后，立即出发。

二、打卡技术练习

让运动员不断练习打卡，跑—打卡—跑，减少比赛中时间的损失，也可练习三向折回跑。避免打卡时看地图，这会给其他人起提示作用。发现点标之后，打卡前就应该提前做好下一步的计划，打卡就走，不能在点标处停留（见图6-22）。

图6-22 运动员打卡技术练习

【附录】

定向电子打卡计时系统使用方法

定向电子打卡计时系统是目前定向运动比赛中常用的计时系统，具有计时精确、使用方便、操作简单等特点。目前，我国定向界拥有的定向电子打卡计时系统主要有Sportident电子打卡计时系统、“华瑞健”电子打卡计时系统、“乐嘉”电子打卡计时系统三种。下面通过介绍由教育部学生体育协会推荐的“华瑞健”Chinahealth电子打卡计时系统，让广大定向爱好者了解电子打卡计时系统的使用方法。

Chinahealth电子打卡计时系统，是国内最早研发并成功投入市场的定向、无线电测向教学比赛系统，该系统自动化程度高、操作简便、功能强大，已经成功应用于国内各种大型比赛中（如2004年全国大学生运动会定向越野比赛）。

一、系统组成及功能

Chinahealth电子打卡计时系统由以下部分组成：指卡（CH卡）点签器，包括清除站、起点站、点签器（放置在检查点）以及终点站；主站及打印系统；通信组件，包括有红外通信转换器、USB—串口转接线、串口转接线等连接设备；赛事软件。

1. 指卡（CH卡）

指卡又叫CH卡。由参赛选手携带，是系统中选手身份的唯一标志，用于依次记录选手在各站点打卡时，各站点的编号和打卡时刻。CH卡由指带固定在选手的手指上，打卡时，卡片距点签器打卡区两厘米以内即可响应。CH卡不受磁场干扰，在强磁影响下可正常工作，并具有密封防水性能，置于沙土、泥水中也能正常使用。

2. 清除站

清除站设置于赛场中的出发线之前，作用是清除选手的CH卡中的数据，并检查CH卡是否正常。相对于国外的系统，Chinahealth清除站具有集清除和核查功能于一身等特点，且清除核查速度较快，清除一个CH卡的速度仅需要1.2秒钟。

3. 起点站

起点站设置于赛场中的出发线上。当选手在其上打卡时，将打卡时刻写入选手所持的CH中卡作为选手的出发时刻。

4. 点签器

点签器设置于赛场中的与之对应的检查点上。当选手用CH卡打卡时，即会将该点签器的信息（检查点编号和打卡时刻）写入卡中。同时，自动备份CH卡号和打卡时刻在点签器中，以备赛后有争议时进行数据比对。当超过记录最高容量时，点签器仍可在CH卡中写入检查点编号和打卡时刻，只是不再存入点签器中。

5. 终点站

终点站设置于赛场中的终点线上。当选手用CH卡打卡时，将打卡时刻写入CH卡作为选手到达终点的时刻。

6. 主站

主站设置于赛场中的成绩统计裁判长工作处，当选手在其上打卡时，可读取CH卡中的所有数据。如果主站连接的是微型打印机则可将数据传给微型打印机，打印出成绩单；如果主站连接的是计算机，则将数据上传给计算机比对。

7. 连接设备

（1）串口转接线：连接主站到计算机串口。

（2）USB—串口转接线：连接主站到计算机的USB接口（提供没有串口的计算机的主站连接方案）。

（3）红外通信转换器：用于连接计算机和点签器，起、终点站和清除站。

8. 各种赛制的软件

(1) 定向越野个人赛软件。

(2) 定向越野接力赛软件。

(3) 定向越野积分赛软件。

(4) 定向越野团队赛软件。

(5) 无线电测向赛软件。

二、用 Chinahealth 电子打卡计时系统组织定向比赛的步骤

(1) 先在软件中录入组织数据、路线数据，并给选手分配 CH 卡号。

(2) 赛前设备开机、与计算机对时，而后将点签器设置到各对应检查点。

(3) 在起点出发线处放置清除站和起点站；在终点放置终点站。

(4) 在成绩统计处放置主站，与计算机连接，同时将微型打印机连接到计算机（选手打卡时出成绩单用）；如果须在现场及时公布比赛成绩，将 A4 幅面的打印机连接到计算机。

(5) 在做好上述准备工作后，可以打开定向比赛软件，即“竞赛日—打卡”窗口，等待选手完成比赛后到成绩统计处打卡。

(6) 在比赛过程中每返回一名选手，成绩统计裁判员要将微型打印机打印出的成绩单撕下交给选手，并观察打卡数据窗口，保证数据进入计算机。

(7) 比赛过程中如果有相关要求，成绩统计裁判员要及时出成绩通告。

(8) 场地裁判员要注意点签器的询查工作，防止被盗和出现故障，一旦出现意外情况，应及时通知成绩统计处派人取一台和计算机对过时间的同一号码的点签器来替换，并在检查点处做好手工登记和疏导工作。

(9) 比赛结束后，要通过软件确认场地中未返回成绩统计处打卡的选手，并安排场地裁判员寻找，以保证比赛选手的人身安全。最后，出比赛的成绩报表，并通知场地裁判员收集设备。

三、选手如何使用 CH 卡参加定向比赛

(1) 出发前对比领到的 CH 卡号码和自己在出发时刻表中的 CH 卡号码，确保领到的是正确的 IC 卡。

(2) 出发前在起点的清除站清除 CH 卡的既往数据，避免这些数据对本次比赛造成影响。

(3) 如果所参加的比赛要求打起点站，那么选手出发时应在起点站打卡。

(4) 接下来选手在路途中的每个检查点，按所设计的路线顺次打卡，打卡时要确保见到、听到设备的声光信号。如果发现检查点对应的点签器丢失或故障，应及时通知对应检查点的守点人员，并在他那里留下过点记录，然后继续比赛。

(5) 到达终点时要在终点站打卡以截止比赛的计时。

(6) 最后，选手返回成绩统计处，在主站上打卡，同时领取成绩单，之后离开成绩统计处，避免干扰后来选手的成绩统计。

(7) 如果比赛要求出成绩通告，选手可以到成绩公告栏处及时查看成绩通告。

(8) 赛后可以从组委会处领到最终的成绩报表。

三、打卡技术技巧

进入一个检查点到达点标处打卡前必须考虑自己将从什么方向进入点标，打点后朝什么方向离开检查点，是左、右到达还是往前或往回？离开后应到达什么位置？应特别注意的问题：离开点标时如果是小角度，一般易做出正确的方向判断，可以不用指北针；如果是大角度离开点标时，一定要用指北针帮助判定一下方向，否则易出现错误。

四、穿越绿色区域的技巧

必须明白，穿越的目的是省时间，如果穿越可能出现错误，反而浪费时间，那么就不应该穿越。做出最终的穿越决定时不但要看地图，而且要看实地的情况，也要了解地图的质量。如果从图上看，所需穿越的绿色区实际距离不长，而到实地时，发现荆棘太多，很可能走到半路就无法前进，这时要迅速做出决定，是改变路线还是继续前进。如果要继续前进必须做好勇往直前的心理准备，走到半路是不可能再回头的，否则所花的时间可能比绕路的时间还要长，还不如一开始就下定决心绕路。通常在坡度不太陡的情况下，下坡时可以考虑穿越绿色地区，但上坡时一般不能穿越绿色地区。

穿越地图上深绿色或较深绿色所表示的实地浓密或较浓密的林地的原则是：穿越时要充分合理地利用指北针，穿越时最好有可视的特征物（地貌和坡物）供参照，特别是较长距离穿越时，最好能找到一个接一个的引导物将自己导向最终目标；穿越时要随时明确自己的站立点。

定向运动中许多人常常习惯利用明显变化的等高线对应的实地作为参照物，实际上无变化的等高线对应的实地也是很好的参照物，可沿着等高线走进行越野。

在地图上以深绿色表示的浓密的树林中穿越并不是被禁止的，但应遵循一定的原则。穿越浓密或较浓密的以绿色表示的林地时，首先要考虑穿越的距离和坡度，因此，必须正确估计密林的距离和仔细地读等高线。一般要求在浓密的林地中穿越距离应在 10 米左右，并且没有什么坡度。浓密的林中通视度差且不易通过，距离一长就极易迷失方向。在较深绿色（较浓密）林地中穿越距离也不能太长，坡度较小时才能穿越。

五、路线选择的技巧

路线选择的首要原则是安全，但具体应用时要考虑以下因素：

（1）比赛的性质。

（2）地图的质量。应从绘图员的角度（水平、敬业精神）考虑问题。地图质量差，则要减少穿越、走小路的机会，多选择明显的路。测绘员测图首先测路，对于测绘水平不高的测图员测绘的地图，你应该考虑到，如果他在测绘过程中发现一片他认为对运动员意义不大的绿色区域，他可能不会深入到其中很详细地对其中的特征包括小径、植被等进行测绘，误差可能会很大，应避免选择进入其中的路线。再者，不同测绘员对植被的可跑性的判断会有一定误差，特别是测绘水平不高的测绘员测绘的地图，比赛开始前应对此做一个初步的评价。

（3）路段的复杂性，出错的可能性等。

（4）体能和智力分配是否合理的问题。

（5）正确理解地图上标出的小路。对实地有多条小路的情况，制图员常常不在地图上全部标出，而是有所取舍，只标出其中的部分甚至其中的一条他认为最重要的小路。不同的制图员由于对各条小路的重要性认识不同，对小路的取舍也会不同，因此制出的地图与实地的差异也就各不相同。

六、比赛技巧

比赛的整个过程都是在不断地对前面的情况进行预判，即提前思考，然后的具体前进过程只是一个对预判进行验证和复核并执行的过程，当然也可能进行必要的调整，在这些过程中将同时对下一路段进行预判。

公园赛等速度赛，距离短、跑速快，允许出现误差时停下来做出选择的时间少，通常只允许有几秒钟的时间（欧洲高水平运动员损失 3 秒就被认为是个大错误），否则将影响最终名次。一旦做出选择后应该果断执行，不能过多地犹豫，如果不停地改变决定，反而会浪费更多的时间。

在野外赛中的初始阶段，对每个运动员都是很重要的。因此在找前两三个点时不要求太快，宁可跑慢点，主要是保证顺利地找到点，从而建立比赛的自信心，保证以后的比赛过程流畅。否则一进入赛场就出错，让后出发者顺利地在第一个点就超过自己，将会严重影响到自己的整个比赛成绩。此过程也是一个对地图质量和特点进行评估的过程。如果评估的结果是地图质量不高，那么比赛中要注意选择安全性高的路线，减少穿越的过程。对地图特点进行评价时，主要评价受测绘者水平影响，易出现分类差异的一些植被和路段等在本次比赛地图中的分类特点。

在速度赛中如果有两条路线：一条清晰，能快跑，但距离远些；另一条不清晰，交叉口多，但近了许多。考虑到第二条不可能全速跑，要不断调整跑的方向，要不断地看图，那么应选第一条，可能完成的时间并不会多于第二条；而选择第二条，如果一不小心出现错误，时间就会浪费很多。

在野外比赛中，对于长路段，首先应考虑可否试探绕路，如果在穿越中存在很多上坡或下坡的路段，还不如选择一条好路绕道前进。野外长路段比赛与公园赛不同，检查点不是一下可以找到的，有个较长的过程，有必要优先考虑依平缓的路线前进。但对于短距离则不同，上坡对比赛体能影响不大，可以先考虑越野。比赛中即使是好跑的大路，也不应全速跑，要保证体能和智力的合理分配，跑的过程中应适当降低速度，保证可分配出一定精力同时进行超前思维和判断。

攻击点对选择路线的影响很大，好的攻击点能保证我们安全、快速地找到点标，但有时到达攻击点的路有些复杂，有的人就放弃了，而是直接找点标，这样可能实际所花的时间更多。要充分利用攻击点的优点。下坡时应注意不要太快，否则可能出现跑过点标的情况，也容易导致运动损伤，特别是在不平整的小径上跑和穿越时。

拿到地图出发前，应做好心理准备，根据地图、地形和路线的情况，结合自己以往的比赛经验，预计自己将花多少时间完成本场比赛（预计胜出时间）。

国内比赛，不同于国外比赛出发时需向前跑一段距离才能到达出发点，后面的运动员看不到前面运动员的出发路线。国内比赛可以看到前面运动员的出发路线，应注意同组前面的出发者是向什么方向跑的，如果前几位跑的方向相同，取图后可迅速按相同的方向跑，边跑边读图，特别是在前进方向的路面情况较好时。如果前面选手跑的方向不同，提示可能到第一个检查点有多条路线选择，出发时不应太快，应小心做出正确的选择。

对于公园赛，第一个检查点很近时，出发时不应跑得太快，否则可能跑过检查点而出错，第一个点就出现问题，整个比赛就可能失败。如果第一个检查点很远，开始可跑得快点。

找点过程中，有几个看问题的顺序：第一，检查点中心是什么，应找的是什么；第二，攻击点选择的安全性问题；第三，从攻击点到检查点的过程应非常小心，特别是由攻击点到检查点的距离较远时。另外，当自己在途中发现有更好的攻击点时，可利用新的攻击点，而不必再去找原来计划的攻击点。在偏离前进方向，出现错误的情况下，如果由出错时的站立点出发可找到一个较好的攻击点时，这时也应改变原计划的攻击点，利用新的攻击点到达检查点。

对于从攻击点到点标需穿越复杂地带的情况，可首先标定前进方向，判断距离，然后通过慢跑并计算复步数，小心地接近点标。如果距离较远，这时计算复步的误差可能较大，导致无法找到点标，可通过分段计算复步的方法向点标前进，根据整个路段中的一些小的不明显的地物或特征进行分段，一段一段地计算复步，找到每个小特征处，通过这些小特征校正或减小复步估计距离可能导致的误差。

七、走错路时如何处理

发现自己出错，不知道自己在何处时，应对措施是马上停下来，返回到最近一个可以确定的站立点上去，确定自己的偏差，再选择前进路线。

已发现出错后，切不可进行漫无边际、不停改变方向的寻找，或在原地转圈，应停止前进，保持自己来到目前位置时的朝向，借助指北针确定自己从什么方向过来，判断自己大致可能的位置，应如何才能回到出错前的位置，或到达可正确确定站立点的位置。否则，一旦不知道自己从什么地方来就不好办了，特别是周围环境通视度不好时。

八、读检查点说明表的问题

在公园定向比赛中，一般只需读检查点代码和检查点地物，不需要读检查点说明表中的其他内容，因为比赛要求我们找的是地物而不是旗子，如找一个石头或房子，检查点通常放在我们来的方向的后面。但点标若放在深绿色区域中，则需要看其他部分。当检查点放在较长的不能翻越的地物处时，如悬崖等，则要看点标旗的位置是在其上还是其下，因为我们可能需要根据位置的不同而选择完全不同的路线。一般在刚刚打完一个点标时，看一下下个点标的代码和检查点地物，然后到达攻击点后再读一次检查点代码和检查点地物。而在野外比赛中，有时读识并理解检查点说明表的全部内容是很重要的。

九、赛后/练习后总结的重要性

赛后或训练后的总结非常重要，它是定向比赛和训练必须的组成部分，是参加者了解自己的弱点、学习他人的长处，同时又是全面学习和掌握各种技战术运用方法的最好时机，对参加者提高定向运动水平具有其他任何方法都不可比拟的促进作用。

赛后/练习后总结的重点，就是将参加者在比赛/训练中的行进路线在图纸上回忆、描绘出来，将其与原设计路线、他人的行进路线（谁的路线选择更佳?）进行比较。这是参加者在赛/练后恢复平静，精力完全集中的情况下进行的重现比赛或训练的过程，此时进行的自我分析评价会更加客观准确，其作用几乎就像再次参加比赛或训练一样。

总结的内容主要有：自己在比赛/训练各段中的路线选择、运用的技战术、遇到的问题

(与自己的判断、选择不符的情况)、各路段的用时等等，然后绘制成一条完整的行进路线，并分析是否有更好的路线；与队友进行比较，各路段所花费的时间差异，是路线选择的差异，还是体能差异、读图差异、保持注意力能力的差异；让跑得最好的队员介绍自己的选择和经验，并进行交流和讨论。

赛后/练习后总结最好是在对比赛/训练的过程还能清晰详细地记忆时完成。在现场与和自己同路线的其他人进行即时交流是一个不错的方法。

总结是读图记图和实地记忆以及图和实地对照联系训练的有效练习方法，是学习改进实战技巧的方法；总结可以发现队员存在的是体能问题，还是读图问题、定向技巧问题或其他问题。无论是运动员自己还是教练员都应该重视这个环节。

下面是2003年全国定向锦标赛大学女子标准距离冠军吴霞在学校训练时所做的一次训练后的分析（见图6-23)。

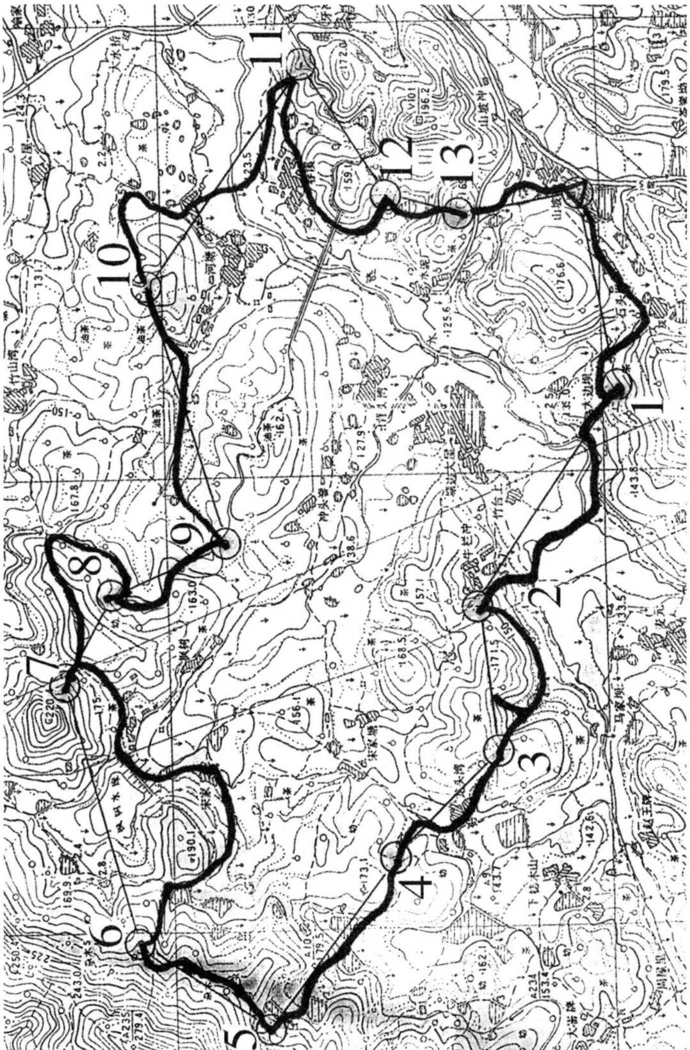

图6-23 赛后总结示意图

出发时我充满信心，因为1号点比较简单，路线选择也容易，我轻而易举地到达了1号点，没耽误任何时间。

打完1号点后，我就看到了2号点右前方的居民区，于是我向着居民区径直跑了过去，途中没有看图，奔跑中充满了信心。

找到3号点时，有点大意，我从右边沿白山谷爬了上去，但不久就发现错了，起码耽误了3分钟。

4号点较准，思路清晰起来，开始进入状态，尤其精神状态特别好。

5号点捕捉十分准确，没耽误时间。

6号点我沿等高线走，经过第二个山背时犹豫了一下，但片刻就反应过来了。

以水库为攻击点，对7号点信心很足。

找8号点时想越野，但植被不允许，走了很长一段弯路。

沿山脚下小路走，9号检查点捕捉准确。

标定地图，一路狂奔到了10号点。

到11号点时，觉得有点危险，在检查点附近犹豫了一下。

12号点不好控制，费了不少周折，后面有队友跟了上来。

植被很浅，越野，很幸运，13号检查点就在眼前。

第七章 定向运动竞赛

本章导读：了解定向运动竞赛的目的、意义，掌握定向运动竞赛的组织过程，合理组织成功的赛事。

关键词：定向运动竞赛规程；定向运动竞赛规则；出发方式；出发顺序；赛事监督；地图保密；路线设计

第一节 定向运动竞赛概述

一、定向运动竞赛功能

定向运动竞赛是体现体育竞赛功能的一个重要组成部分。定向运动竞赛过程实现了体育竞赛的功能。从历史的角度看，体育竞赛的功能主要有促进人类和平，更新传统观念，推动经济发展，丰富文化生活。人类已经进入 21 世纪，物质文化生活水平有了很大提高，户外运动越来越成为人们所崇尚的运动。组织定向运动竞赛，对推广和普及定向运动，提高定向运动竞技水平，推动社会经济文化发展有着十分重要的意义。

二、定向运动竞赛对实现体育价值的作用

定向运动的发展往往以训练为手段，以竞赛为杠杆，以局部的发展带动整个运动的发展。

运动员参加定向运动竞赛活动，既能提高身体素质，又能发挥人的主观能动性，培养良好的意志品质和独立分析问题、解决问题的能力，促进人的全面发展。

三、学校开展定向运动竞赛的意义

学校是我国推动定向运动发展的主要阵地。定向运动竞赛目前已成为学校体育教育的主要内容之一，也是推动定向运动发展的重要措施，成功举办定向竞赛对促进学校体育工作有重要作用。

第二节　定向运动竞赛的组织与编排

一、定向运动竞赛的筹备组织工作

定向运动竞赛组织有两个层次的工作。依主体与对象的不同包括两方面：第一层次的竞赛组织工作是作为最高层次竞赛的组织者对比赛进行策划、组织、调控；第二层次的竞赛组织工作是在一次比赛中负责竞赛的业务部门工作的具体操作与实施。

（一）组织方案

组织方案由定向运动竞赛筹备领导小组根据实际情况制订，它是筹备竞赛工作的依据。组织方案通常包括以下内容。

（1）竞赛名称和目的、任务。

（2）竞赛的规模。主要包括参加单位、参加人数（运动员、裁判员、工作人员）、竞赛组织和竞赛项目等内容。

（3）竞赛的组织机构。根据竞赛工作需要确定（见图 7-1），包括机构构成部门、各工作部门负责人、各工作部门的工作人员名额等内容。

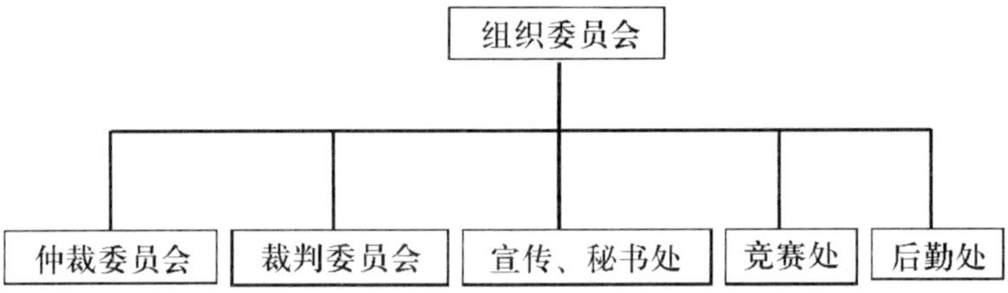

图 7-1　定向运动竞赛组织机构

（4）竞赛的日期和地点。

（5）竞赛的经费预算。根据实际需要确定。一般包括地图绘制，起点、终点场面布置，以及比赛器材、裁判用具、宣传、奖品、印刷、文具、医药等费用。

（6）工作步骤。主要说明竞赛的筹备工作分哪几个阶段进行，各阶段的主要工作安排等。

（二）竞赛规程

竞赛规程是开展竞赛工作的依据，一般定向运动竞赛规程通常包括以下内容。

（1）竞赛的名称、目的、任务，以及主办单位、承办单位、协办单位、推广单位等。

（2）比赛时间和地点。

（3）参加单位和组别。比赛项目要根据竞赛项目的性质、规模、参加组别、运动员水平拟定。目前，我国定向运动还处在推广和普及阶段，在比赛项目设置上一定要具有群众性和广泛性，包括每单位可参加多少人（男、女），每人可报几项，接力赛的参加办法以及参加者的资格规定等。

（4）报名办法。包括报名表格填写方法，报名截止日期，报名条件及身体检查规定等。

（5）计分及奖励办法。说明各项目录取名额，个人和接力以及团体总分的计算与奖励办法。目前，全国锦标赛各项可录取前8名，接力赛取前6名。

(6) 比赛规则。说明采用国际定联审定的某年定向运动竞赛规则和根据实际情况自己制定的补充规则等。

(7) 竞赛费用。

(8) 裁判员组成。

(9) 仲裁委员会的组成。

(10) 规程解释权。

【案例】

2019年全国定向锦标赛竞赛规程

一、组织单位

(一) 主办单位

国家体育总局航空无线电模型运动管理中心

中国无线电和定向运动协会

(二) 承办单位

遂昌县人民政府

(三) 协办单位

遂昌县文化和广电旅游体育局

(四) 运营单位

遂昌乐山文体策划有限公司

二、竞赛事宜

(一) 时间和地点

1. 时间：2019年11月22日至27日

2. 地点：浙江省丽水市遂昌县

(二) 竞赛项目和组别

1. 竞赛项目

(1) 短距离赛

(2) 中距离赛

(3) 长距离赛

(4) 接力赛

(5) 短距离接力赛

2. 竞赛组别

(1) 青年男子精英（M18E）组（2001年1月1日至2003年12月31日出生）

(2) 青年女子精英（W18E）组（2001年1月1日至2003年12月31日出生）

(3) 成年男子精英（M21E）组（2000年12月31日以前出生）

(4) 成年女子精英（W21E）组（2000年12月31日以前出生）

(5) 成年男子（M21A）组（2000年12月31日以前出生）

(6) 成年女子（W21A）组（2000年12月31日以前出生）

（7）中年男子（M35A）组（1984 年 12 月 31 日以前出生）

（8）中年女子（W30A）组（1984 年 12 月 31 日以前出生）

（9）国防男子组（GM）组（解放军及武警部队现役军人及国防生），不分年龄

（10）国防女子组（GW）组（解放军及武警部队现役军人及国防生），不分年龄

（11）公开组（open）（不限年龄及性别）

（三）参赛办法

1. 参赛单位须为中国无线电和定向运动协会团体会员单位。

2. 以代表队为单位报名参赛，各代表队可报领队、教练各 1～3 名，每个年龄组别的运动员限报 6 男 6 女（精英组除外）。正式报名表需要加单位公章。以俱乐部或公司、协会组队参赛的需提供组织机构代码证复印件或法人证复印件。

3. M18E 和 W18E 参赛资格：

（1）2019 年国家青年集训队运动员；

（2）2018 年全国锦标赛 18E 组运动员；

（3）2019 年全国青少年锦标赛 18 岁组短距离、中距离个人赛前 30 名运动员；

（4）2018 年中国定向公开赛总积分排名精英组前 10 名和非精英组前 6 名的运动员；

（5）经中国无线电和定向运动协会批准的港澳台地区的运动员。

4. M21E、W21E 参赛资格：

（1）2019 年国家集训队运动员；

（2）2018 年全国锦标赛精英组运动员；

（3）2018 年全国锦标赛 21A 组前 20 名

（4）2018 年中国定向公开赛总积分排名精英组前 10 名和非精英组前 6 名的运动员；

（5）经中国无线电和定向运动协会批准的港澳台地区的运动员。

5. 具备精英组资格的运动员，必须报名精英组比赛，违者取消比赛成绩及其他场次比赛资格。

6. 接力赛设 3 个棒次，每队每个年龄组只允许报一个接力队。

7. 短距离接力赛设 4 个棒次，每队每个年龄组只允许报一个短距离接力队，其中不得少于 2 名女子运动员，且第一棒、第四棒必须为女子运动员。

8. 参赛的所有运动员、教练员、领队都必须办理竞赛期间的“人身意外伤害保险”（投保额度不低于人民币 40 万元）和“意外伤害医疗保险”（投保额度不低于人民币 2 万元），未办理保险者不得参赛。投保额度另有国家规定的，按照国家规定执行。

9. 运动员必须具备参加定向竞赛活动的能力（包括身体、技术和对天气等的适应能力），参赛队和个人对自己的安全负全部责任。以下疾病患者不宜报名参赛：先天性心脏病和风湿性心脏病患者，高血压和脑血管疾病患者，心肌炎和其他心脏病患者，冠状动脉病患者和严重心率不齐者，糖尿病患者，其他不适合运动的疾病患者。

10. 公开组不设置长距离和接力。

（四）竞赛办法

按《中国徒步定向运动竞赛规则》执行。

（五）录取名次和奖励

1. 各项目、各组别报名人数少于 20（含）人时，男女分别录取前 8 名，各项目、各组

别报名人数超过20人时，按照报名人数的10%、15%、20%依次录取一、二、三等奖。

2. 团体成绩计算短距离、中距离和长距离成绩，以每队3个单项成绩各最好的3人计算，将男子9个成绩和女子9个成绩合计，总时间最少的队名次列前，时间相同以单项第1名多者列前，再相同以第2名多者列前，以此类推。比赛成绩不能满足合计成绩要求的队，不计算团体成绩。30岁组以上组别、公开组不设团体奖。

3. 参赛人（队）数为7～10人（队）时，录取前6名；5～6人（队）时，录取前3名；3～4人（队）时录取前2名，2人（队）及以下不录取名次。

4. 对获得前8名的运动员颁发证书，个人和接力前3名颁发奖牌，团体前6名颁发奖杯。

5. 组织评选体育道德风尚奖、优秀教练员、优秀志愿者、优秀裁判员。按20%比例评选，不足按实际数量颁奖。

（六）裁委会和仲裁

由主办单位按有关规定选派。

（七）报名与报到

1. 报名：

(1) 网上报名结束日期后一周允许修改报名信息，11月15日后不再接受任何信息修改。

(2) 网上报名成功后，比赛时不报到的参赛者，组委会予以相应处罚，直至取消其下一年比赛资格。

(3) 具体报名和报到信息将由组委会补充后公布在中国无线电和定向运动协会官方网站。

2. 报到时，资格审查委员会将对所有运动员进行资格审查。各代表队须出示以下相关资料：

(1) 运动员须持身份证或户口本原件；

(2) 保险单据；

(3) 医院开具的体检合格证明。

以上资料如有遗缺，不得参赛。

3. 报到截止时间点为报到当日18:00，之后不再接受报到。

（八）经费

参赛队经费由派出单位自行承担。

三、其他事宜

（一）其他信息详见后期赛事公告

（二）联系方式

单　位：国家体育总局航空无线电模型运动管理中心运动五部

地　址：北京天坛东里中区甲14号

联系人：张光硕

电　话：010-××××××××

网　站：http://oacn.sport.org.cn/

（三）组织机构

定向运动竞赛的组织与进行，是一项复杂而细致的工作，为统一管理，便于工作，必须建立组织机构。机构的构成和规模根据实际需要而定。一般性定向运动竞赛通常在领导小组领导下，建立4个组开展工作。

1. 宣传组

负责宣传教育、会场布置、开幕式和闭幕式的组织，以及奖状、奖品的发放等工作。

2. 竞赛组

负责赛事的组织，包括场地选择、地图制作和路线设计等方面的工作。

3. 安全救护组

对在比赛过程中出现的各种问题进行安全救护。

4. 后勤组

负责场地与器材的准备、奖品的购置、赛会饮水供给和医务人员配备等工作。

为了保证比赛按计划有条不紊地进行，各组要在领导小组的统一领导下协调配合，积极完成比赛的各项筹备和组织工作。

（四）定向运动竞赛秩序册的编排

1. 审查报名单

按照竞赛规程规定的参加办法，对各单位的报名单进行审查，如发现报名人数和项目超出限额，应立即与有关单位联系，及时解决。

2. 编排运动员姓名、号码对照表

运动员号码由4位数组成，第一位数代表组别，第二、三位数代表队别，第四位数是运动员在该队的序号。

3. 统计各项目参加比赛人数

统计参加各项目比赛人数和接力赛队数，为分组和编排工作做好准备，然后填入“各项目参加比赛人数统计表”（见表7-1）。

表7-1 各项目参加比赛人数统计表

单　位	短距离	长距离	接力赛
共计人数			

4. 编排方式和出发顺序

同一项目不同组别的运动员一般同时出发，各组各人的出发顺序由计算机随机抽签决定。接力赛一般是统一出发。

二、定向运动竞赛其他工作

（一）定向竞赛前期准备工作

（1）向有关单位提出赛事申请，获得举办比赛的正式批文。

（2）成立组织委员会，具体工作落实到各个小组。

（3）选择定向运动竞赛场地，准备竞赛运动地图，设计定向运动竞赛运动路线。根据确定的竞赛运动项目，选择适宜的竞赛运动场地，准备竞赛地图。确保至少提前两个月完成竞赛地图，提前一个月完成路线设计，并实地勘测验证运动路线设计以及起点、检查点、终点设置的准确性。

（4）根据竞赛规程和竞赛规则印制检查点打印卡、检查点说明卡、竞赛成绩纪录表、竞赛成绩统计表等。

（5）根据竞赛规程和竞赛规则准备竞赛用具和竞赛器械等。

（6）竞赛的组织接待、后勤生活保障、交通工具准备等。

（二）比赛进行中的工作

（1）组织竞赛的开幕式，宣传大会宗旨，要求全体参赛工作人员、裁判员、教练员、运动员参加。

（2）按照竞赛规程和竞赛规则办事。裁判员公正裁判，运动员赛出水平、赛出风格，端正赛风，严格纪律，加强团结，赛出水平。

（3）每日的竞赛安排：包括竞赛项目、时间，以及交通、后勤保障等工作。

（4）每日的竞赛组织包括：竞赛场地设置（起、终点安排，检查点设置），竞赛实施，成绩记录、核对、公布等。

（5）根据竞赛规程和竞赛规则处理竞赛中发生的问题。

（6）公布竞赛项目成绩、名次及颁奖。

（三）竞赛后期的总结工作

（1）竞赛结束后，将全部成绩整理好，并编印成册，发放给各参赛单位和有关部门。

（2）总结本次竞赛情况，必要时以书面形式向上级有关部门汇报竞赛结果及竞赛情况。

第三节　定向运动竞赛场地选择及路线设计

选择适当的场地是定向运动竞赛的重要环节，它关系到比赛能否顺利进行。

一、定向运动竞赛场地选择

定向运动竞赛场地选择与教学场地选择要求有所不同，竞赛场地的地形要有一定的复杂性 ，而且在不同的水平阶段有不同的要求。在初级阶段，要选择尽可能空旷的地形，最好是广场，运动员能最大限度地置于裁判的监督之下。在中级阶段，可选择有相当大的地形变化的校园、公园或高大、明显特征物不多的低山林地，比例尺为 1∶5 000～1∶15 000，等高距 2～5 米。在高级阶段，除非符合“地形类别丰富多样”的条件，应尽量不要在校园、公园内进行，最适合的地形类别是低缓丘陵中的林区，比例尺最好是 1∶10 000，等高距 2.5～5 米。实际上，适合高级阶段竞赛的地形标准，同样适用于初学者。为什么？从初学者的角度看，因为只有在这种地形上才能体现定向运动“智能与体能并重”的特性。任何人在任何情况下离开了地图与指北针的指引，都会寸步难行。这会使他们明显地感觉到定向运动的与众不同，甚至是“越跑越上瘾”。当然，这也就意味着我们需要对初学者进行有效的基本定向技术的教学，否则，这种地形的难度可能会一次性地埋葬他们对定向运动的兴趣。

二、定向运动竞赛的路线设计

（一）路线设计的一般原则

（1）每一检查点中心应有地物和植被等特征物供寻找。

（2）每一检查点附近最好有可能成为辅助寻找目标的地形。

（3）检查点与两个相邻检查点连线的夹角不小于 90°。

（4）在空旷无任何参照物的情况下设点是不允许出现的。将检查点圆圈设计在平行的等高线上也不适宜，特别是在比例尺较小的情况下，容易对运动员造成误导。检查点的连线如果会掩盖与比赛中定向因素相关的特征物，连接线应该在特征物处中断。

（二）初级阶段的路线设计

初级阶段的路线设计可参照教学路线设计。

（三）高级阶段的路线设计

高级阶段的路线设计，要求检查点地物或植被较小，不明显，远离道路；每个路段可供选择的路线多；路线长度在 2.5～8 千米，运动方向富于变化（见图 7-2）。

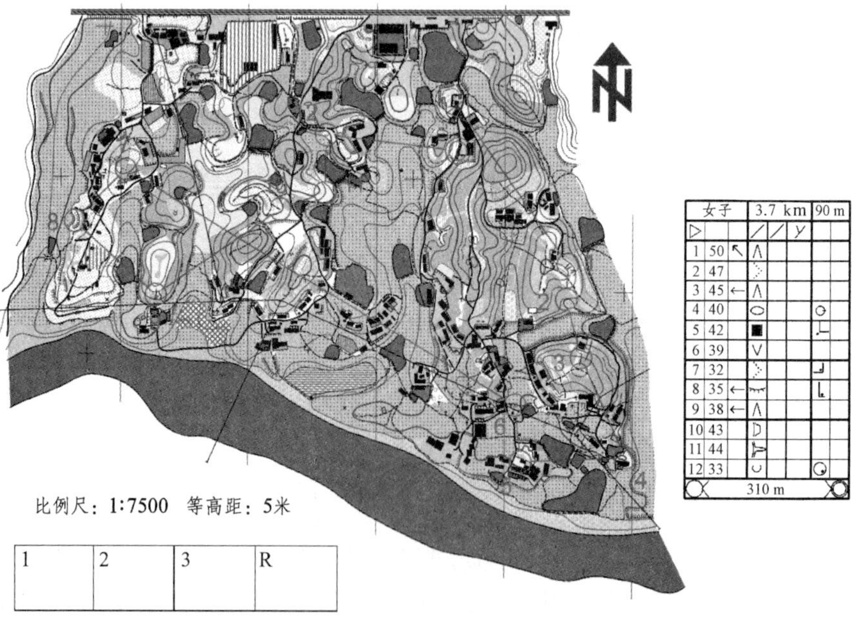

图 7-2

教练员应该明白，对于定向路线的选择，其与运动员的出发点是不同的。运动员强调怎样选择路线，而教练员则强调怎样提高运动员的水平，即为运动员提供更多的路线选择。

教练员必须根据运动员的不同水平来设计不同难度的路线。设计路线时必须进行实地考察，考虑各种可能因人为因素出现的影响运动员竞赛的障碍因素，以及植被情况的变化等。不能选择必须经过共同区域到达的位置放置检查点。如将检查点设在一个有围墙围着，只有一个门进出的小区域内是不合理的。

4. 好的路线设计的基本特征

（1）各路段长度、难度和方向要富于变化，总的路线难度应适合参赛选手的水平；能综合考验参赛者的智力、技巧和体力，同时保证比赛的趣味性。

（2）两个检查点间距离长短的变化。长距离点间一般设计为便于参赛者快速奔跑，路线选择较易、较少，易通行，考验参赛者体力。

（3）两个检查点间难度的变化。短距离点间难度大，路线选择多，常常要进行穿越或绕行，要求参赛者充分利用指北针进行比赛，考验参赛的分析判断能力和快速反应能力及记忆能力。

（4）两个检查点间可供选择的路线多少的变化。

（5）各路段方向的变化。比赛路线虽然通常被设计为环形，总的方向变化是一致的，但各路段间的方向应富有变化，时左时右。如路线设计 2 就优于路线设计 1（见图 7-3、图 7-4）。

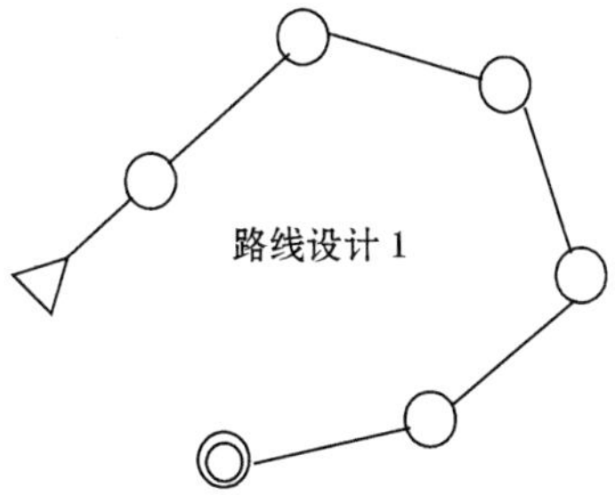

图 7-3

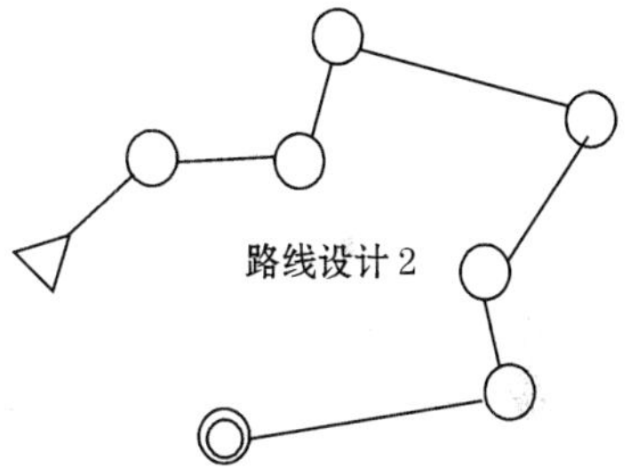

图 7-4

5. 竞赛起、终点的确定

起、终点的确定主要取决于赛事规模的大小，要考虑运动员出发前、比赛结束后应安排在什么区域，后续的运动员不应该能看到前面运动员出发的方向，保证公平性。

目前，为了提高比赛的观赏性，起、终点常常放在同一地，但如果起、终点区域较空旷，则起、终点不能靠得太近，以保证公平，防止作弊。如在起点与终点间有阻隔，参赛者不易见，两点间可较靠近。最后一个点离终点要近一些，一般在 200～300 米，有利于运动员冲刺，也有利于拉引导带，控制终点现场。

三、检查点设置应注意的问题

（一）应避免锐角效应

锐角效应又称尾随效应，是指由于检查点位置设置不当，而使运动员从检查点离开时为正在寻找该检查点的其他运动员起到了提示作用，出现这种情况是由于两个路段间的夹角成锐角（见图 7-5），顾名思义称锐角效应。当然，也并非所有的锐角路线都产生锐角效应，同样，产生尾随效应的路段也并非锐角路线，有时由于受场地条件的限制也会出现尾随效应（见图 7-6）。由起点到 1 点和从 1 点到 2 点必须经过 A—B 这段共用路段，这样就产生了尾随效应。

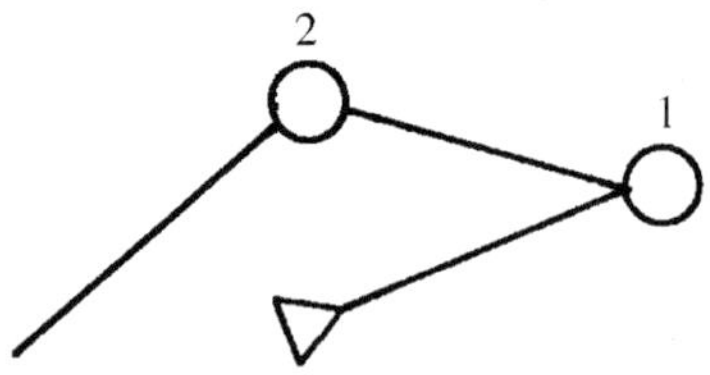

图 7-5

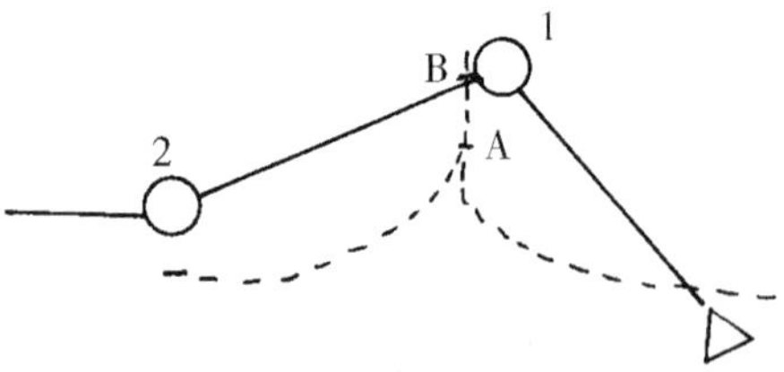

图 7-6

要消除尾随效应主要注意两点：一是要避免出现锐角路线；二是可以通过增加过渡点的方法消除尾随效应。如图 7-7 所示，2 号点即为过渡点，通过这样一个过渡就消除了尾随效应。

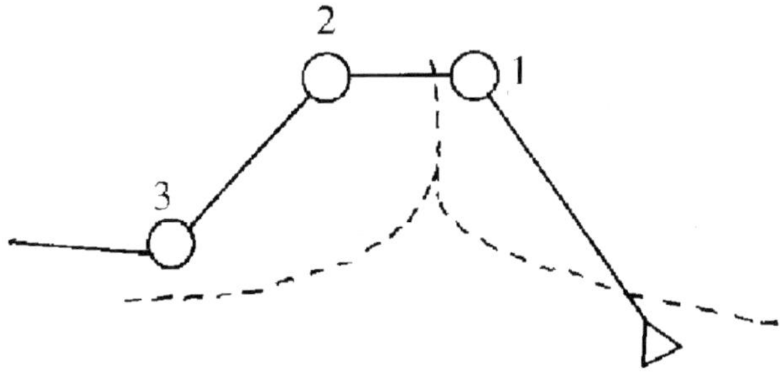

图 7-7

（二）避免禁区或危险区域

当路线设计横穿危险区域，如池塘时（见图 7-8），容易使参加者产生涉水蹚过的念头，这样可能造成危险，我们在路线设计时就应当避免。如图 7-9 所示，将检查点设置于池塘的两端，这样运动员就会做出绕过池塘的决定。

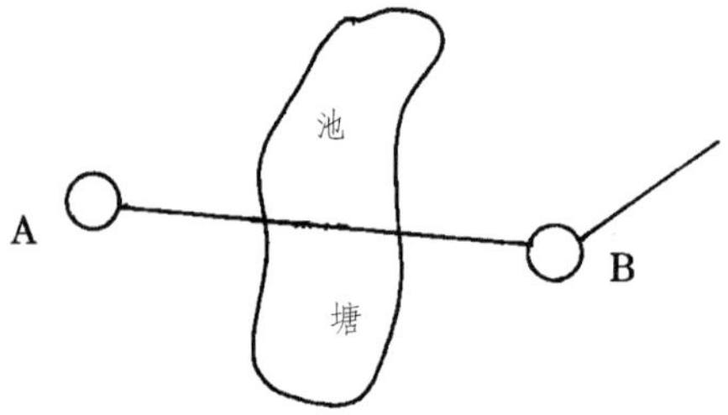

图 7-8

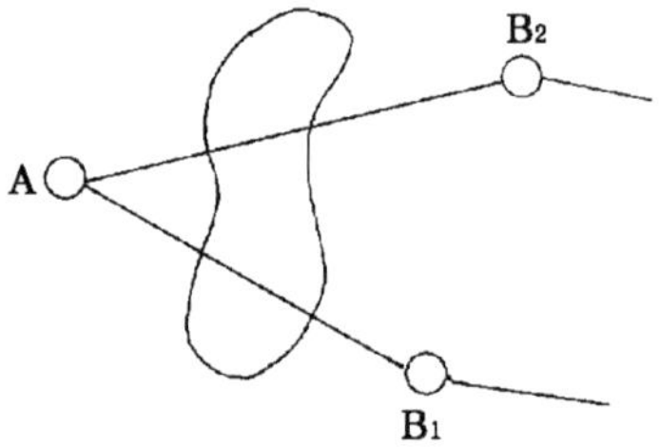

图 7-9

（三）避免过分暴露

图 7-10 所示的检查点设计，运动员在 2 号检查点就能看到 3 号检查点。

图 7-11 所示的检查点设计，当我们到达 3 号点时，4 号点就暴露无遗，这样的检查点就失去了比赛的公平与意义。

图 7-10

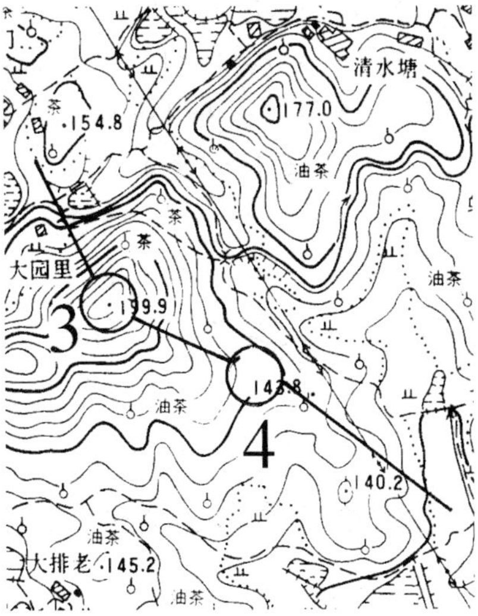

图 7-11

第四节　定向运动竞赛裁判

定向运动竞赛的裁判工作是定向运动竞赛的一个重要组成部分。在竞赛中，裁判工作起着极其重要的作用。裁判工作的好坏，直接影响着竞赛的进程、运动员的比赛情绪以及运动员技术水平的发挥。裁判员不仅是运动成绩和比赛名次的判定者，同时也是竞赛的组织者。根据有关规定，等级定向裁判员的培养和审批工作，由中国定向运动协会负责，但作为一名体育教师应了解和掌握定向运动竞赛裁判工作的基本理论知识和方法。对裁判员的基本要求是：掌握定向运动基本技术、比赛规则和方法，在裁判工作中做到严肃认真、公正准确、谦虚谨慎、团结协作，尽心尽力地完成裁判工作任务。

一、定向运动竞赛前的准备工作

为保证定向运动竞赛的顺利进行，裁判组应在竞赛组领导下，做好下列赛前准备工作。

（一）组织和培训裁判队伍

根据竞赛的规模选聘裁判员；对裁判员进行思想动员与明确分工；学习竞赛规程与定向竞赛规则；研究裁判方法和进行现场裁判实习。

（二）召开各种会议

1. 全体裁判员大会

会议的内容为进行思想动员，布置学习计划，宣布各裁判组人员名单和分工。

2. 裁判小组会议

会议的内容为在主裁判领导下制订本小组的学习和工作计划，讨论比赛和裁判工作中的有关问题。

3. 主裁判会议

会议由总裁判长主持召开，会议的内容为了解各裁判小组准备情况并交流经验，解决存在的问题。

4. 领队、教练员会议

会议由竞赛组召开，总裁判长和有关的裁判长、主裁判参加。会议的内容为介绍竞赛工作的准备情况和补充规定，听取领队和教练员意见，讨论竞赛有关问题。

（三）做好裁判器材和用具准备

各裁判小组要提出裁判工作所需要的器材和用具清单。对于领到的裁判器材和用具要落实专人负责，以保证比赛时裁判使用。

（四）布置好起、终点和器材的检查

各裁判小组于比赛前必须到现场检查起、终点设置和器材准备情况，如有必要，须提出起、终点重新布置和器材更换意见，交场地器材组解决。

二、定向运动竞赛的裁判工作方法

（一）定向运动竞赛起点裁判工作

1. 竞赛前准备工作

竞赛起点裁判长应组织起点裁判员在每次竞赛前30分钟准备好出发场地。出发场地准备包括：

(1) 根据实地起点的地形合理划分候赛区、检录区、观摩区、出发区。

(2) 根据同场竞赛组别安排及出发区格式的要求，在预计的起点位置划好出发区；同时，合理安排起点裁判所用器具以及准备好竞赛用品。

2. 竞赛中起点裁判工作

由起点裁判长统一领导协调全起点裁判组工作，以及与竞赛运动区域裁判长、终点裁判长的联络工作。

(1) 检录工作。检录员赛前应在出发场地的公告栏张贴公告，公布本场竞赛的顺序安排。按照竞赛规定时间，由检录员按竞赛顺序安排检录参赛运动员。首批被检录的参赛运动员按顺序进入出发区，后续被检录的参赛运动员在检录区内等候。被检录的参赛运动员进入检录区后，未经裁判员允许不得离开检录区。

(2) 检查工作。出发区检查员负责引导参赛运动员按竞赛安排顺序就位，督促出发区运动员执行竞赛出发区规则，正确进入各自竞赛组别通道，按规定向前移动等。第一声竞赛指令发出后，首批参赛运动员进入各自通道的就位格。以后，每发出一次竞赛指令，运动员依次前移至准备区、待发区。检查员负责检查进入出发区参赛运动员的服装、号码布，以及佩戴、携带的竞赛物品等是否符合要求。运动员服装应适合于野外运动，号码布应按竞赛规定佩戴牢固，参赛运动员在竞赛中只允许携带竞赛规定可携带的指北针、检查点说明表、检查卡等竞赛用品。

(3) 地图管理工作。地图管理员负责将本场竞赛各组别竞赛地图分发到各组别图箱。竞赛期间，地图管理员负责监督参赛运动员按竞赛规定取图。一般是发出出发指令，计时开始，待发区运动员方可取图。按竞赛规程规定，也可采用参赛运动员进入待发格时即可取图，也就是说，参赛运动员出发计时前有2分钟（我国定向运动竞赛规定的出发间隔时间）读识地图时间。地图管理员要防止参赛运动员多拿和错拿竞赛地图。

(4) 发令工作。发令员根据竞赛规定时间负责调整和管理发音器，按时发出竞赛出发指令。督促参赛运动员按竞赛规定时间出发，判罚竞赛出发违规行为。

（5）记录工作。记录员负责审核参赛运动员出发顺序、运动员号码及出发时间，记录参赛运动员的号码、实际出发顺序及实际出发时间，记录出发区对参赛运动员违规行为的判罚结果，如对参赛运动员的弃权、迟到、违规等判罚的结果。

（二）竞赛运动区域裁判工作

1. 竞赛前准备工作

竞赛运动区域裁判长应组织竞赛运动区域裁判员在每次竞赛前 30 分钟做好竞赛运动区域设置检查点等工作。

由检查点裁判员按竞赛规则负责设置检查点标志及检查点其他竞赛设备等。

由巡视裁判员或负责安全保卫的技术人员按规定设置必经路线指示带和危险区域的隔离带等。

2. 竞赛中竞赛运动区域裁判工作

由竞赛运动区域裁判长统一领导协调竞赛运动区域裁判组工作，以及与起点裁判长、终点裁判长的联络工作。

（1）检查点工作。竞赛中负责维护检查点标志及检查点竞赛用品、设备的完好；竞赛中负责记录抵达该检查点的运动员号码及抵达时间；竞赛中负责该检查点区域内运动员的违规行为的监督检查，发现违规行为应记录违规运动员的号码、违规事项、违规时间、违规地点等，竞赛结束前报告竞赛区域裁判长。

（2）巡视裁判工作。巡视裁判员负责巡查运动途中参赛运动员遵守竞赛规则的情况，发现作弊或违例情况应当场向当事运动员指出，并记录当事运动员的号码、作弊或违例事项、时间和区域等，竞赛结束前报告竞赛区域裁判长。临近竞赛结束时间可收容迷路参赛运动员，被收容的运动员不得再参加本场竞赛。

（三）竞赛终点裁判工作

1. 竞赛前准备工作

竞赛终点裁判长应组织终点裁判员在每次竞赛前 30 分钟准备好终点区域设置等工作。

根据实地终点地形合理划分休息区、观摩区、终点区。

根据终点区格式的要求，在预计的终点位置划好终点区；同时，合理安排终点裁判所用器具以及准备好竞赛用品。

2. 竞赛中终点裁判工作

由竞赛终点裁判长统一领导协调终点区域裁判组工作，以及与起点裁判长、竞赛运动区域裁判长的联络工作。

（1）裁判工作。预告员随时与最后公共检查点裁判员联络，了解即将要抵达终点运动员的动态。当参赛运动员沿终点引导通道（参赛运动员必须沿通道抵达终点）行进时，应认清运动员身着号码，并以清楚的语言按先后顺序大声报告运动员身着号码。序道员按照通过终点运动员的顺序，以清楚的语言大声报告运动员抵达终点的顺序与号码。计时员以抵达终点运动员的胸部越过终点线为准，准确清楚地报告每个抵达终点运动员的时间。

（2）记录工作。记录员认真准确地记录抵达终点的运动员的顺序、号码、时间等，并负责将记录结果填入各自运动员的检查卡。

（3）回收工作。收卡员负责回收抵达终点运动员的检查卡、地图等工作，并将检查卡及时交记录员登记竞赛成绩。

3. 验证工作

验证员负责验证运动员完成检查点任务的完整性和准确性，即是否按规定顺序完成全部应完成的检查点打记工作，各检查点打记是否清楚、准确等。

计时员验证运动员的出发时间与抵达终点时间，必要时应将时钟时间换算成运动员实际耗时，时间计为小时、分、秒或分、秒，秒后小数以四舍五入计。

4. 统计工作

统计员以专门的统计表格（一式三份）登录运动员的姓名、单位、项目、成绩、名次等，每个竞赛项目统计完成后交终点裁判长审查签名。若竞赛中出现裁判疑义，终点裁判长还须将成绩统计表交总裁判长复议裁决。然后将一份统计成绩表格在公告栏张榜公布；一份统计成绩表格作为统计大会所有竞赛项目的总成绩的统计资料备用；一份统计成绩的表格，以及运动员参赛的原始检查卡、裁判员的裁判原始记录等，作为大会竞赛资料存档备用。

【附录一】

国际定向联合会徒步定向运动竞赛规则（2000年版，有删节）

供运动员参考使用

COMPETTION RULES FOR INTERNATIONAL ORIENTEERING

FEDERATION FOOT ORIENTEERING EVENTS

国际定向联合会徒步定向运动竞赛规则

(Rules for the World Orienteering Championships)

适用于世界定向锦标赛（WOC）

(Rules for the World Cup in Orienteering)

适用于定向世界杯赛（WC）

(Rules for Junior World Orienteering Championships)

适用于世界青少年定向锦标赛（WMOC）

(Rules for IOF World Ranking Events)

适用于国际定联排位赛（WRE）

This version of the competition rules is valid from 1 June 2000

本规则自2000年6月1日起生效，原规则同时失效。

2000 International Orienteering Federation

国际定向联合会2000年发布

1. 定义

1.1　定向运动是运动员借助于地图和指北针，按规定的顺序独立完成寻找若干个标定在地图上的地面检查点，并在尽可能短的时间内跑完全程的运动。定向运动参加者可以是个人也可以是由两人以上组成的队。

1.2　定向运动比赛一般可分为以下几种类型：

按运动方式分：

徒步、滑雪、自行车、其他。

按比赛时间分：

日间定向、夜间定向（在黑暗中）。

按比赛项目分：

个人赛（由单个运动员独立完成比赛）；

接力赛（由2名或2名以上运动员组成接力队，每名运动员按顺序完成各自的赛程）；

团体赛（由2名或2名以上运动员个人成绩的总和为团体成绩）。

按决定比赛成绩的方式分：

单程赛（运动员的最终成绩由一次比赛决定。运动员可以分布在不同的组别进行比赛，如A组、B组等等，最终名次由每组优异成绩按顺序排列）；

多程赛（运动员的成绩由2次或2次以上的比赛成绩组成，比赛场次可以分布在一日也可以是多日，多次比赛成绩总和构成最终成绩）；

资格赛（运动员要通过一场或一场以上资格赛才能获得决赛的资格，运动员会有A组决赛、B组决赛等等，最终名次由每组决赛按顺序排列）。

按寻找检查点顺序分：

规定顺序（按规定的顺序）；

任意顺序（不按规定的顺序，运动员可以自己选择寻找检查点的顺序）。

按比赛距离的长短分：

标准距离；短距离；其他距离。

1.3“联盟”一词是国际定向联合会的所有成员国。

1.4“赛事”一词包含定向运动比赛以及组织事宜的所有方面，比如：出发抽签、代表队官员会议、各种仪式、竞赛等等。以世界定向锦标赛为例，赛事不仅包括竞赛，还包括其他方面。

1.5 世界定向锦标赛（WOC）是由官方组织的授予世界冠军称号的定向赛事，该项比赛的权威主办方为国际定向联合会和指定的成员国。

1.6 定向世界杯赛是由国际定联官方组织的系列赛事，评选在一个赛季中世界上最优秀的定向运动员。每站赛事只有一场比赛。系列赛事的权威主办方为国际定向联合会和主办方联盟。

1.7 世界青少年定向锦标赛（JWOC）是由官方组织的授予世界青少年冠军称号的定向赛事。该项赛事的权威主办方为国际定向联合会和主办方联盟。

1.8 世界定向精英赛（WMOC）是一项已被国际定向联合会纳入官方赛事日程的国际赛事。该项赛事的权威主办方为国际定向联合会和各成员联盟。

2. 总则

2.1 本规则及附录适用于世界定向锦标赛（以下简称WOC）、定向世界杯赛（以下简称WC）、世界青年定向锦标赛（以下简称JWOC）、世界定向精英赛（以下简称WMOC）、世界定向排位赛（以下简称WRE）。本规则中某些条款只适用于某项比赛，将在该条款的开始部分注明其适用何种赛事，没有注明适用何种赛事的条款则适用于所有赛事。该类具体规则如与总则有任何冲突，均以该具体规则为准。

2.2 本规则是各国制定相应规则的依据。

2.3　如果没有特别规定，本规则对日间个人徒步定向竞赛同样有效。

2.4　其他与本规则无冲突的附加规则由主办方决定，但必须经过国际定联的认可。

2.5　本规则和附加规则将对所有运动员、代表队官员，以及其他与主办方或者运动员有联系的相关人员具有同样的约束力。

2.6　公平竞赛是运动员、主办方、裁判员理解执行本规则的首要原则。

2.7　本规则翻译成其他语言所引起的任何争议均以其英语原文为准。

2.8　本规则适用于定向接力赛，除非有特别的规定。

2.9　国际定向联合会是制定规则及相关规定的唯一组织。比如：反兴奋剂规则、定向运动地图规范、赛事计划和国际联管理机构。

2.10　国际定向联合允许规则中某些条款的偏差，如果要对规则做出修改，应至少在比赛前6个月向国际定联秘书处提出请求。

2.11　(适用WC) 应该遵守国际定联世界杯赛基本规则，特殊要求须经国际定联的允许。

2.12　(适用WOC) 世界锦标赛的主办方应遵守以下准则：

邀请各成员国最优秀的青年运动员参加等级较高的比赛；

比赛要有良好的比赛氛围，同时要提供一个文化交流的场所和机构；

参赛费用应保持较低水平。

3. 竞赛规程

3.1　竞赛日程由主办方提供，公布前须经国际定联批准。

3.2　(适用WOC) 世界定向锦标赛逢奇数年举行，竞赛规程包括：短距离资格决赛、短距离决赛、标准距离资格赛、标准距离决赛、接力赛以及开幕式、闭幕式、休息时间、模拟赛。整个赛事时间控制在7天之内。

3.3　(适用WOC) 短距离比赛应该有两场男女资格赛。

3.4　(适用WC) 短距离比赛应该有两场男女资格赛。

3.5　(适用WC) 世界杯赛逢偶数年举行，世界杯单人赛成绩由该年度系列赛组成，世界杯接力赛成绩由该年度系列接力赛组成。

3.6　(适用WC) 世界杯赛的场次和比赛形式，以及相关的规则由国际定联决定。

3.7　(适用WC) 世界杯赛可单独举办，也可和其他赛事联合举办，如果另一项赛事与世界杯同一天举行，它必须在世界杯之前或之后举行。

3.8 (适用JWOC) 世界青少年定向锦标赛每年举行一次。竞赛规程应包括：短距离资格赛、短距离决赛、标准距离资格赛、标准距离决赛、接力赛，以及开幕式、闭幕式、休息时间、模拟赛。整个赛事时间控制在6天之内。

3.9　(适用JWOC) 短距离比赛应该有3场男女资格赛。

3.10　(适用WMOC) 世界定向精英赛每年举行一次。竞赛规程应包括：2场资格赛和1场决赛、赛间休息、模拟比赛，整个赛事时间控制在5天之内。

3.11　(适用WRE) 世界排位赛的赛事由国际定向联合会各成员国选择参加，每年国际定联规定一定的数量并遵循一定的标准举办比赛。

4. 赛事举办

4.1　国际定联的每个成员国均可申请主办国际定向赛事。

4.2 申办国应向国际定联秘书处递交申请书，申请书须使用官方规定格式，内容应包括一切举办比赛所需要的资料和担保。

4.3 国际定向联合会将对其名下的所有赛事收取一定的费用，费用的数目，最迟应在申请这一赛事最后期限的前一个月公布。

4.4 如果赛事主办方没有遵守或执行国际定联的规则、标准、决定以及在申请时公布的承诺，国际定向联合会有权取消主办方的主办权。任何损失由主办方独立承担。

4.5 （适用 WOC）赛事申请的截止日期为该项赛事举办前 5 年的 1 月 31 日，并在同一年中举行的国际定联代表大会中选出承办对象，承办权将在此后的 12 个月内以签署承办协议的形式生效，否则委员会将再择对象。

4.6 （适用 WC、JWOC，WMOC）赛事申请的截止日期为该项赛事举办前 4 年的 1 月 31 日，在同年 10 月 31 日的国际定向联合会会议上将临时决定承办对象，这一决定将在 6 个月内以签署承办协议的形式生效，否则委员会将再择对象。

4.7 （适用 WC）国际定向联合会的每个成员国可提交多个申请，并以其优先权进行排序。

4.8 （适用 WR）申请于当年 3 月 31 前递交，委员会将对承办方的地理位置及设施条件进行考察，将在同年 10 月 31 日前决定承办方的承办权。

4.9 竞赛分组，女子可以参加男子组比赛。

5. 竞赛分组

5.1 20 岁或 20 岁以下的运动员分组将按其公历年龄划分在相应组别。

5.2 21 岁或 21 岁以上的运动员将按各自的年龄分在规定的组别中参加比赛。

5.3 （适用 WRE）在其他赛事中分组的简称如 W21、M21，可由 D 和 H 代替 W 和 M，简称 D21、H21。

5.4 （适用 WRE）按运动员的排名或在 W21、M21 组别的运动员称为精英运动员。

5.5 （适用 WRE）当一个项目有太多的运动员参加时，主办方将根据运动员原来的成绩平均分为几组。

5.6 （适用 WOC，WC）以性别来进行分组，无年龄限制。

5.7 （适用 JWOC）分为男女两组，每名运动员年龄须达到 W20 和 M20 组别。

5.8 （适用 WMOC）赛事提供以下组别：W35，M35，W40，M40，W45，M45，W50，M50，W55，M55，W60，M60，W65，M65，W70，M70，W75，M75，W80，M80 W85，M85。字母 W 和 M 可以由 D 和 H 代替，更高的年龄分组（如 W90、M90），将由赛事主办方斟酌决定。

6. 参赛资格

6.1 （适用 WOC，WC，JWOC）在任何年龄段的运动员只能代表一支队伍。

6.2 （适用 WOC，WC，JWOC）代表协会参赛的运动员必须具备该协会国家国籍。

6.3 （适用 WOC，WC，JWOC）每支参赛队伍须指定官员负责联络工作，该官员有责任使本队获得参赛的所有资料。

6.4 运动员须承担自己的风险，事故保险将由参赛各国协会根据本国规定自行负责。

6.5 （适用 WOC）所有运动员都代表自己的国家。参赛队最多由 14 名运动员（7 男 7 女）以及部分官员组成，主办方应该根据自己的设施和接待能力尽可能多地安排每队的官员人数。各国代表队官员人数标准应是统一的，一般不少于5人。

6.6 （适用WOC）在短距离资格赛中，每个参赛国可以选派4男4女运动员参加，另外，成员国可以参加当前的世界短距离锦标赛，决赛名单由资格赛中的前15名运动员组成。

6.7 （适用WOC）在标准距离资格赛中，每个参赛国可以选派4男4女运动员参加，另外，成员国可以参加当前的世界标准距离锦标赛，决赛名单由资格赛中的前30名运动员组成。

6.8 （适用WOC）在接力比赛中，每个代表队派出男女各一队，每队由4人组成，人数少于或多于此标准的队伍将不得参赛。

6.9 （适用WC）所有运动员都代表自己的国家。每个代表队可以选派6男6女参加单人赛，每个代表队可以派男女各两个队参加接力赛，每队由3人组成。

6.10 （适用WC）世界杯系列赛中每名运动员只能代表一支队伍。

6.11 （适用WC）在标准距离比赛中，国际定向联合会至少在赛前6个月决定竞赛资格组。

6.12 （适用JWOC）所有运动员都代表自己的国家。每个代表队最多可由6男6女共12名队员以及4名代表队官员组成。

6.13 （适用JWOC）所有运动员可参加单人赛，每个代表队可派男女各两支队伍参加接力赛，每支队伍由3名队员组成。

6.14 （适用JWOC）标准距离比赛为单程赛。

6.15 （适用WC，JWOC）短距离比赛中，在资格赛中排名前20位的运动员可参加A组决赛，排名21～40位的运动员参加B组决赛，剩余的运动员参加C组决赛。如果参加C组决赛的运动员人数少于20人，则参加B组决赛。资格赛中没有名次的运动员可以参加最低级别的决赛组，但是最终成绩没有名次。

6.16 （适用WC，JWOC）如果一代表队没有达到参加接力赛的人数，那么可以组成不完全接力队或者参与到其他接力队中，一支参赛队的队员不能超过6男6女的标准。而无论何种情况，未报名的运动员不得参赛。

6.17 （适用WMOC）运动员必须参加资格赛之后才能参加决赛。在两次资格赛成绩基础上，两次资格赛中成绩最好运动员参加A组决赛，成绩较好的运动员参加B组决赛，依此类推。每次资格赛中进入A组决赛的运动员数目保持相等，在没有成绩相等的情况下使参加决赛的运动员人数尽可能接近80，同样情况适用于B组或其他组；除非出现超过两组决赛，其中较低成绩组人数少于20人的情况，将这部分运动员纳入到较高成绩组决赛。如果两名或以上的运动员进入决赛的成绩相等，则全部进入决赛。资格赛中没有名次的运动员可以参加最低级别的决赛组，但是最终成绩也没有名次。

7. 竞赛费用

7.1 竞赛费用由主办方承担。为支持竞赛费用，主办方可以收取入场费用。这些费用将在国际定联的允许下保持尽可能低的水平。

7.2 每个代表队或单个运动员都要按邀请函上的要求支付一定的参赛费。支付参赛费的时间限制为不迟于赛前6周以内。

7.3 未按规定时间报名参赛的队和个人要支付一定的附加费用，附加费用的数目须得到国际定联的批准。

7.4　每个代表队或单个运动员应负责参加赛事的差旅费、住宿费、饮食费、往返住宿地以及赛事中心和比赛地点的交通费等。如果用于往返比赛地点的交通工具是组织方提供的，参赛费将包含这些费用。

7.5　国际定联指派的官员和工作人员的差旅费、往返赛场的费用由国际定联支付。在竞赛当地的费用由主办方支付或通过协会的同意由各成员国支付。

7.6　各成员国指派的国际定联官员和工作人员的所有费用由主办方支付或通过协会的同意由各成员国支付。

7.7　（适用 WC，WOC）主办方应提供不同标准的住宿和饮食，以方便参赛者选择。

8. 赛事信息

8.1　所有信息和仪式的语言至少有一种是英语，官方正式信息应以书面的形式出现。只有出现紧急事件或回复运动队官员在会议上提出的问题时才以口头的形式进行。

8.2　（适用 WC，WOC，JWOC）赛事主办方和国际定向联合会的信息应以公告的形式公布。每个成员国至少收到两份公告：公告 1 和公告 2。每个参赛成员国至少收到三份公告。如果有更多的重要信息，应给予每个成员国。应给予国际定联秘书处 20 份公告。

8.3　（适用 WC，WOC，JWOC）公告 1（筹备信息）应包括以下内容：

主办方和管理者的姓名；

获取信息的地址、电话号码、传真号码；

比赛地点；

竞赛日期和竞赛项目；

参赛要求和分组；

训练；

禁区；

比赛特殊要求；

最近时期的定向地图有关禁区的彩页说明。

8.4　（适用 WC，WOC，JWOC）公告 2（邀请函）应包括以下内容：

公告 1 的所有信息；

正式参赛要求和住宿；

最后报名日期和地址；

参赛运动员和官员的费用；

支付参赛费用的最后时间和地点；

不同食宿规格的费用；

官员预定住宿的最后期限；

提供交通方式的说明；

获取参赛资格说明；

比赛培训说明；

对地形、气候和相关危险情况的说明；

对地图比例和等高线距离的说明；

竞赛规程；

如有需要可注明比赛服装要求，每场比赛时限和大概距离；

媒体发布的地点、电话和传真；
最近时期的地形图例；
每支参赛队伍的人数限制；
最近时期的定向地图有关禁区的彩页说明；
媒体代理和其他成员国媒体代理注册的说明。
8.5 （适用 WC，WOC，JWOC）公告（赛事信息）内容包括：
递交参赛人员人数的最后期限；
递交参赛人员名单的最后期限；
竞赛安排细目，包括比赛时间表和出发分组的分配；
地图说明；
参赛说明；
规则允许的误差；
竞赛主办方的地址、电话、传真；
食宿说明；
交通安排时间表；
每项单人赛和接力赛的距离、地形起伏、检查点数目及饮水点数目的说明；
代表队官员会议。
8.6 公告4（附加赛事信息）是在运动员到达时给予的有关决赛细节、附加比赛信息等资料。
8.7 （适用 WC，WOC，JWOC）公告1应在赛前24个月内送达，公告2应在赛前70个月内送达，公告3应在赛前两个月送达。
8.8 （适用 WRE，WMOC）主办方的信息须以两份公告的形式出现。公告1和公告2应可以从国际定联官方网站获得。公告3应提供给所有的参赛者。
8.9 （适用 WMOC）公告1、2应在赛前18个月送达，公告3应在赛前1个月送达。
8.10 （适用 WRE）公告1、2在赛前4个月送达，公告3应在赛前一周送达。
8.11 （适用 WMOC，WRE）公告1（筹备信息和邀请函）内容包括：
主办方和赛事管理者的姓名；
获取信息的地址、电话号码、传真号码；
比赛地点；
竞赛日期和竞赛项目；
参赛要求和分组训练；
禁区；
比赛特殊要求；
正式报名表格；
报名最后期限和地址；
报名费用、支付报名费的最后期限和地址；
不同食宿规格的费用；
提供交通方式的说明；
获取参赛资格说明；

对地形、气候和相关危险情况的说明；

对地图比例和等高线距离的说明；

竞赛规程；

如有需要可注明比赛服装要求；

比赛时限；

竞赛培训说明；

近期地形图例；

显示最近时期地形类型的示范定向地图；

如何获取早期地图和禁止区域的相关信息。

8.12　（适用 WMOC，WRE）公告 3（赛事信息）内容包括：

比赛项目细节，包括出发次序；

地图说明；

报名信息；

规则允许的误差；

竞赛主办方的地址、电话、传真；

食宿说明；

交通安排时间表；

每项单人赛和接力赛的距离、地形起伏、检查点数目及饮水点数目的说明。

9. 报名参赛

9.1　参赛要求应对照公告 2。报名参赛运动员和代表队官员的资料应包括：姓名、性别、出生日期、所属代表队。严格按照报名期限执行。

9.2　每个运动员在每次比赛中只能报一次名。

9.3　如果参赛队未交纳报名费，且未就此达成任何协议，主办方有权拒绝其报名参赛。

9.4　（适用 WC，WOC，JWOC）参赛方住宿费用应按公告 2 的要求按时支付给主办方。

9.5　（适用 WC，WOC，JWOC）赛前 1 小时不得更换运动员，此条规则同样适用于接力赛中运动员的传接顺序。

9.6　（适用 WC，WOC，JWOC）运动员的选拔由所属成员国决定。

9.7　（适用 WC，WOC，JWOC）赛前 3 个月将参赛运动员的性别、人数，接力赛成员名单以及官员的人数、姓名、地址、电话、传真等送交主办方。

9.8　（适用 WC，WOC，JWOC）赛前 10 天将运动员的姓名、性别以及官员姓名送交主办方，更改名单不迟于赛前一日中午 12 点。

9.9　（适用 WC，WOC）如有需要，参赛运动员的姓名、出发次序、接力队员传接顺序应在比赛前一天中午 12 点送交主办方。

9.10　（适用 WC，WOC，JWOC）在个人比赛中，比赛前一天中午 12 点到赛前 1 个小时内，参赛队员可以因为合理的原因（事故或疾病）被替换，但在开赛时或资格赛中不允许替换。在资格赛的决赛和第一场比赛后的赛事中不允许替换。

9.11　（适用 WC，WOC，JWOC）接力队员名单和传接顺序的变动在赛前 1 小时递交主办方。

9.12 （适用 WOC，JWOC）只有入选队伍可在赛前一天的中午 12 点后提出替换要求。

9.13 （适用 WC，JWOC）在标准距离单人赛中，每个代表队运动员须分别安排在不同比赛组，且每个比赛组最多安排两个名额。代表队在安排了一名队员进入各组之后，才能安排第 2 名队员进入其他组，如果代表队未做出分组安排，主办方将代为安排。

10. 行程和交通

10.1 每个代表队负责组织各自的比赛行程。

10.2 （适用 WC，WOCJWO）按参赛要求，主办方须安排专人把参赛队伍从附近的国际机场或火车站接送到比赛中心或住宿地。

10.3 （适用 WC，WOC，JWOC）住宿地、比赛中心、比赛场地之间的交通可以由主办方或各代表队自行安排。比赛期间，主办方应安排好必要的交通。

10.4 前往比赛地点的正式交通路线的使用由主办方宣布授权。

11. 训练和模拟赛

11.1 如有要求，赛前应提供训练的机会。

11.2 在第一场比赛的前一天，主办方要组织一场模拟赛，采用与正式比赛类似的地形、地图质量、检查点说明、检查点设置以及饮水站和路线标志。

11.3 为参赛运动员、代表队、官员、国际定联官员和媒体记者提供机会进入模拟赛场。

11.4 如果国际定联负责人认为有必要，将会组织进一步的模拟赛。

11.5 如果国际定联负责人认为有必要，模拟比赛可放在比赛当日举行。

11.6 （适用 WOC）训练场地应该按同等机会提供给所有的代表队，主办方应在国际定联同意的日期提供两个以上的训练场地，而且训练场地的地形和地图应尽可能接近锦标赛比赛场地的地形和地图。

12. 出发顺序和场次安排

12.1 在间隔出发的比赛中，运动员应在相等的时间间隔单独出发。在集体出发比赛中，所有运动员同时出发。在接力赛中，出发方式仅适用于第一棒队员。在追逐赛中，运动员同时出发间隔时间由前面比赛的成绩决定。

12.2 运动员出发顺序要得到国际定联的允许。出发抽签可以是公开的也可以是保密的。抽签方式可以是手工也可以是电脑操作。

12.3 出发名单应在比赛前 1 天以及通过规则规定的代表队官员会议之前公布。如果资格赛和决赛在同一天举行，决赛的出发名单应至少在决赛第一个运动员出发前 1 小时公布。

12.4 所有运动员名单和代表队都应该正确地列出，即使一名运动员没有到达比赛。没有姓名的运动员不能参加抽签。

12.5 对于间隔出发的比赛，一般出发间隔时间为两分钟。

12.6 （适用 WC，WOC，JWOC）对于间隔出发的资格赛和决赛，随机进行出发顺序的抽签。如果有规定，按规定顺序出发。

12.7 （适用 WC，WOC，JWOC）在间隔出发比赛中，同一个队的运动员不能连续出发。如果抽签使两个同队运动员连续出发，那么下一个出发的其他队运动员应被插在他们（同队队员）中间，如果同队运动员抽签排在最后的位置，则前面出发的其他队运动员应被插在他们中间。

12.8 （适用 WC，WOC，JWOC）在资格赛抽签中，应遵循以下要求：

在每次出发时，尽可能将相等的运动员分布在不同场次的资格赛中，尽可能排除最后的出发时间；

同一个代表队的运动员不能安排在同时出发；

尽可能使每组资格赛的运动员实力相当；

如果没有两次以上的资格赛，同一个代表队的运动员不能连续出发；

如是有两次以上的资格赛，同一个代表队的运动员在同一场次资格赛中不能连续出发；

抽签应尽可能使同一个代表队的运动员按相同数量分布在不同场次的资格赛中。

12.9 在资格赛中，决赛的出发顺序应与资格赛成绩排名次序相反；资格赛成绩最好的运动员在决赛中最后出发。如果运动员成绩相等应抽签决定出发顺序。比如两名运动员在第一场资格赛中都排在第六的位置，将用掷硬币的方式决定这场资格赛第六位和第七位。不同场次资格赛中排名相同的运动员应按资格赛的场次顺序决定在决赛中的出发排名，比如，有第一场次，第二场次，第三场次……那么，数字最大的场次资格赛中成绩最好的运动员在决赛中最后出发。

12.10 （适用 WC，WOC，JWOC）如果同一个代表队的运动员在资格赛中获得的成绩使他（她）们在决赛中连续出发，按以下程序实施：首先在出发名单的末尾（比如最后一个出发的运动员）进行安排。排在连续出发的两名同队运动员之前出发的其他队运动员应插在这两名同队运动员之间出发。如果两名以上的同队运动员出现连续出发现象，别按以下相反的顺序进行实施，如：按资格赛的成绩，决定出发顺序。

排列如 A1，A2，A3，B，C，D，E1，E2；

E3—A1，A2，A3，B，C，E1，E2，D；

E3—A1，A2，A3，B，E1，C，E2，D，E3（相反顺序）A1，B，A2，A3，E1，C E2，D；

E3—A1，B，A2，E1，A3，C，E2，D，E3。

12.11 在大批量抽签之前，不同路线运动员的抽签应放在前面，路线相同的运动员抽签应保密，直到最后一个运动员出发以后。

12.12 （适用 WC，WOC，JWOC）在资格赛中，每名运动员的场次抽签应在国际定联官员的监督下进行，每名运动员的场次分配应保密到运动员的出发之后公布。

12.13 （适用 WOC，JWOC）在接力赛中，参赛队的出发号码应根据最近接力赛的比赛来决定。那些没有比赛成绩的接力队的比赛排名用字母顺序进行出发次序排列。路线不同的出发号码分布应在国际定联官员的监督下进行。分布情况应保密到最后一名运动员出发。

12.14 （适用 WC，JWOC）整接力队以及接力队中有其他代表队成员应与正式接力赛开始时间保持一致出发。

12.15 （适用 WC，WOC）在标准距离比赛中的出发时间间隔为 3 分钟，短距离比赛为两分钟。

12.16 （适用 WOC）在标准距离比赛中的出发时间间隔为两分钟，但如果有 180 名以上的运动员参赛，出发间隔时间则为 1.5 分钟。

12.17 （适用 WMOC）在资格赛中，以随机抽签的方式使每个级别的运动员都能分在相等数量的场次中。一个级别的每个场次应尽可能保持人数相等，每个场次运动员人数不能超过 80 人。同队运动员以及在世界精英赛中获得名次的运动员应平均分在不同的场次中。

12.18 （适用 WMOC）资格赛和决赛的出发间隔时间均为两分钟，但如果一个级别不足 50 名运动员，出发间隔时间则为 3～5 分钟。

13. 代表队官员会议

13.1 （适用 WC，WOC，JWOC）主办方应在比赛前一天举行代表队官员会议，会议最迟在赛前 19 小时举行，国际定联官员应主持或监督本次会议。

13.2 （适用 WC，WOC，JWOC）比赛相关材料（出发号码布、检查点、出发名单、检查点说明、交通时间表、最迟的信息等）应在会前发出。

13.3 （适用 WC，WOC，JWOC）代表队官员应为其他代表队官员提供发言的机会。

13.4 （适用 WRE，WMOC）不安排代表队官员会议。

14. 地形

14.1 地形应该适合定向比赛路线的设计。

14.2 在此之前，比赛地形没有在较长时间内作为定向比赛使用，以保证比赛的公平性。

14.3 当决定比赛地形后，该地形马上就成为禁区，直到比赛开始。

14.4 如果有特别需要，进入比赛禁区须得到竞赛主办方的允许。

14.5 在此区域进行的环境保护、林业、狩猎等应得到允许。

15. 地图

15.1 地图、路线标志和附注应根据国际定向运动联合会定向制图规范来制作和印刷。部分修改和偏差应得到国际定联的许可。

15.2 标准距离比赛地图比例尺度为 1∶15 000，短距离和接力赛比赛地图比例尺应为 1∶75 000 或 1∶10 000。

15.3 地图印刷后出现的地形的改变或者印刷错误，而且比赛中必须使用的则须重新更新并加印在地图上。

15.4 地图应具有防潮和防损坏的功能。

15.5 如果存在早期的比赛区域地图，最新版本的彩色地图应在比赛前一天展示给所有运动员。

15.6 比赛前一天，拥有关于比赛区域有用的地图的运动员和官员应禁止使用该图，除非得到主办方的同意。

15.7 比赛地图不能过分大于运动员路线跑动的实际需要。

16. 路线设计

16.1 国际定联《路线设计原则》(见附录 2)。

16.2 路线的标准应能用于国际定向比赛，路线设计应综合考虑到能考验运动员的识图能力、注意力集中、越野能力等。所有的路线应涉及不同定向技能。短距离比赛路线设计应考验运动员在整条路线保持高度注意力集中，详细阅读地图和不随意做出决定等能力。标准距离比赛路线设计应注重路线的选择。

16.3 从起点经过各个检查点最后到达终点的路线应保持直线相连，只有遇到不可穿越的障碍物（比如高墙、湖泊、悬崖等）、禁区以及特别注明的路线可以使直线略有偏差。

16.4（略）。

16.5　(暂不使用)。

16.6　在资格赛中，各场次的路线长度保持一致。

16.7　在接力赛中，各接力队的检查点顺序应不同，但所有的接力队应跑同样完整的路线。如果地形和路线设计允许，赛程的长度可以不同。然而，赛程的总时间应是规定的。所有的接力队应按相同的顺序出发完成不同长度的赛程。

16.8　在个人赛中，运动员检查点应不同，但跑的总路线应是一样的。

16.9　(适用 WOC) 一般情况下，在男女短距离和标准距离决赛中可以使用不同的检查点路线。

16.10　(适用 WOC) 路线的设计应根据以下完成全赛程的时间（分钟）:

标准距离资格赛：45（女），60（男）；

标准距离决赛：70（女），90（男）；

短距离资格赛：25（女），25（男）；

短距离决赛：25（女），25（男）；

接力赛中每棒所用时间：25～50（女），30～60（男）；

接力赛，完成所有赛程的时间：150（女），180（男）。

16.11　(适用 WRE，WC) 路线设计应依据以下完成全赛程的时间（分钟）:

标准距离资格赛：45～50（女），60～70（男）；

标准距离决赛：60～70（女），70～80（男）；

短距离资格赛：25（女），25（男）；

短距离决赛：25（女），25（男）；

接力赛中每棒所用时间：25～50（女），30～60（男）；

接力赛，完成所有赛程的时间：120（女），150（男）。

16.12　(适用 JWOC) 路线的设计应依据以下完成全赛程的时间（分钟）标准距离：55（女），70（男）；

短距离：20～25（女），20～25（男）；

接力赛中每棒所用时间：25～45（女）30～55（男）；

接力赛，完成所有赛程的时间：105（女），135（男）。

16.13　(适用 WMOC) 路线的设计应依据以下完成全赛程的时间（分钟）:

女	资格赛	决赛	男	资格赛	决赛
W35	45	55	M35	60	70
W40	40	50	M40	55	65
W45	35	45	M45	50	60
W50	35	45	M50	45	55
W55	35	45	M55	40	50
W60	35	45	M60	40	50
W65	35	45	M65	40	50
W70	35	45	M70	40	50
W75	35	45	M75	40	50

17. 禁区和路线

17.1 与比赛有关的人员应该严格地监督任何有关保护环境及其他规则的执行。

17.2 任何危险的区域、禁止路线、不能穿越的建筑物都应在地图上标志，如果有必要，还要在实际地形中标定。运动员禁止进入、跟随或者穿越这些地区和路线。

17.3 必经路线、标志点和比赛通道都应在地图和实际地形中标出来，运动员可以依靠这些标志物来选择自己的路线。

18. 检查点说明

18.1 检查点在实际地形中的准确位置应该用检查点说明来描述。

18.2 检查点说明的符号应该根据《国际定联检查点说明》来确定。

18.3 检查点说明应该按各参赛者路线的正确顺序安排或打印在比赛地图前面部分。

18.4 在间隔出发的比赛中，无论在赛中还是在赛前，每条路线单独的检查点说明都是必需的。

18.4 （适用 WC，WOC，JWOC）以下资料应由官员在赛前分发：

在个人比赛中，每条路线的完整的检查点说明，除不能透露的应该保密的相关路线资料，比如：比赛分组，分组位置；

包括接力赛在内的其他比赛中，检查点说明清单，但不包括每条路线的检查点顺序。

18.5 （适用 WC，WOC，JWOC）在资格赛中，如果资格赛与决赛安排在同一天举行，决赛时所需的检查点说明不必在代表队官员会议前发布，但至少在赛前 1 小时发布。

19. 检查点设置和器材

19.1 检查点应准确地放置在比赛地图标明的位置，而且能使运动员证明他们是否能通过。

19.2 每个检查点应配备点标旗，点标旗是一个正方形，大小为 30 厘米×30 厘米，并沿对角线分为橙色（PM5165）和白色两块。

19.3 点标应悬挂在地图上标明的标志物上，准确位置应与检查点说明一致。当运动员看到该标志物时，应该也能看到点标旗。

19.4 主办方应科学地设置检查点以防止正在打卡的运动员帮助附近寻找检查点的运动员指示方向。

19.5 每个检查点应有一个代号，并固定在检查点上可见位置，以利于运动员在打卡时能看清代码，代码不能采用小于 31 和容易混淆（如 66，68，86，89，98，99 等）的阿拉伯数字。代码的数字应保持白底黑字，字高 5～10 厘米，笔画粗 5～10 毫米。

19.6 为了更多运动员的方便，点标旗附近应有足够数量的打卡器。

19.7 如果估计完成比赛时间超过 30 分钟，则应按获胜者的估计速度至少每 23 分钟设置饮水站。

19.8 比赛应提供温度适当的纯净水给运动员补充水分，如果有不同的饮水站，应清楚地注明。

19.9 对存在安全隐患的检查，也应设置保护措施。

19.10 （适用 WOC）至少在标准距离和短距离决赛中，主办方应记录每个运动员到达每个检查点的间隔时间。

20. 打卡系统

20.1 只有国际定联批准的（电子或其他）打卡系统才能投入比赛使用（见附录4）。

20.2 （适用WC，WOC，JWOC）检查卡片（电子或其他）应在官员会议前分发。但如果资格赛和决赛安排在同一天进行，那么决赛所需检查卡片可在赛前第一名运动员出发前1小时分发。

20.3 采用非电子打卡系统时运动员可自行准备检查卡片，比如书写其上，加固卡片。

20.4 采用电子打卡系统，运动员可以在模拟比赛中进行练习操作。

20.5 在每一个检查点，运动员应利用所提供的打卡器，准确打点。应注意正确的打卡方式，即使在某些检查点的打卡是由主办方完成。

20.6 检查卡片必须能清楚地证明运动员已通过所有的检查点（见附录4）。

20.7 丢失检查卡片或漏打检查点的运动员都将没有成绩，除非能证明错打或漏打点标不是自己的过失，并且能证明运动员已找到检查点。如果出现这样的情况，某些证据能证明运动员已找到检查点，比如检查点工作人员或打卡机提供的证明或检查站读出的信息。在其他情况下，这样的证据不被承认。

20.8 在使用打卡器时，至少有一部分打卡器应在相应的点标旗位置或者在空置的保管盒中，如果每名运动员都遇到相同的打卡错误，比如打卡器在保管盒外或踺出保管盒，而且能够提供打卡器位置错误的准确证据，成绩有效。运动员如果利用不准确的打卡器获得利益将不承认其成绩。

20.9 主办方有权在指定的检查点处由工作人员检验运动员的检查卡片，并打上检验标志。

20.10 运动员丢失检查卡片或漏打检查点或未按规定的顺序找到检查点，则取消其比赛成绩。

20.11 （适用WRE）在采用非电子打卡系统集体出发的比赛中，可将检查卡片随地图一起发放，不需单独提前发放。

21. 器材

21.1 如果组织联盟在规则中没有另外的规定，运动员可自由选择着装。

21.2 号码布要清晰，并且按照主办方规定的方式佩戴，号码布不应大于25厘米×25厘米，数字最高不超过10厘米，号码布不得折叠或削剪。

21.3 在比赛过程中，运动员可以使用的指向辅助工具有：主办方所提供的地图，检查点说明，指北针。

27.4 在比赛场地，只有在主办方允许下才能使用无线电通信设备。

22. 出发

22.1 在个人比赛中，一般采用间隔出发方式。在接力赛中，一般采用集体出发。

22.2 在资格赛中，决赛的第一名运动员至少在资格赛的最后一名运动员出发3.5小时后出发。

22.3 （适用WC，WOC，JWOC）所有运动员至少应在热身区有45分钟的准备活动和热身时间，期间不允许受任何干扰。只有准备出发的运动员和随从官员才可以进入热身区。

22.4 出发前，运动员应被带到热身区边缘的预备区准备出发。在预备区内，应有一个显示比赛时间的时钟，出发前应宣告运动员的姓名或显示在屏幕上。只有出发的运动员和主办方引导的新闻媒体记者才能超越预备区。运动员应领取正确的地图。运运动员的出发顺序、名字或路线应标在地图上，利于运动员在出发前取属于自己的地图。

22.8 定向比赛的起点在地图上用三角形表示。如果它不是比赛计时开始的地点，将以在地面悬挂标志旗的形式表示。

22.9 运动员由于自己过失而迟于规定出发时间，可以允许比赛。考虑到有可能对其他选手产生影响，主办方应注意这些运动员的出发时间，但主办方仍然以原来规定的出发时间来计时。

22.10 由于主办方的原因而错过出发时间的运动员，应由主办方重新规定出发时间。

22.11 接力队员之间的交接应以接触的方式完成。主办方应组织好交接工作，使即将到达的接力队员收集整理好下一名队员的地图并通过接触顺利完成移交。

22.12 即使主办方未预先提醒即将出发的运动员做好接力准备，但准确及时地完成交接任务仍是运动员的责任。

22.13 经国际定联官员同意，主办方可以给未完成交接的接力队继续安排一轮集体出发的比赛。

22.14 接力队一旦接到被取消参赛资格的裁决或竞赛组委会证实其已经被取消资格的事实，主办方将不会允许该队的任何成员继续参加比赛。

22.15 （适用 WC，WOC，JWOC）在交接区内，即将出发的运动员应得到前一名队员的预先提醒。

23. 终点和计时

23.1 比赛以运动员越过终点线为结束计时标志。

23.2 通往终点的跑道应用带子或绳子围出，其最后 20 米应是直道。

23.3 终点横幅应有 3 米宽并与跑道方向垂直，其准确位置必须使冲刺的运动员易于看到。

23.4 运动员通过终点后应上交检查卡片包括任何塑料袋，如果主办方要求，还应上交比赛地图。

23.5 终点计时以运动员的胸部越过终点线时间或运动员在终点打卡的时间为标准。记录时间应降低到整秒。可用时、分、秒表示，也可用分、秒表示。

23.6 应有两个独立的计时系统，一个主要的，一个次要的，它们贯穿于整场比赛。计时系统应可以测量同一场比赛的所有运动员以及相互之间的时间联系，计时可以精确到 0.5 秒，甚至更好。

23.7 在集体出发或单个出发的比赛中，终点裁判应裁决最后名次，终点处应有一名赛场监督成员在场。

23.8 经国际定联官员同意，主办方可为每个等级设置完成全程的最大时限。

23.9 终点处应安排医疗设备和医务人员，在野外同样也应有此设置。

23.10（适用 WOC）完成全程的最大时限如下：

短距离比赛男女均为 70 分钟；

标准距离资格赛中，男 150 分钟，女 110 分钟；

标准距离，男 4 小时，女 3 小时；

接力赛，男 7 小时，女 6 小时。

24. 结果

24.1　比赛期间，临时比赛成绩会在终点区域或集合区域公布。

24.2　在最后一批出发的运动员完成全程最大时限后的 4 小时，主办方应将正式成绩报告表公布于众，并在比赛当天发送给各领队和应邀媒体代表。

24.3　如果资格赛和决赛在同一天举行，那么应在最后一名出发运动员完成全程所需最大时限的 30 分钟内公布资格赛成绩。

24.4　正式成绩报告表中应包括所有参赛队员的成绩。接力赛成绩报告表应按运动员的出发顺序记录其姓名、每一赛程的时间和总时间。

24.5　在采用间隔出发的比赛中，当有两名或更多的运动员取得相同的成绩时，名次并列，并空出下一名次。

24.6　采用集体或逐个出发的比赛，应根据运动员完成全程的时间先后排列最后一名运动员到达终点的时间。

24.7　接力赛中后出发队员的个人成绩将决定整个运动队的总成绩。接力赛后续运动员出发时间由上一名运动员完成比赛的时间来定。

24.8　超过完成全程最大时限的运动员将不计成绩。

24.9　（适用 WOC）主办方应向每个运动员、官员和应邀媒体代表发送正式成绩报告和比赛地图。

24.10（适用 WC）在世界杯个人赛中，运动员的最好成绩将计入其总分。国际定向联合会在赛前 6 个月应制定细则。

24.11（适用 WC，JWOC）在接力赛中，对于未完成比赛和在比赛中获取外来帮助的运动员和队伍，主办方都不给排名，也不会将其成绩公布在成绩报告上。

24.12（适用 WC）在世界杯接力比赛中，运动员的最好成绩将计入其总分，国际定向联合会将在赛前 6 个月制定评分细则。

【附录二】

中国徒步定向运动竞赛规则（2017）

第一章　总　则

第一条　为使中国徒步定向运动竞赛公平、公正、公开和规范地进行，特制定本规则。

第二条　徒步定向运动是一项运动员借助地图和指北针，在尽可能短的时间内徒步到访若干个检查点的体育运动。

第三条　凡举办本规则中的 A 类和 B 类赛事必须执行本规则及其附录，并在竞赛规程和秩序册中说明。举办 C 类赛事可参照本规则及其附录执行。国际赛事和国内赛事同时举办时，应执行国际定向运动联合会（以下简称 IOF）规则。

第四条　本规则的最终解释权归中国定向运动协会所有。凡与本规则冲突的，一律以本规则为准。

第五条　如没有特殊规定，本规则适用于中国徒步定向运动赛事。

第六条　与本规则无冲突的附加规则由竞赛委员会决定，但必须经过赛事监督批准，并在竞赛规程中规定，同时在指定的官方网站公布。

第七条 对本规则未涉及的项目，应在竞赛规程中简要规定，并同时在指定的官方网站以特别规定的形式发布详细的竞赛办法。

第八条 对规则提供了两种或两种以上选项的条款，应在竞赛规程或赛事补充通知中说明实际采用的条款。

第九条 本规则及其附加规则和特别规定对赛事所涉及的赛事监督、线路设计员、仲裁委员会、裁判员及其他赛事工作人员、运动员和代表队官员以及其他与举办方及承办单位或运动员有联系的相关人员具有同等的约束力。

第十条 公平竞赛是所有赛事相关人员解释本规则的指导原则。

第十一条 特别规定与本规则的条款相冲突时，以本规则的条款为准。

第十二条 中国定向运动协会允许竞赛委员会偏离本规则中某些条款。对 A 类赛事或授予运动员等级证书的 B 类赛事，偏离条款的请求至少应在赛前 45 天以前向中国定向运动协会提出。

第十三条 中国定向运动协会定期对规则进行修改和完善，并以官方网站公布的最新版本为准。

第十四条 保护环境是定向运动的基本要求，所有参加定向运动比赛的人员都要按照《附录四：环保指南》的要求保护环境。

第二章 定 义

第十五条 “规则”指中国徒步定向运动竞赛规则及其附录。

第十六条 本规则中的"定向运动"指徒步定向运动。

第十七条 “赛事”指以定向比赛为核心的一系列活动。"竞赛委员会"指赛事筹办过程中由主办方和承办方组成的赛事竞赛技术工作机构。

第十八条 “运动员”既指参加个人项目的单个运动员，也指参加团队或接力项目等团体项目比赛的运动队。“代表队”指参加赛事的各运动员、教练员、领队等相关人员的组成。

第十九条 “国际定联”，英文简称为“IOF”，指国际定向运动联合会。

第二十条 “中国定协”指中国定向运动协会。

第二十一条 “特别条款”指规则中只适用于某类赛事或赛事中某些组别的条款。特别条款适用的赛事或组别在其后的括号中注明。

第三章 项目与赛事类型

第二十二条 定向运动竞赛项目分为以下类型

（一）按竞赛时间划分

日间赛：在日光下；

夜间赛：没有日光“night (in the dark)”。

（二）按竞赛性质划分

个人赛：运动员独立完成比赛；

接力赛：两名或两名以上运动员组成团队，按顺序一个接替一个分别完成各自的赛段；

团队赛：两名或两名以上运动员组成团队协作完成比赛。

（三）按竞赛成绩的决定方式划分

单程赛：单一赛次的成绩作为最终成绩。运动员可以分配在不同的组进行比赛，如：

M18—1 组、M18—2 组等，各组运动员分别按比赛成绩排定名次；多程赛：两轮或多轮比赛的成绩之和作为运动员的最终成绩。各轮比赛可以在一天内进行，也可以在几天内进行；

资格赛：运动员通过一轮或一轮以上的分组预赛取得决赛资格，决赛成绩作为运动员的最终成绩。

（二）按到访检查点的顺序划分

按特定顺序：到访顺序被指定；

无特定顺序：到访顺序由运动员自由选择。

特定顺序和无特定顺序混合：部分到访顺序被指定，部分到访顺序由运动员自由选择。

（四）按检查点的设置划分

传统定向：检查点代码在外观上可视，运动员错打检查点顺序该场比赛成绩无效；

微型定向：检查点代码在外观上不可视，运动员错打检查点将受到相应的判罚（详见单独的国际定联微型定向竞赛规则）。

（五）按比赛线路长度划分

1. 长距离赛；

2. 中距离赛；

3. 短距离赛；

4. 短距离接力赛；

5. 其他距离赛（含百米定向赛）。

第二十三条 中国定向运动赛事的三种类型

（一）A 类赛事

国家体育总局或中定协主办或承办的国内定向运动赛事。

（二）B 类赛事

各省、自治区、直辖市、计划单列市、各全国性行业体协举办的定向运动赛事及定向运动邀请赛。

中国定协特许或审批的定向运动赛事。

（三）C 类赛事

A 类和 B 类以外的其他定向运动赛事。

第四章 安 全

第二十四条 运动员（含领队和教练员）应充分认识定向运动存在的潜在危险，并根据竞赛规程的要求购买保险，自行承担赛事风险。没有按规定购买保险的运动员不得参赛。

第二十五条 竞赛委员会应在竞赛规程中对运动员的身体健康检查做出规定，并在运动员报到时进行确认。凡是身体健康检查不合规定的或不能提交身体健康检查证明的运动员不得参赛。

第二十六条 竞赛委员会应制定搜索迷失运动员的预案。

第二十七条 竞赛委员会在选择比赛地点和比赛场地时，应对场地的安全性、通信信号的稳定性和覆盖率及交通的便利性进行评估。

第二十八条 如比赛场地存在交通安全隐患，应采取应对措施，必要时需要实施交通管制，否则不得进行比赛。

第二十九条 在诸如天气恶劣、比赛场地毁坏、通信信号稳定性差和覆盖率不足等极端异常情况下，竞赛委员会应及时采取措施，做出缩短比赛线路，提早、推迟、终止或取消比赛等决定。

第三十条 如出现明显危及运动员安全的客观情况，竞赛委员会必须取消该场比赛。

第三十一条 所有运动员一经出发，无论是否完成比赛，都必须返回成统处报到并录入个人比赛信息。如有特殊情况，必要时也可通过场地裁判长向成统裁判长通报和录入个人信息。

第三十二条 在本队所有运动员全部完成比赛到达终点后，领队或教练员在带领运动员离开赛场前必须在竞赛中心签到。

第三十三条 如果运动员超过有效时间或关门时间仍没到达终点，领队或教练员应及时向竞赛中心报告。

第三十四条 线路设计员应考虑线路设计中所有的安全因素，尽量使线路能引导运动员避开禁区和危险的区域。

第三十五条 对于运动员可能到访、但地图上没有清晰显示其危险性的区域，应用警示带标识。

第三十六条 在连续三天以上都有比赛的赛事中，长距离赛应缩短 10%～30%。

第三十七条 在酷暑、严寒及湿热等天气下，中距离赛的胜出时间应该按比赛规格的下限设计，长距离赛应缩短 10%～30%。

第五章 组 别

第三十八条 运动员按性别、年龄、线路难度分组。

第三十九条 运动员按性别分为女子组和男子组，代码分别为 W 和 M。

第四十条 运动员年龄分组及代码

（一）儿童男子组和女子组：在比赛当年 12 月 31 日已满 9 周岁且未满 11 周岁者。代码分别为 M10 和 W10；

（二）少年男子组和女子组：在比赛当年 12 月 31 日已满 11 周岁且未满 13 周岁者。代码分别为 M12 和 W12；

（三）青少年男子组和女子组，分两个年龄组别：

1. 在比赛当年 12 月 31 日已满 13 周岁且未满 15 周岁者。代码分别为 M14 和 W14；

2. 在比赛当年 12 月 31 日已满 15 周岁且未满 17 周岁者。代码分别为 M16 和 W16；

（四）青年男子组和女子组：在比赛当年 12 月 31 日已满 17 周岁且未满 19 周岁者。代码分别为 M18 和为 W18；

（五）成年男子组和女子组：在比赛当年 12 月 31 日已满 19 周岁且男子未满 35 周岁，女子未满 30 周岁者。代码分别为 M21 和 W21；

（六）中年男子组和女子组：在比赛当年 1 月 1 日男子已满 35 周，女子已满 30 周岁，且在当年 12 月 31 日男子未满 55 周岁，女子未满 50 周岁者。代码分别为 M35 和 W30；

（七）老年男子组和女子组：在比赛当年 1 月 1 日男子已满 55 周岁，女子已满 50 周岁者。代码分别为 M55 和 W50。

第四十一条 如有必要，还可以分成其他年龄组，基本原则是：

（一）20 周岁或 20 周岁以下的运动员按其在比赛当年 12 月 31 日达到的年龄分组。

（二）21 周岁或 21 周岁以上的运动员按其在比赛当年 1 月 1 日达到的年龄分组。

（三）对小于 21 周岁的参赛者，分组采用两年的间隔，如分为 W20 和 M20 组，W18 和 M18 组等。

（四）对大于 21 周岁的参赛者，分组采用 5 年的间隔，如分为 W35 和 M35 组、W40 和 M40 组等。

第四十二条 如有必要，可根据线路难度将每个年龄组分为几个难度组，按难度递减的顺序分别称为 E 组（精英组），A 组，B 组，C 组和 N 组（初学者组），如 M21E、W21A、M18B、W18C。

第四十三条 只有青年组和成年组可以设精英组，代码分别为 M18E、W18E、M21E 和 W21E。精英选手的条件和申请方法应在竞赛规程中详细规定。

第四十四条 少年组和老年组运动员只能参加本组比赛，其他年龄组运动员可以跨组参加比赛：

（一）20 周岁和 20 周岁以下年龄组运动员最高可以参加 21 岁组以内（包括 21 周岁组）较大年龄组的比赛。

（二）21 周岁或 21 周岁以上年龄组运动员最低可以参加 21 周岁组以上（包括 21 周岁组）较小年龄组的比赛。

（三）女子可参加同年龄男子组的比赛。

第四十五条 在按性别、年龄和难度分组的比赛中必须使用以上代码。

第四十六条 当一个组别中参赛运动员较多时，可分成水平相同的两个平行组，并用代码 1、2 表示，如 M21A－1、M21A－2。

（一）短距离赛、积分赛中运动员达到 80 人以上（包括 80 人）；

（二）中距离赛和长距离赛中运动员达到 70 人以上（包括 70 人）。

第四十七条 来自同一单位的运动员应随机平均分布到各平行组。

第四十八条 各行业体协举办的赛事可根据其行业特点分组。

第四十九条 按行业特点分组的赛事中，各组别各项目线路的难度和胜出时间可参照规则中相应年龄组的规格设计。

第六章 参赛办法

第五十条 运动员必须在相关单位或部门进行注册，持相关注册证明文件参加比赛。

第五十一条 运动员代表所注册单位参赛。

第五十二条 不符合竞赛规程规定的运动员不得参赛。

第五十三条 没有报名的运动员无参赛资格。

第五十四条 同一赛事中，运动员只能参加同一个组别的比赛，平行组及由两人或两人以上共同完成的项目除外。

第七章 赛事信息

第五十五条 相关赛事信息应尽可能多地在赛前以通知（公告）的形式在主办方的官方网站或指定的网站，或其他渠道对外发布。只有在领队、教练员和裁判长联席会议上回答提问或在紧急情况下可采用简单的口头发布。

第五十六条 如有需要，应向运动员提供书面通知（公告）。

第五十七条 所有赛事信息应尽可能及时全面地发布，以便创造公平的赛前训练环境，确保参赛者在比赛中发挥出最佳水平。

第五十八条 赛事通知（公告）的内容。

（一）比赛时间；

（二）比赛地点；

（三）主办单位；

（四）承办单位；

（五）赛事级别；

（六）禁区或临时禁区；

（七）信息获取方法。

第五十九条 竞赛规程的内容。

（一）赛事主办单位、承办单位、协办单位、推广单位等；

（二）竞赛日期和地点；

（三）参加单位；

（四）竞赛项目和组别；

（五）参赛办法；

（六）竞赛办法；

（七）录取名次、计分办法与奖励；

（八）报名与报到办法；

（九）领队、教练员和裁判长联席会议；

（十）经费；

（十一）裁判员和仲裁；

（十二）其他规定；

（十三）信息获取方法；

（十四）未尽事宜解决途径；

（十五）规程解释权的归属者；

（十六）附件。

第六十条 赛事筹备过程中可能涉及到的最新竞赛信息，应适时以补充通知的形式发布。补充通知应按先后顺序依次编号。补充通知的内容如下：

（一）应尽可能提供禁区及涉及与禁区相关的旧版定向地图信息；

（二）各项目比赛场地位置示意地图；

（三）比赛场地说明，包括地形、植被、可跑性、通视度和交通网，以及相应的样图和照片；

（四）比赛地图说明，包括比例尺、等高距、地图尺寸与保护措施；

（五）应尽可能提供线路的主要技术参数，包括直线距离、爬高量、检查点数目、胜出时间、补给站数量等；

（六）赛事的附加规则、特别规则及偏离规则的情况；

（七）天气与气候介绍；

（八）可能存在的危险；

（九）着装建议或规定；

（十）赛事中心；

（十一）住宿地；

（十二）到达赛事中心和住宿地的交通简图；

（十三）报到的具体办法；

（十四）领队、教练员和裁判长联席会议安排；

（十五）食宿服务信息；

（十六）模拟赛信息；

（十七）赛事日程；

（十八）最新的纸质旧版定向地图及获取办法；

（十九）其他需要补充的信息；

（二十）信息获取方式。

第六十一条 报名截止后应对报名的运动员进行公示和确认，公示和确认天数不得少于5个工作日，具体的公示和确认方法应在竞赛规程中说明。

第六十二条 秩序册的内容。

（一）竞赛通知；

（二）竞赛规程；

（三）运动员、教练员、裁判员守则；

（四）体育道德风尚奖、优秀运动员、教练员和裁判员评选办法；

（五）组织机构及各办事机构；

（六）竞赛主任；

（七）赛事监督；

（八）制图员和线路设计员

（九）仲裁委员会；

（十）裁判员名单；

（十一）赛事日程；

（十二）交通时刻表；

（十三）禁区、各项目比赛场地及比赛场地位置地图；

（十四）往返赛事中心、住宿地和比赛场地的交通地图；

（十五）比赛技术信息，主要包括：各项目比赛线路的主要技术指标、项目地图的主要技术指标、隔离带、出发程序、终点程序、饮水检查点、观赏检查点、急救站等；

（十六）各比赛项目的特别说明，包括地图符号、赛场配置、特殊比赛路线、标记路线说明等；

（十七）着装建议或规定；

（十八）赛事的附加规则、特别规则及偏离规则的情况；

（十九）公平竞赛规定或要求；

（二十）抗议、申诉和仲裁规定或信息；

（二十一）各代表队名单；

（二十二）报名人数统计；

（二十三）赞助商宣传材料。

第六十三条 赛事服务指南由承办单位提供，包括的内容：

（一）比赛地简介，包括天气与气候、饮食特色和主要旅游景点简介；

（二）安全指南；

（三）医疗服务指南；

（四）交通服务指南

（五）旅游服务指南；

（六）志愿者服务指南；

（七）赛事中心和住宿分布图；

（八）比赛地地图等。

第六十四条 赛事信息的发布时间：

（一）赛事通知至少应在赛前 2 个月发布；（适用于 A 类赛事）

（二）竞赛规程应与赛事通知同时发布；

（三）补充通知至少应在赛前 1 个月发布；

（四）秩序册应在报到时发给参赛者；

（五）赛事服务指南应在报到时发给参赛者。

第六十五条 如不能在秩序册中提供比赛技术信息、各比赛项目的特别说明等信息，应在报到时单独提供给运动员。

第八章 报 名

第六十六条 按照竞赛规程报名。

第六十七条 A 类赛事报名截止后 5 个工作日内，竞赛委员会应通过官方网站对报名运动员进行公示，并同时对报名表中运动员资料进行确认。

第六十八条 在最终确认后，运动队可向竞赛委员会申请变更比赛运动员名单，包括变更团队赛和接力赛运动员名单。申请变更的运动员应是报名表中的运动员。赛前变更申请最迟应在报到日前一周以书面的形式提出。赛事中如遇特殊情况，变更运动员的申请最晚于比赛开始前一天的 15：00 以前以书面的形式提出。如运动队无法在规定的时间内当面提交，也可以先通过传真或电子邮件提出，并通过电话告知，于次日开赛前补交书面变更申请。

第六十九条 如团队赛或接力赛没有安排在赛事的第一天举行，团队赛和接力赛运动员名单的书面变更申请最迟应在其前一场比赛结束后的 1 小时内提交。

第七十条 运动员棒次的变更应在接力赛出发前 2 小时之前以书面的形式向成统裁判长报告并经总裁判长批准。

第七十一条 运动员报到后不得无故放弃比赛。

第九章 行程和交通

第七十二条 代表队应自行负担参赛费用。

第七十三条 代表队自行负责参赛行程及交通方式，承办单位可适当协助安排返程交通。

第七十四条 代表队自行负担往返驻地、赛事中心、比赛场地之间的交通费用，交通方式可由承办单位安排，也可由代表队自行安排。

第七十五条 竞赛委员会可规定只能使用官方安排的交通方式往返比赛场地。

第十章 模拟赛

第七十六条 在第一场比赛的前一天，竞赛委员会应尽可能组织一场模拟赛来展示电子打卡计时设备、地形特点、地图质量、检查点说明、检查点设置、饮水站和标记线路。

第七十七条 运动员、代表队、赛事官员和媒体记者有权利参加模拟赛。

第七十八条 经赛事监督批准，模拟赛也可安排在比赛当天。

第十一章 出发顺序

第七十九条 间隔出发是指运动员按相等的时间间隔逐一出发。集体出发是指同一组别的所有运动员同时出发。在接力赛中，集体出发方式仅适用于第一棒队员。

第八十条 在间隔出发的比赛中，运动员出发顺序应在赛事监督和总裁判长监督下，通过随机抽签决定。出发抽签可以是公开的也可以是保密的。抽签可用电脑操作，也可用手工操作。

第八十一条 在间隔出发的比赛中，同一个代表队的运动员不能先后连续出发。如果同队两名运动员抽到先后连续出发，下一位出发的其他代表队的运动员应插在该两名队员之间。如果同队两名运动员抽到在最后出发，在他们前一位出发的其他代表队的运动员应插在他们之间。

第八十二条 在集体出发的比赛中，应首先为每种线路组合分配出发号码，然后通过抽签决定运动员的出发号码。各线路组合应保密到最后一个运动员出发。

第八十三条 在同一赛事中，如果运动员在两场个人赛中抽得的出发顺序均排在前12.5%，或后12.5%，应对该运动员其中一场比赛的出发顺序进行调整，使其出发顺序排在前25%之后，后25%之前。(适用于精英组运动员)

第八十四条 分组集体出发的百米定向赛应尽可能考虑所有运动员的成绩，分组抽签时，应使优秀运动员有较大的可能进入决赛。

第八十五条 在分组集体出发的百米定向赛的所有轮次中，应尽可能将同队运动员编在不同的组。

第八十六条 出发批次表可在比赛前1天公布，也可根据需要推迟到运动员到达起点区后公布。

第八十七条 长距离赛出发间隔为1～3分钟，中距离赛为1～2分钟，短距离赛为1分钟，团队赛为1～3分钟，具体间隔时间由竞赛委员会确定。

第八十八条 百米定向赛采用间隔出发时，间隔为30秒—1分钟；采用分组集体出发时，间隔时间根据临场比赛的实际情况由总裁判长控制。

第八十九条 中距离赛中同一组别的运动员超过60人，出发间隔可缩短至1分钟。

第九十条 长距离赛中同一组别的运动员超过40人，出发间隔可缩短至1分钟。

第十二章 领队、教练员和裁判长联席会议

第九十一条 竞赛委员会应在第一场比赛开始12小时前召开领队、教练员和裁判长联

席会议。会议由总裁判长主持，赛事监督应监督本次会议。

第九十二条 A类赛事，竞赛委员会应尽可能在每场比赛开始12小时前召开一次领队、教练员和裁判长联席会议。

第九十三条 领队、教练在会上应有提问的机会。

第十三章 场 地

第九十四条 比赛区域包括起点区、赛场、终点区在内的所有区域。

第九十五条 赛场是比赛线路及运动员在选择路线时可以涉及到的区域。

第九十六条 终点区是以观赏检查点、最后一个检查点、最后一个检查点到终点的必经线路及终点为核心的综合区。

第九十七条 比赛区域应适合设计竞技性定向比赛线路，应符合《项目规格》（见附录三）的要求。在选择起点区、赛场和终点区以及设计线路时应考虑《莱比尼茨宣言》（附录一）的目标。

第九十八条 比赛区域在赛前没有被用作其他A类或B类比赛场地的时间应尽可能长。如比赛区域在2年内曾被用作A类或B类比赛场地，应在赛事补充通知中提供最近的旧版定向地图的信息。

第九十九条 比赛区域确定后，应尽快在补充通知中宣告该区域成为禁区。如不能确保成为禁区，应尽早在补充通知上公布比赛场地的位置。

第一百条 代表队或与代表队相关的人员不得以任何理由进入禁区。如有特殊情况需进入禁区，应向竞赛委员会提出申请，得到许可后方可进入。

第一百〇一条 如在发布赛事通知时尚没有确定比赛区域，应将比赛地定为临时禁区。

第十四章 地 图

第一百〇二条 地图、线路符号和其他叠印符号应根据中华人民共和国测绘行业标准CH/T4016—2010《定向运动地图规范》测绘和印制。与规范不符的内容应得到中国定协的许可。

第一百〇三条 各项目比赛地图的比例尺。

（一）长距离赛：1∶15000或1∶10000；

（二）中距离赛：1∶10000或1∶7500；

（三）短距离赛：1∶5000或1∶4000；

（四）百米定向赛：1∶1000或1∶750或1∶500；

（五）接力赛：1∶10000或1∶7500、1∶5000或1∶4000；

（六）团队赛：1∶10000或1∶7500、1∶5000或1∶4000；

（七）积分赛：1∶10000或1∶7500、1∶5000或1∶4000。

第一百〇四条 地图印制后，如有影响比赛的地图错误或比赛场地变化，须用叠印符号说明，并同时在领队、教练员和裁判长联席会议上说明。

第一百〇五条 竞赛地图应防水耐用。

第一百〇六条 最近的旧版定向地图应至少于比赛前一天展示给所有运动员。

第一百〇七条 比赛当天，未经竞赛委员会许可，运动员和代表队官员不得在比赛区域使用任何该场地地图。

第一百〇八条 赛事中重复或部分重复使用的赛场，竞赛委员会应在补充通知中说明。如在第一次使用时该赛场地图没有全部收回，竞赛委员会至少应在该赛场第二次使用的前一天公开展示该赛场的地图。

第一百〇九条 所有人员应尊重制图员及地图所有单位的版权。若使用地图用于商业运营活动，需联系版权单位或制图员协商获得授权后方可使用；若用于非商业运营活动，须在地图醒目位置注明制图员及版权单位信息。如有违反以上条款的行为，中定协将对违规人员及单位进行通报。

第十五章 线 路

第一百一十条 应遵守《莱比尼茨宣言》（见附录一）、《线路设计原则》（见附录二）和《项目规格》（见附录三）的要求。

第一百一十一条 线路的标准应与比赛级别和组别的要求一致，应检验参赛者的定向技能和奔跑能力。所有线路应尽量涵盖各种定向技术。

第一百一十二条 平行组的线路标准，包括各项技术指标，如检查点数、线路长度、爬高量、长赛段数及胜出时间应尽可能相同。

第一百一十三条 线路长度由从起点开始经过各个检查点到达终点的直线长度决定，如有不能通行的障碍（如高栅栏、湖泊、不能通行陡崖等）、禁区和标记线路可偏离直线。

第一百一十四条 总爬高量应按最短的有效线路的爬高量给出，单位为米。

第一百一十五条 在接力赛中，各队的检查点组合不同，总线路应相同。如地形和线路设计允许，各赛段的长度可以明显不同。但各赛段的累计胜出时间应按附表一、附表二有关规定执行。所有队应按相同的棒次顺序出发，完成不同长度的赛段。

第一百一十六条 在个人赛中，运动员的检查点组合可以不同，但是，同组别所有运动员的总线路应相同。

第一百一十七条 比赛胜出时间应按《性别—年龄组与胜出时间对照表》（见附表二）设计。

第一百一十八条 同级别、同年龄组男女运动员线路的差异只能体现在线路长度上。

第一百一十九条 线路设计员不应鼓励参赛者采取诸如穿越障碍物或禁区等不公平的行为。

第一百二十条 线路应提前印在运动员的地图上。

第十六章 限制通行区域和道路

第一百二十一条 禁区或危险区、禁止通行的道路、禁止穿越的线状地形等都应标示在地图上，如有必要，也应在实地中标出。运动员禁止进入、穿越上述地形。

第一百二十二条 短距离赛、百米赛和短距离接力赛在地图上表示为不能通行的地形特征禁止通行。

第一百二十三条 必经线路、通过点和通道都应清晰标示在地图和实地中，参赛者应通过线路上所有被标记部分的全程。

第十七章 检查点说明

第一百二十四条 检查点在实地中的准确位置应用检查点说明详细正确描述。

第一百二十五条 检查点说明应以符号的形式表示，并与《国际检查点说明规范》的规定一致。

第一百二十六条 检查点说明应按各线路的正确顺序粘贴或打印在比赛地图正面。

第一百二十七条 总检查点说明可在领队、教练员和裁判长联席会议之前发给各运动队。

第一百二十八条 在间隔出发的比赛中，可在待发区向运动员提供单独的检查点说明。

第一百二十九条 在少儿组比赛中，可同时提供文字说明。

第十八章 检查点设置

第一百三十条 检查点位置应有明显的地貌或地物特征，并准确标记在地图上。

第一百三十一条 检查点应准确地放置在地图和检查点说明表所标记的实地位置，检查点设置应使正确到达的运动员发现并可顺利通过。

第一百三十二条 检查点应尽量设置在运动员打卡时不会让正在附近寻找该点的其他运动员获利的位置。

第一百三十三条 地图上的检查点应在实地明确标示，为了保证运动员顺利通过检查点，应在点标旗近旁配备足够数量的能证明运动员到达的打卡器。每个检查点都应提供备用的打卡器。

第一百三十四条 每个检查点应用点标旗标示。点标旗由三个按三角形排列的正方形组成，每个正方形的大小为 30 厘米×30 厘米，并沿其对角线分为左上部的白色和右下部的橙色（Pantone 色号 165）。

第一百三十五条 点标旗应悬挂在地图上标明的与检查点说明一致的特征的某一位置。当运动员看到检查点说明描述的位置时，能看到点标旗。

第一百三十六条 点标旗应悬挂在上缘离地面不超过 1 米，下缘不低于 0.4 米的高度。

第一百三十七条 两个检查点间的距离不能小于 30 米（当地图比例尺为 1∶5 000 或 1∶4 000 时，两个检查点间的距离不能小于 15 米）（百米定向赛不适用该条款）。

第一百三十八条 每个检查点要用数字代码标识，并能从打卡器位置清晰看到。

第一百三十九条 检查点代码应是大于 30 的数字，但不能用易引起误解的数字（如 66 与 99，68 与 89 等）。应为白底黑字，高 3 厘米至 10 厘米，笔画粗 3 毫米至 10 毫米。如果水平位布置的检查点代码倒过来读时可能被误解，应加下划线（如 161）。

第一百四十条 如预计完成比赛的时间超过 30 分钟，应按胜出者的预计速度，至少每 25 分钟赛程设置一个饮水站，饮水站的位置应在该检查点附近。

第一百四十一条 如有必要可在赛场中设置独立饮水站，并标示在地图上。独立饮水站应设在大多数运动员在比赛时都会在其附近经过的位置。

第一百四十二条 在比赛中，应向运动员提供温度适当的纯净水。如提供多种饮料，应清楚标识。

第一百四十三条 对所有存在安全隐患的检查点应采取预防措施。

第十九章 打卡系统

第一百四十四条 只有传统的针式打卡系统和得到国际定联或中定协认可的电子计时系统才能用于比赛。

第一百四十五条 如采用电子计时系统，应在模拟赛或赛前为运动员提供练习机会。

第一百四十六条 比赛地图上应提供备用手工检查卡。备用检查卡应带有三个清晰的打卡位置，每个打卡位置的边长不应小于 18 毫米。

第一百四十七条 运动员对在每个检查点准确打卡负责。

第一百四十八条 运动员应使用竞赛委员会提供的打卡系统准确打卡，证明自己通过了检查点。如使用备用检查卡，应在打卡位置中间打卡。打在打卡位置外或大部分打在打卡位置外无效。

第一百四十九条 检查卡或备用检查卡应能清楚证明运动员通过了正确的检查点。

第一百五十条 运动员在打卡时要确认是否接收到了反馈信号。如打卡太快而没有接收到反馈信号，检查卡内不会留下打卡记录，即使打卡器中记录了检查卡编号，运动员成绩无效。如打卡器没有响应，应使用备用打卡器。

第一百五十一条 如打卡记录无法辨认，则成绩无效。运动员丢失检查卡、漏打或错打检查点成绩无效。

第一百五十二条 竞赛委员会有权在指定的检查点安排裁判员检查运动员的检查卡和地图，并打上检验标记。

第二十章 装 备

第一百五十三条 如竞赛委员会没有特别的规定，运动员可自行选择着装。如有规定，则应按规定着装。

第一百五十四条 竞赛委员会应为每名运动员提供两块号码布。号码布的尺寸不应大于 25 厘米×25 厘米，数字高度不应低于 10 厘米。号码应清晰可见。

第一百五十五条 运动员应将号码布分别佩戴在胸前和后背的显著位置。号码布应依原样佩戴，不得以任何形式剪裁、折叠或遮挡。可在号码布上打孔以利于空气流通，但不得在号码布的文字或数字上打孔。

第一百五十六条 号码布上的号码应与秩序册中的号码一致。

第一百五十七条 比赛中可使用的辅助工具有：指北针和竞赛委员会提供的地图和检查点说明。

第一百五十八条 在团队赛中，应在分图区配备适当的分图用桌子，运动员应自备分图用笔。

第一百五十九条 运动员不得携带任何通信设备进入比赛场地。但经过赛事监督批准，特殊组别的运动员可以携带报警口哨。

第一百六十条 竞赛委员会有权要求运动员携带其他必要的装备。

第二十一章 起 点

第一百六十一条 一般情况下，个人赛和团队赛采用间隔出发，接力赛同组别采用集体出发。

第一百六十二条 在百米定向赛中，不同组别的比赛可以采用不同的出发形式。但精英组的决赛应采用同组别集体出发。

第一百六十三条 同组别集体出发时，运动员听到指令后，应立即做好出发准备。基本要求是双脚不得触及出发线，发出出发信号后方可拿起地图出发。

第一百六十四条 采用间隔出发的团队赛中，同一团队的成员集体出发。

第一百六十五条 起点最好按集结区、隔离区（含热身区）和出发区设置。

第一百六十六条 团队赛应在出发线之后配置一个足够大的分图区域，并在该区域内为出发的团队提供较充足的分配任务用的相应设施。

第一百六十七条 间隔出发的比赛，待发区应按出发前时间设置3—5个待发区段，常用的配置为1分钟待发区（—1 min）、2分钟待发区（—2 min）和3分钟待发区（—3 min）。

第一百六十八条 只有还没有出发的运动员和代表队相关人员可进入隔离区。运动员和代表队官员进入隔离区后，未经起点裁判长批准，不得擅自离开。

第一百六十九条 在隔离区，所有运动员至少应有30分钟时间进行不受干扰的热身活动。

第一百七十条 按时出发是运动员的责任。

第一百七十一条 检录处应在醒目位置配置一个面向运动员和代表队相关人员的检录时钟。

第一百七十二条 只有按检录时钟显示时间出发的运动员和由竞赛委员会带领的媒体记者才能进入出发区。

第一百七十三条 出发线是运动员出发计时开始的位置，在其前方附近醒目位置应配置一面向待发运动员的时钟。

第一百七十四条 定向比赛的起点在地图上用三角形表示。如果定向比赛的起点与计时开始的位置不一致，应在起点位置悬挂点标旗（不配备打卡器）。从出发计时位置到比赛的起点应有引导标志。

第一百七十五条 确认取得正确的地图是运动员的责任。由于未取得正确地图而成绩无效者，运动员自行负责。

第一百七十六条 比赛地图应放在出发线前，设有组别标示。出发前运动员应把自己的号码写在地图背面。

第一百七十七条 计时开始后才能从地图箱中取得地图。

第一百七十八条 未出发的运动员和代表队人员不得提前看到地图、线路、前往第一个检查点的路线选择。

第一百七十九条 运动员因自身原因错过规定的检录时间，起点裁判长可根据情况重新安排出发时间，但应按原出发时间计时。

第一百八十条 由于赛事安排的原因，运动员错过了出发时间，应由竞赛委员会重新规定出发时间并按新的时间计时。

第一百八十一条 接力队员之间的交接应在交接区内以击掌或交接地图的方式完成。

第一百八十二条 接力赛中，裁判员应对即将到达的接力队进行预告，并提醒即将出发的运动员做好接力准备，但是准确及时在交接区内完成交接任务是运动员的责任。

第一百八十三条 经总裁判长的同意，在获胜队最后一棒运动员到达终点后10分钟或20分钟后，可安排所有没有进行交接的运动员集体出发。

第一百八十四条 接力赛中，如已知上一棒运动员成绩无效，未出发的运动员不得继续参赛。

第一百八十五条 接力赛中，上一棒运动员的终点时刻即为下一棒运动员的出发时刻。

第二十二章 终 点

第一百八十六条 运动员完成终点打卡比赛终止，以运动员检查卡记录到的时间为终点计时。同组别集体出发项目，如另外规定按通过终点线决定名次，则应以运动员躯干的任何部位抵达终点线后沿垂直面的瞬间计时为准。

第一百八十七条 应隔离出通往终点的冲刺通道，最后20米应是直道。

第一百八十八条 终点线至少应有2米宽，并与冲刺通道垂直，位置准确醒目。

第一百八十九条 运动员通过终点后应上交比赛地图，并在成统处录入成绩，打印成绩条。

第一百九十条 经赛事监督批准，竞赛委员会可为每个组别设定最长比赛时间或成绩有效时间（简称有效时间，详见附表三）。

第一百九十一条 终点处应配置医疗设施和医务人员。

第一百九十二条 每场比赛竞赛委员会都应确定所有出发的运动员是否全部返回，应安排人员负责搜寻比赛结束时尚未返回的运动员。

第一百九十三条 竞赛中心可包括终点区、成统区、嘉宾区、观赏区、队旗展示区、运动员休息区、采访区与新闻中心、商业服务区、即时成绩公布栏、急救站、饮水站、问讯处和签到处、宣告台等。

第二十三章 比赛成绩

第一百九十四条 计时系统应可测量同一级别的所有运动员之间相互的时间联系，计时应精确到0.05秒或0.1秒。

第一百九十五条 如计时精确到0.05秒，比赛成绩应四舍五入到1/10秒，用时、分、秒和1/10秒表示，也可以仅用分、秒和1/10秒表示。

第一百九十六条 如计时精确到0.1秒，比赛成绩应四舍五入到秒，用时、分、秒表示，也可以仅用分、秒表示。

第一百九十七条 在整场比赛中应同时启用两个独立的精确计时系统，一个主计时系统，一个辅助计时系统。

第一百九十八条 比赛期间，竞赛委员会应在成绩公布栏上及时公布与更新即时成绩。

第一百九十九条 最后一批运动员的出发时刻加上比赛的有效时间即为比赛结束或赛场关闭时间。

第二百条 在领队、教练员和裁判长联席会议上应公布各项目有效时间、比赛结束或赛场关闭时间。

第二百〇一条 在比赛结束后，竞赛委员会应尽早在赛事中心、运动员住宿地和指定的官方网站公布正式成绩，并同时将该成绩分发给授权的媒体代表。

第二百〇二条 正式比赛成绩表应包括所有运动员的成绩。接力赛成绩应按各队运动员的出发顺序列出姓名、各棒次的成绩和总成绩。团队赛成绩应列出各运动员姓名、成绩及团队成绩。

第二百〇三条 正式比赛成绩须经成统裁判长、总裁判长签字认可。如总裁判长由承办单位委派，正式比赛成绩还须经赛事监督签字认可。

第二百〇四条 两名或更多的运动员取得相同的成绩，名次并列，并空出下一名次。

第二百〇五条 接力赛中，成绩取决于各队最后一棒运动员到达终点的先后顺序。如有后面棒次运动员集体出发的情况，应根据各棒运动员队个人成绩的总和确定比赛成绩和排名，排名应排在所有按正常完成接交和比赛的接力队之后。

第二百〇六条 接力赛中，变更接力赛运动员名单或棒次时，不得变更各棒次的号码布与检查卡。

第二百〇七条 团队赛中，各团队的成绩取决于团队中最后一名队员的成绩。

第二百〇八条 漏打或未按正确顺序打检查点成绩无效。

第二百〇九条 超过有效时间成绩无效。

第二十四章　公平竞赛

第二百一十条 所有参赛者都应采取公正诚实的态度，应具备体育道德和友谊精神及环保意识。运动员必须互相尊重，尊重赛事官员、竞赛委员会、新闻记者、观众和竞赛区域的居民，在比赛场地中应尽量保持安静。

第二百一十一条 运动员不得寻求获取任何不公平的优势。

第二百一十二条 除团队赛外，运动员必须依靠个人的定向能力独立完成比赛。

第二百一十三条 在比赛过程中不得从其他运动员处获取帮助或给其他运动员提供帮助。但是，所有的运动员都有责任和义务救助严重受伤的运动员。

第二百一十四条 严禁服用兴奋剂。国际定联反兴奋剂的有关规定和国家体育总局《反兴奋剂条例》适用于所有的中国定向运动赛事。

第二百一十五条 经赛事监督批准，可将比赛场地提前公布。在公布前，所有竞赛委员会官员和工作人员都要做好保密工作。

第二百一十六条 在任何情况下，都要做好线路的保密工作。

第二百一十七条 比赛场地公布后，该场地即成为禁区。任何可能参赛的代表队的成员(运动员、领队、教练、队医等)，以及其他可能影响比赛结果的人员不得进入禁区。

第二百一十八条 除竞赛委员会提供的信息外，不得在赛前或赛中设法获取与线路有关的任何信息。

第二百一十九条 竞赛委员会应防止运动员因熟悉赛场或地图而具备超过其他运动员的实质性优势。

第二百二十条 代表队、媒体代表和观众都应在指定区域内活动。

第二百二十一条 竞赛委员会的官员不得以任何方式帮助正在准备或进行比赛的运动员。

第二百二十二条 看点员不得以任何方式向运动员提供信息或帮助，也不得干扰或扣留任何正常参赛的运动员。这一规定同样适用于比赛场地中的所有其他人员。

第二百二十三条 通过终点线的运动员未经终点裁判长批准，不得再次进入赛场。退出比赛的运动员应尽快到达终点宣布退出比赛，并上交地图，读取个人比赛信息，不得影响比赛，也不得帮助其他运动员。

在赛场中退出比赛，无法及时到达终点的运动员应向裁判员宣布退出比赛，并上交地图，在指定的位置等待引导前往终点，由场地裁判长通知终点裁判长和成统裁判长宣布其退出比赛。

第二百二十四条 除裁判员外，其他人员不得携带通信设备进入隔离区，也不得携带涉及比赛场地的地图进入隔离区。

第二百二十五条 违规的运动员将受到相应处罚。

第二百二十六条 任何违规的非参赛选手也将受到相应处罚。

第二百二十七条 如不公平的情况已不可规避，则必须取消该场比赛。

第二十五章 违规及处罚

第二百二十八条 运动员或教练员违反规则将受到处罚，包括通报批评、警告、取消本场比赛资格、取消若干场比赛资格等处罚措施，停赛一年或若干年及撤销运动员星级称号的处分。运动员被取消某场比赛资格，其在该场比赛中取得的名次和成绩亦被取消。

第二百二十九条 对违纪运动员，仲裁委员会或竞赛委员会认为需要撤销运动员星级称号的，可以提出建议，报中定协决定。

第二百三十条 对于违规情节十分恶劣的，应上报中国定向运动协会，由中国定向运动协会给予运动员停赛一年或若干年的处分。

第二百三十一条 运动员在比赛中发生严重违规或违纪行为，要追究教练员的责任。属于教练员参与、怂恿或不予以制止而发生的，根据情节轻重，给予教练员警告、严重警告、停止一年或若干年带队参加全国比赛的处分。凡被处以禁赛的教练员，不得在比赛区域出现。

第二百三十二条 对在一场比赛中受到两次警告的运动员，应取消其比赛资格。

第二百三十三条 对比赛成绩明显异常的运动员或比赛成绩分布明显异常的运动队，竞赛委员会有权验证，并根据结果进行相应的裁决。

第二百三十四条 裁判长判罚运动员取消比赛资格，赛后须立即写出书面报告，报总裁判长和仲裁委员会。

第二百三十五条 受到纪律处分的个人或队，应写出书面检查材料，交竞赛委员会转其所在单位。

第二百三十六条 跟跑是指运动员为从他人的技术中得利而跟在后面跑。同跑是指两名或多名运动员间相互合作。跟跑和同跑属于违规行为，集体出发后带有共同线路的比赛及团队赛除外。

第二百三十七条 比赛开始后，超过本人比赛有效时间 50%仍未到达起点的运动员均视为放弃比赛。

第二百三十八条 下列情况应给予通报批评或警告。

（一）擅自出入隔离区、出发区；

（二）携带通讯设备进入隔离区；

（三）携带涉及赛区的旧版地图进入隔离区；

（四）在起点区或终点区不听从现场工作人员指挥；

（五）在出发区影响他人准备比赛；

（六）整个代表队完成比赛，离开赛场前未到竞赛中心签到处签到；

（七）第一次出发犯规；

（八）有违反环保指南的行为；

（九）没有按规定着装。

第二百三十九条 下列情况中如果运动员获利，取消本场比赛资格，并给予警告。

（一）没有按原样将号码布清晰佩戴在胸前和后背的显著位置；

（二）比赛过程中使用影像设备拍摄比赛地图行为；

（三）在比赛中接受他人帮助；

（四）在比赛中为他人提供帮助；

（五）在比赛中使用通信工具；

（六）在离开出发线之前从地图箱取得地图；

（七）在比赛中使用非竞赛委员会提供的地图；

（八）在比赛中跟跑或同跑；

（九）在比赛中进行语言交流。

第二百四十条 下列情况下，取消本场比赛资格。

（一）没有佩戴号码布；

（二）号码布与秩序册不一致；

（三）在比赛中或到达终点时号码布、地图和检查卡不全；

（四）拿错地图；

（五）拒绝按竞赛委员会的要求携带其他必要的装备；

（六）第二次出发犯规；

（七）被警告后仍接受他人帮助；

（八）被警告后仍为他人提供帮助；

（九）被警告后仍使用通信工具；

（十）被警告后仍跟跑；

（十一）被警告后仍进行语言交流；

（十二）同跑；

（十三）使用其他交通工具；

（十四）进入或穿过禁区；

（十五）短距离赛中通过地图上表示为不能通行的地形特征；

（十六）没有沿着标记线路行进；

（十七）使用禁用的辅助设备；

（十八）乱发报警信号；

（十九）在没有得到批准的情况下变更接力赛或团队赛运动员；

（二十）整场比赛尚未结束，完成比赛后再次进入赛场；

（二十一）通过终点后没有上交地图或没有在成统处录入成绩；

（二十二）有意妨碍他人比赛；

（二十三）其他违反体育道德的行为；

（二十四）严重违反环保指南的行为。

第二百四十一条 有下列情况，取消本场比赛资格及下一场或后续若干场比赛资格。

（一）中途退出比赛，未到成统处读取检查卡信息；

（二）中途退出比赛没有上交地图；

（三）在场地中交换地图或检查卡；

（四）替跑或找他人替跑；

（五）蓄意破坏、改动、移动、拿走检查点器材；

（六）运动员无故不参加比赛；

（七）诽谤、威胁或恐吓裁判员；

（八）其他严重违反体育道德的行为。

第二百四十二条 个人报名信息混乱，前后矛盾，取消所有场次比赛资格。

第二百四十三条 有下列情况，取消代表队比赛资格。

（一）在一场比赛中同队有 2 名以上（含 2 名）运动员被取消比赛资格；

（二）代表队相关人员或没有参加比赛的运动员擅自进入赛场；

（三）经警告和通报后，再次在完成比赛，离开终点区前未到竞赛中心签到处签到；

（四）对将重复使用的比赛场地，在第一次使用时其运动员没有交回该比赛场地地图。

（五）有预谋的组织集团作弊，多人帮助某一人取得名次。

第二百四十四条 代表队有成员在赛前勘察过比赛场地，取消该队所有场次比赛资格。

第二百四十五条 有下列情况，对教练员禁赛 2 年，情节严重的终身禁赛。

（一）在国际赛事中，有损国家形象；

（二）组织运动员提前勘察赛场；

（三）一场比赛中有 3 名以上运动员接受其他运动员帮助或帮助其他运动员；

第二十六章 抗 议

第二百四十六条 代表队教练、领队或运动员可对违反规则或竞赛委员会指令的行为提出抗议。

第二百四十七条 抗议应以口头形式尽快向裁判长提出。由裁判长对抗议进行裁决。裁决结果应尽快通知抗议方。

第二百四十八条 如果运动员的抗议在比赛开始前尚没有得到解决，裁判长可以让该运动员" 在抗议下" 比赛，以便保留其所有有关权利。

第二百四十九条 如抗议涉及某项目比赛成绩，应在正式宣告该项目成绩后的 1 小时内提出。竞赛委员会应确保所有成绩的宣告时间被记录下来。

第二百五十条 抗议截止后，裁判长应以书面形式向总裁判长报告抗议及抗议裁决情况。

第二十七章 申 诉

第二百五十一条 代表队教练、领队和运动员对总裁判长做出的抗议裁决有异议时可进行申诉。

第二百五十二条 申诉应在裁判长宣布裁决结果后 1 小时内以书面形式递交仲裁委员会。

第二百五十三条 赛前应公布受理申诉的地点、联系人及联系方式。

第二十八章 仲 裁

第二百五十四条 A 类、B 类赛事应任命一个仲裁委员会（或仲裁组）来对抗议进行裁决。

第二百五十五条 仲裁委员会通常由 3 至 5 名的单数委员组成，其中一人为主任，一人为秘书。仲裁委员会成员由竞赛委员会确定。

第二百五十六条 仲裁机构依据国家体育总局《仲裁委员会条例》开展工作，复审比赛期间执行竞赛规则、竞赛规程中发生的纠纷。

第二百五十七条 仲裁委员会应根据抗议及当场执行裁判、裁判组的书面报告，进行必要的调查研究，召开仲裁委员会议。可吸收有关人员列席会议。列席会议人员无表决权。

第二百五十八条 仲裁委员出席会议人数必须超过半数，做出的决定方为有效。

第二百五十九条 仲裁委员会成员应回避与本人有利益关联的代表队问题的讨论。

第二百六十条 仲裁委员会对申诉所作的决定为最终裁决，并立即生效。如有新的确切证据，且产生新的裁决仍有实际意义，应考虑重新进行裁决。

第二百六十一条 竞赛委员会应遵从仲裁委员会的决议。

第二百六十二条 对于违反相关规则规定的裁判员，仲裁委员会可根据错误程度向竞赛委员会提出处罚该裁判员的建议。

第二十九章 上 诉

第二百六十三条 如仲裁委员会尚未成立或者比赛结束仲裁委员会已经解散，代表队可对违反规则和竞赛规程的行为上诉。

第二百六十四条 上诉应尽快以书面形式递交赛事主办机构。

第二百六十五条 上诉时不用交纳费用。

第二百六十六条 对上诉所做出的决议是最终决议。

第三十章 官 员

第二百六十七条 举办赛事应由主办单位指派竞赛主任，负责比赛的技术组织。

第二百六十八条 举办 A 类和 B 类赛事，应由中定协或主办方按相关规定选派赛事监督、竞赛主任、总裁判长、制图员、线路设计员和主要裁判员。

第二百六十九条 赛事监督是由中定协或主办方指派的委派到承办单位的官方代表，主要负责对赛事整个筹办工作的指导，检查和监督。相关工作对中定协或赛事主办方负责，并与中定协项目主管或主办方项目负责人保持联系。

第二百七十条 承办单位可指派一名独立的赛事管理作为助理协助赛事监督的工作。如中定协或主办方没有为赛事指派赛事监督，承办单位指派的赛事监督将兼任中定协或主办方的赛事监督。承办单位指派的赛事监督不必来自当地。

第二百七十一条 竞赛主任与赛事监督共同计划比赛的技术组织，确保该项计划完成并与赛事监督共同解决任何技术问题。竞赛主任应指挥工作人员间的配合，并通过通信系统与所有工作人员保持联系。

第二百七十二条 赛事监督应对保证赛事组织的公平性及与规则的一致性负责。如赛事监督认为为满足赛事的需要有必要对规程进行修改，可要求修改规程。

第二百七十三条 赛事监督应与竞赛委员会密切协作，及时了解有关信息，发送中国定向运动协会。主办方及承办单位的官方信息，都应得到赛事监督的认可。

第二百七十四条 赛事监督一旦发现任何违规的情况，或可能发生违规的情况，应采取一切必要的措施。如有必要，赛事监督可建议主办单位取消某场比赛甚至赛事。

第二百七十五条 赛事监督应进行必要次数的监督性考察。考察计划应与指派机构和承办单位取得一致。考察完毕后，应立即发送一份简明的书面报告给指派机构，并送副本给承办单位。

第二百七十六条　为了让承办单位有足够的时间做出必须的准备和完善，赛事监督至少应在比赛开始两周前完成所有检查和评估工作。

第二百七十七条　赛事监督应为总裁判长和裁判长提供必要的技术支持。

第二百七十八条　赛事监督应负责以下基本任务。

（一）考查、评估比赛场地的适宜性和安全性；

（二）评估赛事可能带来的环保问题和环保方案。

（三）评估比赛地点和比赛区域；

（四）考察承办单位的赛事筹备工作，评估食宿、交通、日程、预算安排，以及训练可行性；

（五）检查地图质量，提出修改和完善建议；

（六）检查起点、终点、接力交接区的位置、设置和竞赛委员会方案是否适当；

（七）评估线路设计质量，包括：

1. 是否与规则及其附录的要求一致；

2. 线路的安全性，特别是可能出现的危险和危险的位置是否得到适当处理；

3. 线路的公平性，特别是地图细节的质量对公平性的影响；

4. 难度、检查点位置、检查点器材、检查点说明是否适当；

5. 线路的环保性，环境敏感区域是否得到适当的保护。

（八）对线路设计提出修改、完善建议；

（九）批准线路设计。

第二百七十九条　线路设计员应根据规则及其附录设计线路，并对以下工作负责：

（一）对地图进行必要的检查和修正；

（二）制定起点区、终点区和交接区设置规划和赛事中心规划；

（三）制定赛场安全警示方案和环保警示方案。

（四）印制比赛地图和线路；

（五）线路的保密性；

（六）准备检查点说明表；

（七）确保检查点及其器材在赛场中被放置在正确的位置；

（八）确保饮水站被设置在正确的位置；

（九）确保起点区、终点区和交接区设置和竞赛中心规划得到正确实施；

（十）确保赛场安全警示方案和环保警示方案得到正确实施。

（十一）尽量减少线路对环境的影响；

（十二）带领获得授权的媒体代表进入赛场进行媒体报导。

第二百八十条　竞赛委员会应指派一名安全监督和一定数量的安全助理负责以下工作：

（一）评估赛事可能存在的安全问题和环保问题；

（二）制定赛事安全保障方案和环保方案；

（三）保证有足够的设备用于急救；

（四）保证在运动员住地提供医疗服务；

（五）检查安全措施是否到位；

（六）检查环保措施是否到位；

（七）监督安全方案的执行；

（八）监督环保方案的执行；

（九）处理赛事中出现的安全问题。

第二百八十一条 安全监督和安全助理应佩戴明显标志。

第二百八十二条 总裁判长领导全部比赛裁判工作，直接对竞赛主任负责。可配备2—3名副总裁判长辅助总裁判长进行裁判工作。

第二百八十三条 应分别任命起点、终点、场地和成统裁判长、竞赛秘书长和解说员等。

第二百八十四条 如有必要，应为裁判长配备适当数量的副裁判长。裁判长和副裁判长应统一着装，佩戴职务和技术等级标识。

第二百八十五条 应为裁判长配备适当数量的裁判员。裁判员应统一着装，佩戴职务和技术等级标识。

第二百八十六条 应为竞赛秘书配备适当数量的秘书助理，竞赛秘书和助理应佩戴职务标识。

第二百八十七条 总裁判长是赛事中竞赛规则和竞赛规程的最高执行人和最终解释者，对规则和规程中没有明文规定而难以处理的问题，由总裁长根据规则精神做最后的裁决。总裁判长的基本任务如下：

（一）制定赛事裁判工作计划；

（二）组织全体裁判员学习竞赛规则和竞赛规程，统一对规则条文的理解；

（三）主持并监督出发顺序抽签；

（四）主持领队、教练员和裁判长联席会议；

（五）协调和监督检查各裁判组工作，控制比赛进程；

（六）处理比赛中的各种疑难问题；

（七）批准比赛成绩和宣布比赛成绩。

第二百八十八条 裁判长应确保规则和有关的技术规范在比赛中得到执行，处理发生于比赛期间规则和有关技术规范未作明文规定的问题。

第二百八十九条 裁判长应对比赛中出现的情况做出裁决。有权对违规运动员提出警告或取消比赛资格。裁判长做出处罚决定后应及时将处罚情况填入违规记录卡。

第二百九十条 除规则中明确的职责外，裁判长应明确裁判员的职责。裁判长不能代替裁判员。

第二百九十一条 起点裁判长负责组织起点区的裁判工作，带领起点组裁判员完成以下基本工作：

（一）按线路设计员的方案布置起点区和交接区；

（二）根据出发程序和出发顺序组织运动员检录、进入隔离区，阻止违禁物品进入隔离区和待发区；

（三）组织运动员出发；

（四）控制隔离区人员的流动，保证运动员得到良好的休息和进行不受干扰的准备活动；

（五）根据参赛运动员的组别和数量提前准备比赛地图。

第二百九十二条 检录裁判员应检查运动员着装是否符合要求，正确佩戴号码布和检查卡等相关信息与出发批次表一致。

第二百九十三条 检录裁判员监督运动员从集结区到隔离区的通行，以确保检录后的运动员按预定的时间到达待发区。

第二百九十四条 序道员与检录裁判员配合，引导运动员在待发区就位。

第二百九十五条 场地裁判长负责组织赛场的裁判工作，带领场地裁判组完成以下基本工作：

（一）与线路设计员密切配合，在赛前准确完成检查点和检查点器材的布置；

（二）保证检查点和检查点器材的安全性；

（三）检查、阻止和判罚赛场中的违规行为；

（四）安置中途退出比赛的运动员；

（五）组织搜寻迷失的运动员；

（六）与安全监督密切配合，及时处理赛场中出现的安全问题。

第二百九十六条 检查裁判长和检查裁判员可由场地裁判长和场地裁判员兼任。

第二百九十七条 固定位置检查裁判员应站在可能诱导运动员企图穿越的禁区或不能通行特征的关键性位置提醒运动员。

第二百九十八条 流动检查裁判员应沿易观察比赛的路线循环或往返移动：

（一）制止企图穿越的禁区或不能通行特征的行为；

（二）制止危险行为；

（三）记录违规情况。

第二百九十九条 检查裁判员对严重违规的情况，应立即向裁判长报告，由裁判长做出裁决。

第三百条 看点员应着不醒目服装，保持沉默，处在不会为运动员接近检查点提供帮助的位置记录运动员到访情况。看点员应注意观察检查点附近的运动员，记录交换地图和交换检查卡等严重违规的行为，制止可能危及运动员安全的行为。

第三百〇一条 终点裁判长负责组织终点区的裁判工作，带领终点裁判组完成以下基本工作：

（一）根据线路设计员的规划布置终点区；

（二）保证沿着必经线路跑向终点的运动员顺利冲过终点线；

（三）回收地图；

（四）检查地图、检查卡和号码布；

（五）判定并记录集体出发的运动员到达终点的顺序和名次；

（六）在接力赛中预报即将完成比赛到达终点的运动员号码或代表队。

（七）控制终点区的秩序，保证观众和媒体的利益。

第三百〇二条 成统裁判长负责组织成绩统计和发布工作，带领成统裁判组完成以下基本工作：

（一）录入与变更运动员信息；

（二）分发号码布和检查卡；

（三）编排出发顺序；

（四）准备批次表、检录表；

（五）处理接力赛、团队赛运动员临场变更；

（六）录入运动员成绩、打印成绩条和做好成绩备份；

（七）统计运动员到达终点的数据；

（八）公布即时成绩；

（九）确定最终成绩、名次并报总裁判长批准；

（十）提供成绩表；

（十一）统计团体成绩。

第三百〇三条 竞赛秘书长负责组织竞赛中动态信息的收集整理、统计汇总等信息管理工作，带领助理完成以下基本工作：

（一）负责赛事中心的管理；

（二）统计汇总运动队报到、离开赛场情况；

（三）受总裁判长委托在赛事中心、运动员住宿地张贴成绩、通知和处罚公告等信息；

（四）组织体育道德风尚奖、优秀裁判员、教练员和运动员的评选；

（五）为裁判员提供后勤保障；

（六）协助组织现场颁奖。

第三百〇四条 解说员是信息提供员，负责向观众、运动员和官员提供适时的信息，激发兴趣和热情。如有必要，应配备 1 名或多名助理。解说员的工作重点如下：

（一）介绍到达观赏检查点的运动员；

（二）介绍正在冲刺的运动员；

（三）适时介绍定向运动基本知识；

（四）宣告即时成绩。

第三十一章　赛事总结

第三百〇五条 竞赛委员会最迟应在赛事结束后 3 周内向主办单位递交一份简短的赛事总结、两套带有详细比赛线路资料的地图和一份完整的成绩册。

第三百〇六条 赛事监督应在赛事结束后 4 周内向中定协递交总结报告，内容包括赛事主要特色，赛事安全、规则执行、公平竞赛情况、抗议和申诉的详细情况，改进赛事组织和完善规则的建议。

第三百〇七条 线路设计员应在赛事结束后 3 周内向赛事监督和派出机构递交总结报告，内容包括与线路设计有关的赛事特色、线路设计中存在的问题与建议。

第三百〇八条 安全监督员应在赛事结束后 3 周内向赛事监督和派出机构递交总结报告，内容包括与安全相关的赛事特色、赛事安全中存在的问题与建议。

第三百〇九条 总裁判长应在赛事结束后 3 周内向主办单位、相应规格的定向协会裁判委员会、赛事监督递交总结报告，主要内容包括：

（一）赛事名称、主办单位、承办单位、协办单位、日期、项目、组别；

（二）参赛单位、运动员报名和实际参赛人数；

（三）比赛场地简况；

（四）气候情况；

（五）规则执行情况，包括附加规则、特别规定和偏离规则的情况；

（六）违规情况；

（七）比赛成绩；

（八）赛事主要特色；

（九）抗议和申诉的详细情况；

（十）存在的问题及原因；

（十一）改进赛事组织和完善规则的建议等。

第三百一十条　裁判长应在赛事结束后2周内向总裁判长递交总结报告，内容包括其职责范围内工作特色、规则执行情况，违规处理情况、存在的问题与改进建议。

第三十二章　广告和赞助

第三百一十一条　不得有香烟及烈性酒广告。

第三百一十二条　在官方正式仪式中，代表队成员着装上的广告不能超过300平方厘米。

第三百一十三条　号码布四周的标识不得有数字，标识不得影响号码的整体可读性。

第三百一十四条　除号码布外，参赛者服装和装备上的广告数量没有限制。

第三十三章　媒体服务

第三百一十五条　竞赛委员会应向媒体代表提供良好的工作条件。

第三百一十六条　在不影响公平性的前提下，竞赛委员会应尽可能为媒体代表提供更多的服务，包括：

（一）秩序册、通知和通告、重点运动员信息等；

（二）参加模拟赛的机会；

（三）竞赛中心提供良好的工作空间；

（四）比赛成绩单和比赛结束后的带有线路的地图，以及重点运动员的线路选择等。

第三百一十七条　在不影响公平性的前提下，竞赛委员会应努力扩大媒体的覆盖面。

第三十四章　附　则

第三百一十八条　中定协对本规则拥有最终解释权。

第三百一十九条　本规则自2017年5月1日起施行，中定协2014年颁布的《中国徒步定向运动竞赛规则》同时废止。

第八章　定向运动中伤害事故的预防

本章导读： 了解定向运动中常见的伤害事故，掌握一般伤害事故的预防与处理，确保安全定向、快乐定向。

关键词： 运动损伤；中暑；自然伤害；人为伤害；急救；人工呼吸

体育教学的主要任务是增强学生体质，如果在教学中发生了伤害事故，就违背了学校体育和体育教学的根本目的。因此，在定向运动教学中，要十分重视伤害事故的预防，杜绝伤害事故的发生。

一、运动损伤

定向越野的运动损伤主要发生在身体的下肢部分，其中膝部和足部损伤各占 1/2。在足部主要是脚尖和后跟损伤。损伤以肌肉和韧带损伤为主。

（一）运动损伤的处理

运动损伤发生后应及时找到水源进行冷敷，然后慢慢回到休息地进行包扎固定。肌肉和韧带损伤后应该停止与受伤部位肌肉或韧带相关的训练，进行其他的非相关训练。损伤恢复后，应进行专门的机能恢复训练，以弥补受伤后因停训导致的机能消退或降低。

（二）运动损伤的预防

做专门性的伸展运动练习，包括跟腱和腓肠肌的伸展练习、足背肌肉伸展练习、膝关节后部肌肉韧带伸展练习、股四头肌伸展练习、大腿后部肌群伸展练习、腹股沟肌肉伸展练习、踝关节伸展练习、弓步正压腿和弓部侧压腿。

用弹性绷带固定进行训练。多次受伤后，脚踝部由于机能降低，极易再度受伤，训练中可用弹性绷带加固，提高脚踝部抗损伤的能力。

加强脚踝功能练习，如沙地中走，逐步过渡到慢跑，沙软不定型，对脚踝的适应能力要求高；负重山地走，走路冲击力小，不易受伤，负重加大了对脚踝机能的要求。

二、中暑

定向运动在野外进行，且多在高温环境下进行，很容易发生中暑现象。

（一）中暑的处理

当有先兆或轻度中暑时，应让患者迅速离开高热环境，移至荫凉通风处休息，解开衣领，并给予清凉饮料、浓茶、淡盐水、人丹、解暑片（每次 1～4 片）或藿香正气丸（每次

1粒）。对病情较重的患者，应立即移到荫凉处，让其平卧（或抬高下肢），根据不同的病情，分别作如下处理：

中暑痉挛时，牵伸痉挛肌肉使之缓解，并服用含盐清凉饮料。

中暑病时，服用含糖、盐饮料，并在四肢作重推摩、按摩。

日射病时，头部用冰袋或冷水湿敷。

中暑高热时，应迅速降温，如用冷水或冰水擦身（擦至皮肤发红），或在额、颈、腋下和腹股沟等处放置冰袋。

症状重或昏迷者，可针刺人中、涌泉、中冲等穴，并应迅速送医院进行抢救。

值得注意的是：对中暑的处理主要依靠同学之间互相帮助，或者主动向当地村民求救。教师是无法监控每一个学生的情况的。

（二）中暑的预防

平时要坚持在较热的环境中锻炼，逐步提高身体的耐热能力。高温炎热的季节，应适当调整作息时间及延长午休时间。在烈日下运动应戴白帽，穿浅色、宽松、通风性能良好的运动服。夏天运动应准备清凉消暑或低糖含盐的饮料，并准备救急药品。耐热能力较差，身体疲劳或患病时，不宜参加锻炼。此外，教师和教练员应懂得先兆中暑的病状，如发现有先兆中暑症状者，应立即停止运动，并及时处理。

三、自然伤害

来自自然界的伤害主要有毒草木、瘴气、毒蛇、猛狗、山（崖）崩、深地坑（井）、山火、暴风雨、雷电、洪水等。

对这类来自自然界的伤害，应以预防为主。第一，教练员在选择场地和设计路线时应予以回避；第二，应在天气良好的情况下进行野外教学；第三，学生应加强自我保护意识。

四、人为伤害

人为伤害主要有：车祸、猎人的圈套（陷阱、兽夹）、被劫、与当地居民的利益冲突等。

对这类伤害的预防主要靠学生的自我保护意识，如横穿马路时要注意看清左右有无车辆通过。其次要加强自身修养，爱护农民的庄稼。碰到陌生人时，不要理睬，并尽量回避。

【附录】

户外运动基本常识

一、户外运动的一般要求

野外运动的着装，颜色选择鲜艳醒目的为好。有条件的可购买专门的定向运动服装，它质地轻、透气性好、散热快、不粘皮肤。穿普通长袖长裤的运动服也可以，但要透气、吸汗。不宜穿短裤从事定向运动，南方地区尤应如此。因为南方的灌木丛荆棘多，穿长裤可以减轻不必要的伤害，如果戴上专用绑腿，防护就更好了。

鞋要牢固、轻便、舒适，穿专用越野鞋为好，可封严鞋口。鞋底纹路应深，可防滑。袜子应是棉袜，可吸汗、防滑、跟脚，不宜穿尼龙袜，它容易造成脚在鞋内打滑而站立不稳。

头应戴有帽檐的帽子。在丛林中穿行，帽檐对树枝可起防护作用，在夏天阳光下，还可起遮阴作用，便于运动者观察。选择棒球帽、作训帽、太阳帽都是适宜的。

1. 饮、食品

在野外进行定向运动训练，能量消耗大，体内水分流失大且没有卫生的水源，在训练前，应准备一些饮用水和巧克力糖。在夏季，一般应带一些含盐量0.9%的生理盐水，以防钠流失过多。

如果训练时间较长或训练地区较远，赶不上正常吃饭时间，还应带些食品。

2. 应急药品

野外常用的药品分为防（治）蚊虫叮咬与皮肤类药、防治蛇咬药、消暑类药、止泻类药、跌打损伤类药以及外科消毒类药剂与器械等，每类药准备适量即可。

●防（治）蚊虫叮咬与皮肤类药品有：红花油、清凉油、风油精、无极膏等。

●防治蛇咬类药品有：季德胜蛇药。

●消暑类药品有：藿香正气软胶囊、藿香正气水、人丹、十滴水、金银花草药、清凉油等。

●止泄类药品有：黄连素片、诺氟沙星胶囊、易蒙停、泻痢停、双黄消炎片、金莲花胶囊等。

●跌打损伤类药品有：云南白药喷雾剂、正骨水、扶他林、奇正药膏等。

●外科消毒药剂与器械：碘酒、酒精（70%）、医用双氧水、创可贴、酒精棉球、医用镊子、医用剪刀、干棉球、干棉球棒、无菌纱布片、绷带、胶布、制式急救胶布包等。

3. 其他用品

为应付野外的常见情况和突发情况，还须准备一些其他的不可或缺的用具。

●刀具：有一把长约40厘米（包括刀刃和刀柄）的刀在野外是十分实用的，可以应付很多情况。

●雨具：雨衣较合适，可防风雨，解放双手，行动自由。

●帐篷：作为临时休息和更衣场所。

●通信工具：对讲机、手机、喇叭都具备较好。对讲机对在一定区域内进行联络和了解情况十分方便。手机在单个学生或运动员出现突发情况时可以及时报告，以便获得援助。喇叭在大范围内召集、寻找人员比较实用，队员听到喇叭信号可循声去找，及时归队。

在野外运动，应遵守有关纪律和法令，这样可以避免不必要的麻烦。在林区活动，应严禁烟火，不能带火种进入林区，否则违法，并会被严厉处罚。在公园做定向运动，应爱护公园的花草树木，否则，将违反公园管理制度而被处罚。在农村做定向运动，应爱护农作物，不践踏庄稼，经过果园，不摘果实，否则，会引起当地农民的怨恨，也会受到惩罚。这些不文明行为，都不利于定向运动的开展。

运动者遵纪守法，做文明人，会受到当地居民的尊重，还会自发地提供饮食和方便。如果实在想吃果实，可以主动向果农购买，这样价钱往往十分便宜。

二、野外运动中常见问题的处置方法

野外运动，不确定因素多，突发情况常有发生，遇到情况，关键是要沉着、冷静、不慌张，惊惶失措往往会铸成大错。下面介绍几种常见问题的处置方法。

1. 遇有水域

在野外运动，会经常遇到水库、池塘、河流、沟渠等水域，南方地区尤甚。在前进道路上遇有水域，运动员不要涉水，即使是捷径、运动员水性好也不能涉水，这是保证定向运动安全的基本原则。因为野外水情复杂，运动员在运动中全身发热、血管膨胀，突然进入水中，血管收缩，肌肉极易抽搐，常会出现险情。在历次全国比赛中，都明确规定运动员不许下水。

另外，对长有水生植物（如芦苇、荷叶）的地方，也不要进入，这些地方往往是沼泽地，容易下陷，十分危险。在晴朗的天气里，看到湿地也不要进入，以防陷入泥淖之中。

2. 意外受伤

运动中受伤（跌伤、扭伤、撞伤、划伤、刺伤等），应根据伤情灵活处置。如果伤情较轻，功能没有障碍，稍作休息，可以继续完成训练，但是速度要比原来慢一些，或改为行走；如果跌伤、扭伤较重，功能有障碍，可先行休息，再试着做功能动作，若仍不能做，甚至有剧痛，则可能是骨折，也可能是韧带受伤，应立即停止动作并呼救；如果出现伤口，伤口又不大，出血也不多，可再挤出一点血，让血清洗伤口，而不能用水洗，然后用创可贴盖住伤口或用手帕包扎，以防细菌侵入，走回终点；如果伤口较大，流血较多，应立即抬高伤肢，包扎止血，并呼救。呼救时，应充分利用随身通信工具，首先与带队老师取得联系；如没有通信工具，呼救应有一定的间隙，不要拼命不停地叫喊，以减少体力的消耗，并注意听周围的动静。其他队员听到呼救声，应停止训练，寻声找到受伤同伴，帮助他，并设法与带队的教练与老师取得联系，或与当地老百姓取得联系，争取他们的帮助。

3. 身处险境

身处险境一般是指落入深坑和陷入泥潭或沼泽地等情况。如果落入深坑，自己爬不上来，须发出求救信号，获得帮助。如果陷入泥潭或沼泽地，自己挣扎不上来或有下陷情况，就要立即呼救，以等待救援，或者呈“大”字形趴下，爬行出沼泽地。

4. 意外落水

意外落水时，应根据自己的水性游向最近的岸边。以能见到土质或石质堤坝、高地为实岸，长着高大的草、芦苇等水生植物的地方则不是实岸，否则，接近这些水生植物，容易被缠住而陷入更大的险境。另外，长着芦苇的地方是血吸虫的寄生物——钉螺的孳生地，接近芦苇有被血吸虫侵入的危险。因此，这些水生植物千万不要接近。如果不会游泳，则立即呼救，以引起别人注意和救援。

如果是别人落水，应首先采用间接救护法，即高声呼救，引起更多人的注意和帮助，同时就近寻找绳子、木杆、竹竿等漂浮物，扔给落水者，将他拽回岸边。如果一时找不到木杆等漂浮物，也没有其他救援者，发现者水性较好，落水者不习水性，则可采取直接救护法，即发现者直接下水，从落水者身后接近他，一手抓住落水者的衣领或托住他的后脑，另一只手划动，游向岸边。抢救落水者时要特别注意防止被落水者抱住或抓住自己双手的情况，一旦出现这种情况，救人者往往难于解脱（因为落水者抱得特别紧），从而造成双双溺水的悲剧。

5. 对雷电的防护

夏天雷阵雨、暴雨较多，且往往变化莫测，说变就变。野外运动在夏天进行时要注意对雷电的防护，其要领是：一不上最高点；二不靠近最高物体。出现乌云、闪电时，别让自身成为最高点。应观察身边周围地形，离开山顶、丘顶等地势高的地方，转向地势较低的地方；也不要在空旷地的独立树、旗杆、塔状建筑物等制高点地物附近；更要迅速离开高压输电线地带。当雷雨降临时，若有地方避雨（居民屋、农舍、空屋、草棚等），则可先进屋，等雨停了之后再走（雷阵雨来得快，去得也快）。若没地方避雨，又没有雨衣时，将身上的手机关闭，金属物品要用塑料袋抱好，沿着较低的地势走，速度应慢一些，并远离水塘等水域。

6. 遭遇动物

1）遭遇狗

现在，不论是城市还是农村，养狗已经相当普遍。遇到狗，不必惊慌，可照常走路，但不可跑，人跑反而会引起狗的攻击。

但是，在水域较大的鱼塘或小型水库或养殖场，可能会遇到看护鱼塘、养殖场、瓜地的狼狗或退役军犬、警犬，这种狗一般身材高大、健壮、尾粗、吠声粗，通常被拴在主人为它搭建的专门的狗屋前，离主人住房有一定距离。当然，也有主人不拴的狼狗，不拴的狼狗通常与主人在一起，主人会随时管教它，相对而言攻击性不强。所以，狗的身材、是否有独立的专门狗屋及被拴等情况是判断狼狗、军（警）犬可能性的重要依据。在看到较大水域鱼塘、养殖场、瓜地和独立小屋时，应提早防范狼狗。若可以绕道走，应及时避开；若必须通过狗屋旁，也应相距一定距离（即使狗有铁链拴着），注视它并慢行通过，不要做任何不正常的动作。值得提醒的是，第一，这类狗的住屋并不低矮，其高度可作为人临时休息用，判断上容易失误；第二，这类狗的吠声停止时有低沉的"哼哼"声，这是它感到危险时发出的威胁声音，这时千万不能惹它、逗它；第三，经过独立小屋却没有犬吠声，应立刻离开，以防受到突然攻击。总之，在经过这些地方时，能避开则避开；不能避开，则要慢行，谨慎而又镇定地通过，千万不能跑，奔跑的人更容易激起狼狗、军（警）犬的攻击意识。

2）遭遇牛

遇到牛不要害怕，牛一般不伤人。但如果身着红色衣服或携带有红色东西时，牛容易被激怒，会向人攻击。此时遇到牛，应提前绕道走，如果是必经之路，可先将红色东西藏起来，红衣服须在牛看不到的地方脱下并包好，然后慢行通过牛的身边。绝不能用树枝逗牛玩。携带点标旗时（点标旗的颜色有红色或橘红色），携带者应特别注意这一点。另外，大小牛在一起时，要绕道或从大牛一侧慢行通过，不可靠近小牛，否则会遭到大牛的攻击。

3）遭遇蛇

夏天在野外遇到蛇是南方地区常有的事，但是，江南地区大多数蛇是无毒蛇，毒蛇种类少，且攻击性不强。如果按照野外运动着装要求着装的话，则会提高防御能力，一般不会被蛇咬伤。见到蛇，一般不要攻击它，它会自己爬走；如果蛇有攻击人的迹象且挡着人前进的道路，可用树枝、竹枝（带叉的更好）将它拨到行进的90°方向，蛇就会爬走。为防遭遇蛇，可以通过打草惊蛇的方法把蛇吓跑。出发前或途中找一根树枝或竹枝抽打前面的树枝、草丛，发出声响，蛇听到响声后，就会很快逃走。抽打树枝、草丛的方法也可用于赶走其他小型爬行动物。

4）遭遇蜂

无论是蜜蜂，还是马峰、土蜂，通常不会主动攻击人，即使它停在人身上也不会攻击人。只有在人用手或木棍赶它时，蜂会误认为遭到攻击，才会蜇人。所以，遇到蜂，可放慢脚步走一小段路，离开蜂群后再跑（定向运动一般采取跑的方式行进）。如果被蜂蜇伤了，可以服用蛇药治疗，继续行进到达终点。

三、野外运动常用急救技术

急救技术是野外出现意外伤病情况而采取的紧急抢救措施，主要有止血、包扎、固定、心肺复苏和搬运等五项技术。

1. 止血

止血是指压迫出血动脉血管向心端，减弱或阻断心脏向伤口部位的供血，避免血液流失。人体受了外伤后就会出血，失血达到人体总血量的20%以上时，人会出现头晕、脉搏增快、血压降低、出冷汗、脸色苍白等症状。因此，止血是急救中一项重要的措施。

1）出血的分类

出血可分内出血与外出血，若运动员没有外伤却出现面色苍白、出冷汗、四肢厥冷、脉搏较弱，以及胸腹部有肿块疼痛等，这是内脏如肝、脾、胃等出血的症状，应立即送医院救治。

外出血分为三种，即动脉出血、静脉出血和毛细血管出血。

（1）动脉出血，因外伤所致动脉破裂时，血液呈鲜红色、喷射状流出，失血量多，危险性大，必须立即止血。

（2）静脉出血，因外伤所致静脉破裂时，血液呈暗红色、涌状流出，如不及时止血，时间长，出血量大，危险性也大，也应及时止血。

（3）毛细血管出血，血液从创面向外渗出，颜色从鲜红变为暗红。

2）外出血的止血方法

（1）指压止血法。用手指将出血动脉向心端用力压向骨头方向，达到止血的目的。指压止血法适用于头部、颈部和四肢的浅表动脉出血。

●颞部或头皮出血：拇指在耳前对准下颌关节上或突出的颧骨上方，压迫颞浅动脉。

●下颜面部出血：眼下方颜面出血时，拇指在下颌角处把面动脉向下颌骨底面的凹陷处压迫。

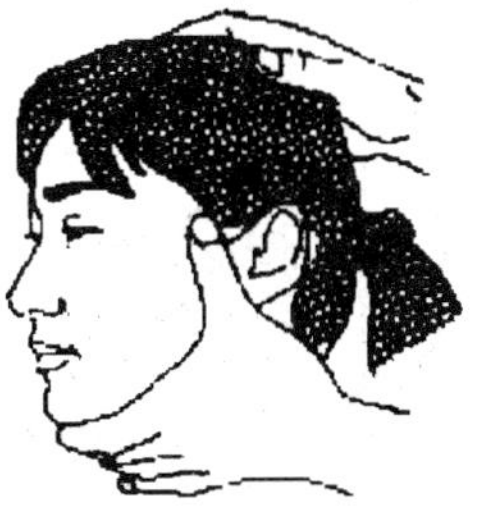

颞部或头皮止血法

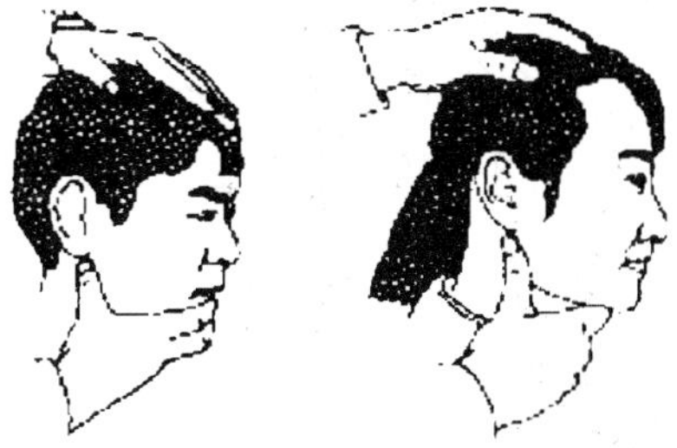

下颜面部止血法

●头面、颈部出血：四指并拢向内向后压迫胸锁乳突肌中点前缘，将颈总动脉压于颈椎上。但绝对禁止同时压迫颈两侧的颈总动脉，以免造成脑缺血而危及生命。同时注意两点，一是不要妨碍伤员呼吸，二是压迫颈总动脉时间不能长，否则同样会危及生命。

●肩部、臂上部出血：在同侧锁骨上窝处，拇指将锁骨下动脉向下压于第一肋骨上。

头面、颈部止血法

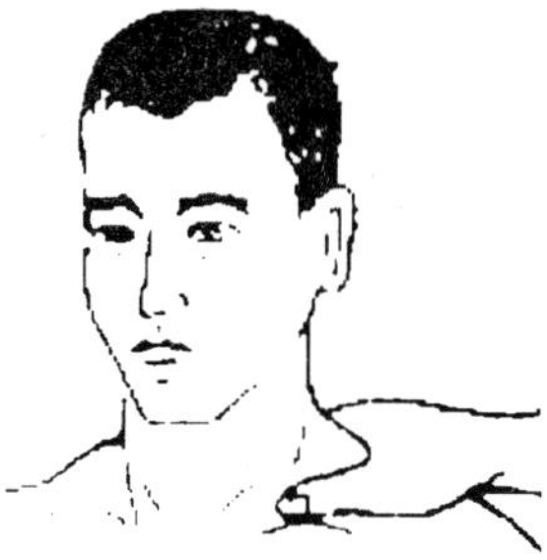

肩部、臂上部止血法

●大臂中下部与小臂出血：一手抬高伤肢，另一只手在大臂肱二头肌侧沟中点将肱动脉压于肱骨上。

●手部出血：将伤手抬高，两手拇指分别压迫腕部的尺桡动脉。

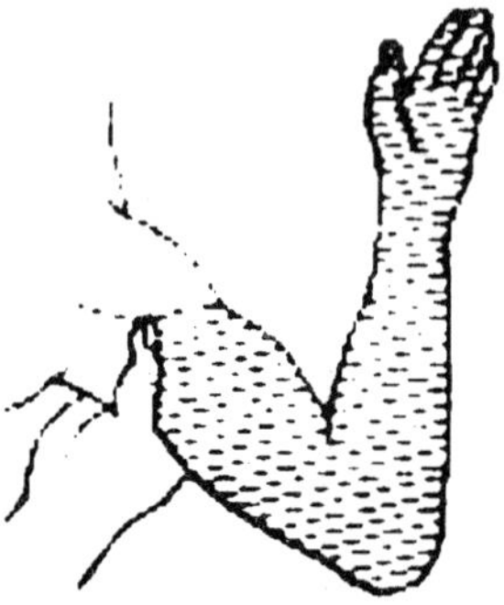

大、小臂止血法

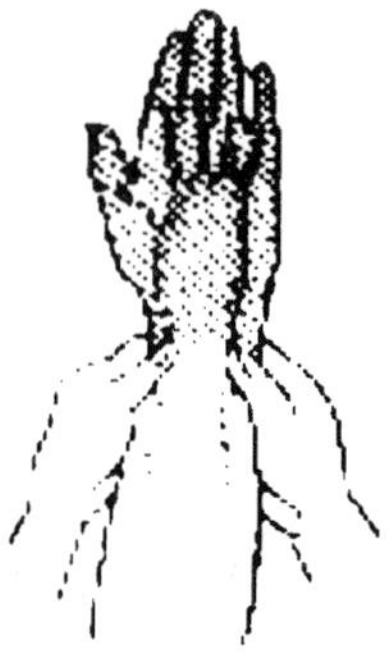

手部止血法

●手指出血：一手将伤手抬高，另一只手的食指和拇指分别压迫出血手指的两侧指动脉。

●下肢出血：在腹股沟中点稍下方，用双手拇指将股动脉用力压在股骨上。

●足部出血：用两手拇指分别将足背动脉、胫后动脉压在足背和内踝后的骨骼上。

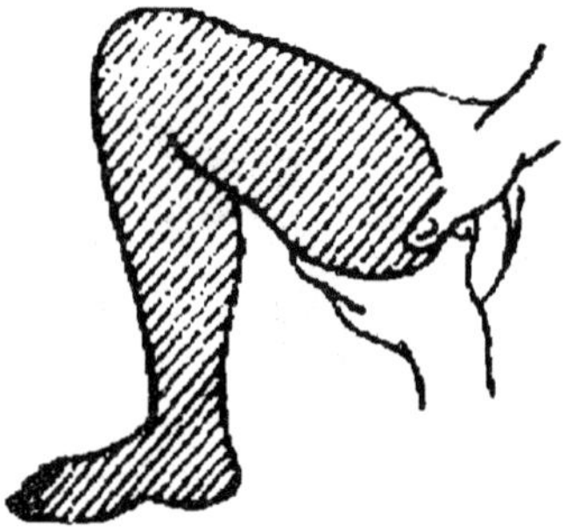

下肢止血法

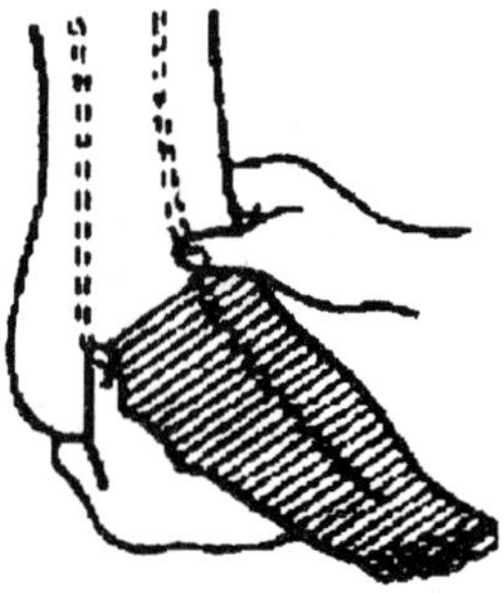

足部止血法

（2）屈肢加垫止血法。当前臂或小腿出血时，可在肘窝、腘窝内放纱布卷、毛巾等，弯曲关节，用绷带或三角巾等作“8”字形紧紧缠住，但若有骨折或关节损伤时则不能使用此法，以免造成骨折错位和剧烈疼痛。

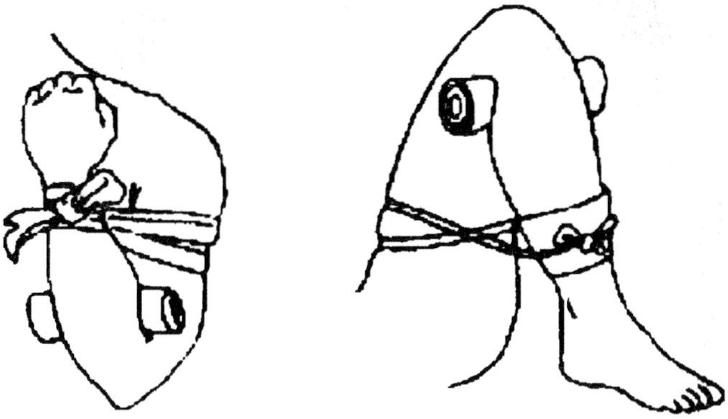

屈肢加垫止血法

（3）止血带止血法。常用的止血带是长约一米的橡皮管。在出血处的近心端选择适宜部位（如上臂的上1/3处，大腿的中下1/3处），用布垫、纱布、毛巾等作衬垫，再用止血带。方法：左手掌心向上放在伤肢上，虎口夹住止血带一端，向内侧留出5寸，右手将止血带拉长，从伤肢外侧向下内绕肢体两圈，左手中、食指夹住止血带末端，顺肢体拉下，右手将头端插入末端并牵出，再拉紧末端，使之成为活节。

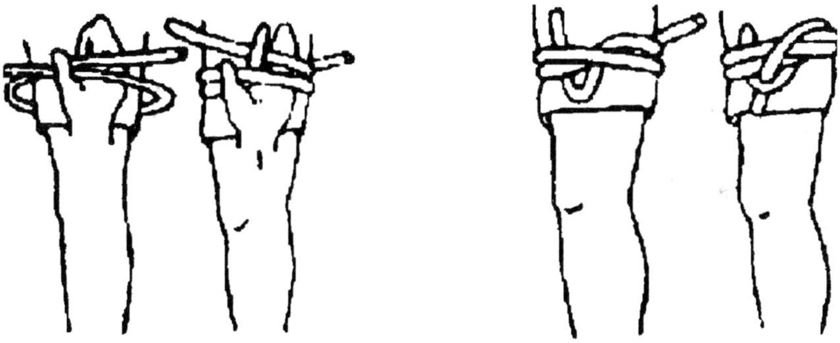

止血带止血法

使用止血带注意事项：松紧以摸不到远端动脉跳动为宜；时间不能太长，每隔45～60分钟放松一次，每次放松3分钟；止血带处应有明显的标记，并注明扎止血带的时间。

（4）绞紧止血法。用三角巾、绷带、手帕、头巾等就便材料，折叠成带状，缠绕在伤口的近心端（需用衬垫垫好），并勒紧至伤口无出血，打个蝴蝶结，取小木棒、钢笔等插入其中绞紧，再将绞棒穿在两小圈内固定。

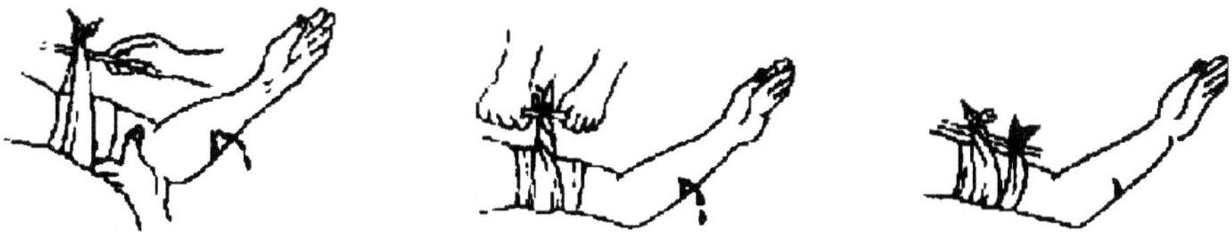

1 2 3

绞紧止血法

2. 包扎

伤口包扎在急救中应用最广，具有止血、减痛、保护伤口免受污染，以及扶托伤肢和固定骨折等作用。为确保包扎的效果，包扎的要求是：伤口封闭要严密，防止污染，松紧适宜，固定牢靠。其动作要领是：快——动作要快；准——敷料盖准后不要移动；轻——动作要轻，不要碰撞伤口；牢——包扎要牢靠，打结时避开伤口。

目前常用的包扎材料有制式三角巾急救包和绷带，急救包是预先用橡皮布包好压缩、消毒，每包中还有纱布垫大小各一块。使用时，橡皮布可打开盖在敷料的外面以防雨水污染。在没有制式包扎材料的情况下，干净的毛巾、手帕、头巾均可作为临时包扎材料。

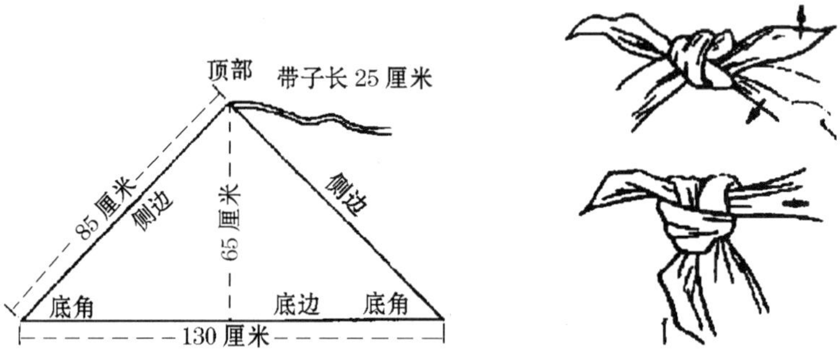

三角巾

1）用三角巾包扎

三角巾的用法：先撕开三角巾急救包胶合边一侧的剪口，取出三角巾，将敷料盖在伤口上，再用三角巾包扎。三角巾可折叠成带状，称作带巾或带式三角巾。适用于头、下颌、眼、膝、肘、小腿及手部较小伤口的包扎，压迫止血较好，亦可作为悬吊带。展开式三角巾包扎法，适用于躯干、头面及肢体等部位伤。

（1）头面部伤的包扎法。

●头部包扎法：将三角巾底边折叠成约二指宽，放于前额与眉弓相平，顶角经头顶至枕后，然后，将两底角经耳上方往后拉至枕骨粗隆下交叉，压住顶角，回额部中央打结。

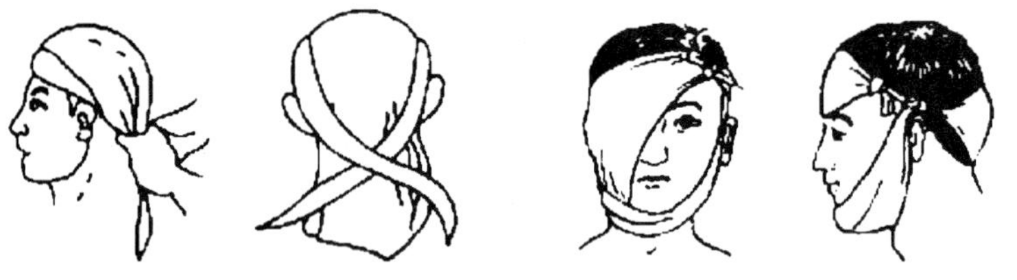

头部包扎法　　　　单侧面部包扎法

●单侧面部（或眼部）包扎法：将三角巾对折双层或剪开用单层，将底边斜盖在伤侧面部，用一底角与顶角在对侧颞部打结。

●单眼（或双眼）包扎法：将三角巾折叠成约四指宽的带形，2/3 向下斜盖在伤眼部，从耳下绕枕后经对侧耳至前额，压住上端头一周打结。包扎双眼时，可反折上端斜下，压住另一伤眼，再经耳下绕枕后至对侧与另一端打结，成“八”字。

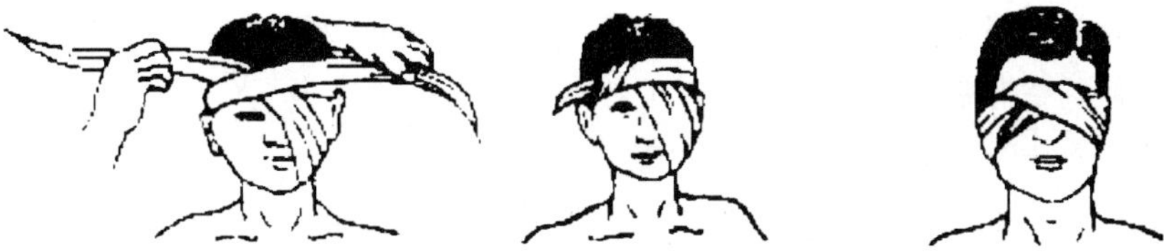

单眼包扎法　　　　双眼包扎法

●下颌包扎法：将三角巾折成约四指宽的带形，取1/3处托住下颌，长端经耳前上方与另一端交叉，然后分别绕到前额及枕后于对侧打结。

●头部毛巾包扎法：将毛巾横放在头顶，前两角反折向后打结，后两角向下拉紧下颌打结。

下颌包扎法　　　　头部毛巾包扎法

(2) 肩部包扎法。将三角巾一底角斜放在胸前对侧腋下，把顶角盖住后肩，用顶角系带在上臂上1/3处固定，再把另一底角上翻后拉，在对侧腋下两角打结。

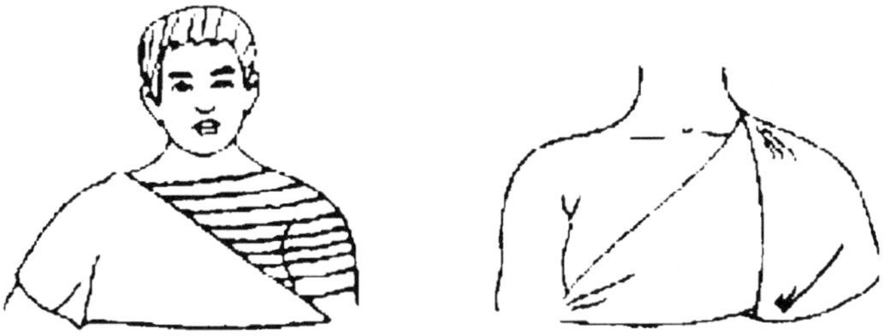

肩部包扎法

(3) 胸背部包扎法。

●单胸包扎法：将三角巾底边横放在胸部，三角巾的中部盖在胸部的伤处，顶角向上越过肩垂向背部，两底角拉向背部打结，顶角系带也和结打在一起。背部包扎则与胸部相反，即两底角于胸前打结。

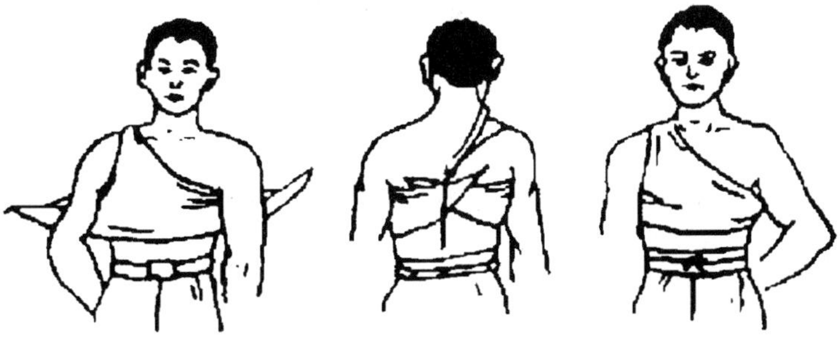

单胸包扎法

●双胸包扎法：将三角巾一底角对准肩部，顶角系带围腰在对侧底边中央打结，上翻另一底角盖住胸部，在背后八字形打结固定。

(4) 四肢包扎法。

●手（足）包扎法：将三角巾底边向上横置于腕部（足跟），手掌或手背（足底）放于三角巾的中央，手指（脚尖）对准顶角，把顶角上翻盖在手（足背）上，然后两角在手（足背）上交叉，围绕腕（踝）关节一周打结。

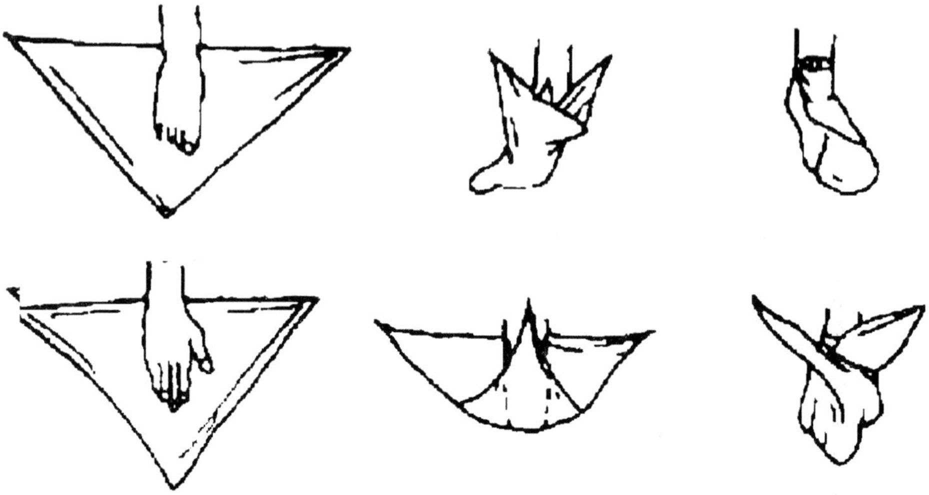

手足包扎法

● 手（足）“8”字包扎法：将三角巾折成带状，横放在手掌（手背）或脚掌成“8”字交叉绕腕（踝）关节打结。

●膝部包扎法：根据伤情将三角巾折成适当宽度的带状，将带的中段斜放于伤部，带的两角分别压住上下两边，包绕肢体一周打结。此法适用于四肢各部位包扎。

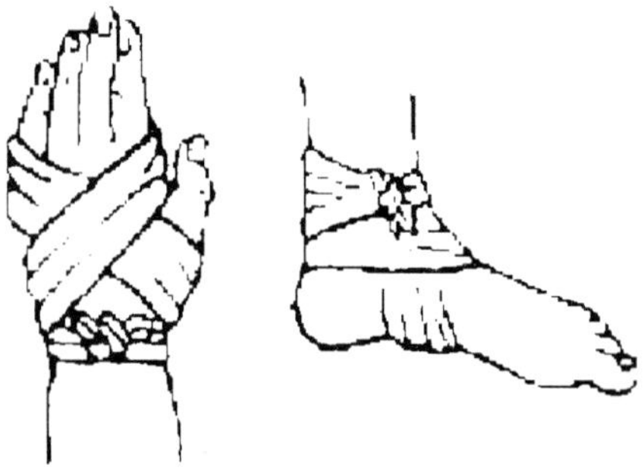

手（足）“8”字包扎法

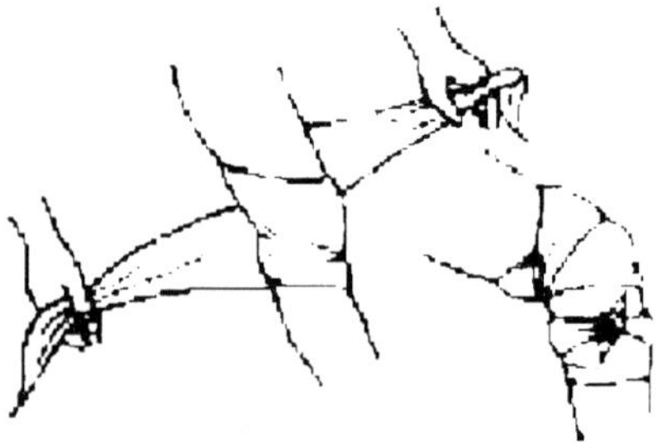

膝部包扎法

●上肢包扎法：将三角巾一底角打结后套在手上，另一底角拉到对侧肩上用顶角包绕伤肢打结，前臂曲至胸前，两底角相互打结。

上肢包扎法

●上肢悬吊法：大悬臂带。用于前臂伤和骨折（肱骨骨折时不能用），将肘关节屈曲吊于胸前，以防骨折端错位、疼痛和出血。小悬臂带。用于锁骨和肱骨骨折、肩关节和上臂伤。将三角巾折成带状吊起前臂（不要托肘）。

上肢大悬臂吊法

上肢小悬臂吊法

2. 用绷带包扎

绷带也是常用的包扎材料。缠绷带时，左手拿绷带的一端并将其展平，右手握绷带卷。如包扎肢体，应由远端向近端包扎，用力要均匀，不可一圈松一圈紧。第二圈应压住第一圈的1/3～1/2。包扎完毕，应再在同一平面环绕2～3圈，然后将绷带末端剪开或撕开成两股，交叉环绕肢体一圈打结，亦可将绷带末端用胶布固定。

（1）绷带的基本缠法。

●环绕法：将绷带在身体的一部分环绕数圈，层层相压。此法多用于颈部，在其他各种绷带法开始时，亦常常用此法包扎1～2圈固定。

●蛇形法：用绷带斜形缠绕，每圈之间保持一定距离而不重叠。此法常用在扶托敷料、夹板。

●螺旋回反法：用于肢体粗细不均的部位，由细处向粗处缠，每缠一圈即反折一次。回反时，以左手拇指按住绷带上的回反处，右手将卷带反折向下，然后绕肢体拉紧。返回处不可在伤口或骨突处。

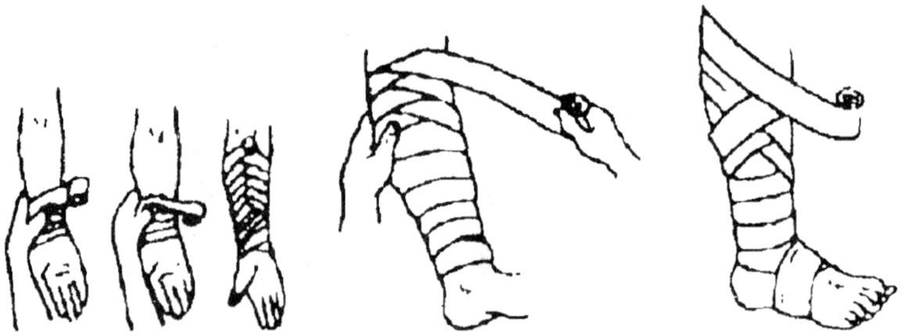

上肢包扎法

●八字形法：有“8”字形和“人”字形两种绕法，常用于关节处。先用环绕法，斜过关节时上下交替，于关节处交叉，并覆盖前圈的1/3或1/2。如关节上下粗细相似，则用“8”字法；粗细相差较大，则用“人”字法。“人”字法多用于在关节深侧交叉，如先缠绕躯干或肢体周径大的部位时，为降带法；先缠绕肢体周径小的部位，为升带法。

“8”字形法在关节屈（如膝）或伸（如肘）面交叉，先缠关节远侧部分，向关节包绕为近心包扎；反之，由关节近侧向远侧绕，为远心包扎。

“8”字形法

“人”字形法

(2) 应用绷带包扎的注意事项。

●防止滑脱。防止的方法是：先环绕两圈固定，将绷带头折回一角，在绕第2圈时将其压住，再继续沿肢体缠绕。包扎终了时必须环绕两圈固定。

●包扎四肢时，由末端开始，指（趾）端应露在外边，以便观察血液循环情况。

●不要用潮湿的绷带。

●绷带各圈中，皮肤不可外露，每圈应重叠1/3或1/2，最后在肢体不易受压处打结。

●包扎出血伤口时，应多用无菌敷料或干净布类覆盖伤口，再加适当压力包扎。

●在肢体的骨隆起或凹陷处，如腓骨头、内外踝、腋窝及腹股沟等处，应垫

3. 骨折固定的方法

骨头受到外力打击，发生完全或不完全断裂时，称为骨折。骨折固定可以减轻疼痛，避免骨折端移动导致血管神经损伤，减少出血，防止感染。

按骨折是否与外界相通，可分为闭合性骨折（骨折端未刺出皮肤）和开放性骨折（骨折端刺出皮肤)。对骨折伤，可根据伤员疼痛或压痛、伤部肿胀、畸形和功能障碍来诊断。

1) 骨折固定的一般原则

(1) 先止血、包扎，再固定。

(2) 就地固定。

(3) 固定的目的只是制动，不是整复。

(4) 夹板与皮肤之间要垫些棉花、毛巾、纱布等软物，尤其是夹板两端、骨隆突处和空隙等部位，以防止夹板擦伤、压伤皮肤和压迫浅表神经。

(5) 固定必须牢固可靠，夹板长度应超过骨折部的上下两个关节。除固定骨折上下两端外，必须把上下两个关节固定住，并应将伤肢固定在功能位置。

(6) 固定松紧要适度。固定四肢时，要露出指（趾）尖，以便观察血运和感觉，如发现指（趾）苍白、麻木、疼痛、肿胀和青紫时，应及时松解，重新固定。

(7) 固定后，应挂标志，迅速送医院。

2) 固定材料的选择

通常用由木制、塑料制的夹板，在野外可就地取材，如木板、木棍、树枝、竹竿、纸板等，也可以用健肢来固定。

3) 骨折固定方法

(1) 前臂骨折固定法：在骨折位外侧置夹板，然后固定骨折上下两端及腕部关节，再用三角巾将前臂悬吊胸前。如无夹板或其他硬质材料，可取两块三角巾，让伤臂屈肘 90°，用第一块三角巾将上臂悬吊于胸前，于颈后打结，用第二块三角巾将伤肢固定于胸前。

(2) 上臂骨折固定法：在上臂外侧置夹板，以绷带固定上下两端，用三角巾将上臂悬吊在胸前，再用绷带或三角巾将伤肢固定在胸廓。如无夹板或其他硬质材料，方法同前臂骨折三角巾固定法。

(3) 小腿骨折固定法：将相同长度夹板两块，分别放置伤肢内外两侧，加垫，用三角巾于骨折的上下端、大腿的中部、膝下和足部打结固定。

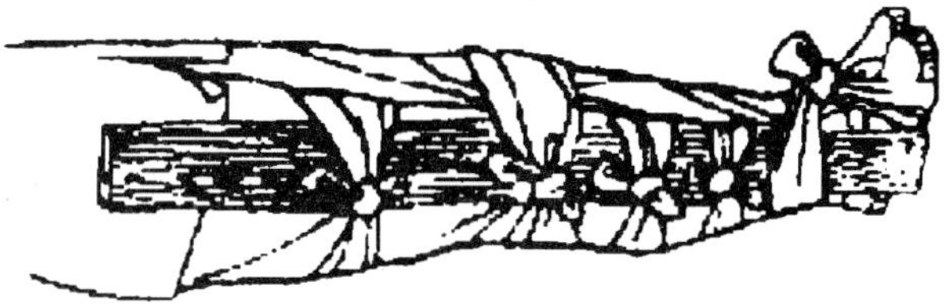

小腿骨折固定法

(4) 股骨骨折固定法：用夹板或扁担、竹竿等置于大腿外侧（自腋下至踝部），关节及空隙部位加棉垫，再用三角巾或绷带、腰带、毛巾、衣服等分别在骨折上下两端、腋下、腰部及膝、踝关节处固定。

(5) 脊椎骨折固定法：3～4 人应同时蹲于伤员一侧，一人托伤员肩胛部，一人托腰部和臀部，一人托伸直并拢的两下肢，动作一致地把伤员挪到硬质担架或木板上。伤员仰卧，腰部垫 5～10 厘米高的垫子，保持腰的过伸性。用三角巾或绷带将伤员胸、腹、胯、踝部固定在担架或木板上。

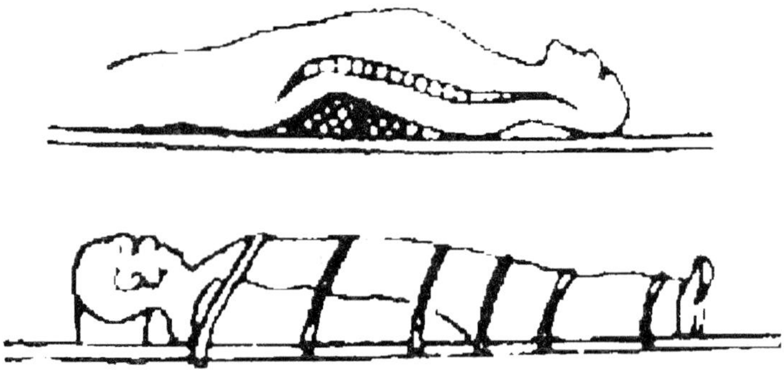

脊椎骨折固定法

4. 搬运伤员的方法

伤员得到初步的救护后，须迅速安全地送到医院进一步治疗，这就是搬运。搬运中为避免再次受伤，有一定的技术要求。

1）搬运伤员的要求

（1）搬运前应尽可能做好伤员的初步急救处理，如止血、包扎、骨折固定等。

（2）根据伤情、地形、受伤地区等情况，灵活选择不同的搬运工具和方法，注意搬运的体位和方式。

（3）搬运动作要轻快，避免震动（尤其骨折伤员），争取短时间内将伤员送到医院。

2）搬运伤员的方法

（1）单人搬运。

●扶持法：搬运者以伤员健肢侧靠着自己，将其健上肢搭在自己肩上，左手或右手在胸前拉着伤员同侧手，另一只手扶在伤员腰部行走。

●抱持法：搬运者一手放在伤员的肋部，另一只手抱住伤员的大腿下部行走，伤员一手抱住搬运者的颈部。

●背负法：让伤员伏在搬运者的背上，搬运者双手抓住伤员的双腿行走。

扶持法

抱持法

背负法

（2）双人搬运。

●椅托式：两名搬运者面对面站着，互相拉着手（一名搬运者的左手拉着另一名搬运者的右手），各用另一只手做成一个靠背。伤员坐在搬运者用手做成的座位上，并以两手扶着搬运者的肩膀。也可以三手结成环扣，做成座位，搬运者闲着的另一只手搭在另一搬运者的肩上，做成伤员的靠背。

●轿扛式：两名搬运者用四手结成环扣，做成伤员的座位，伤员两手扶着搬运者的肩膀。

椅托式

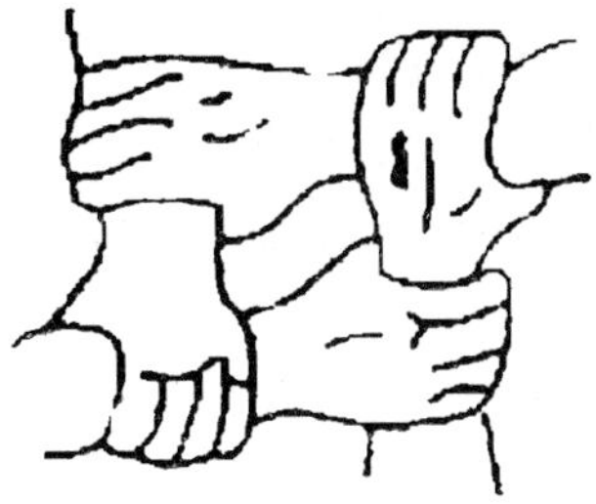

轿扛式

●拉车式（肩膝抬运法）：一名搬运者两臂从伤员的腋窝下伸到其胸前相扣，抱住伤员肩膀，另一名搬运者背向伤员，用双手抱住伤员的膝部，两人抬着伤员前进。

（3）担架搬运法。往担架上放伤员时，要把担架打开放在伤员的伤侧，搬运者走到伤员健侧，一名搬运者一手捧着伤员的头和肩，一手托住伤员的腰，另一搬运者在同侧一手托住伤员的臀部，另一手托着伤员的小腿，两人同时将伤员抬起，轻轻放在担架上并固定。还有一种方法是托头颈部，抓住伤员的腰带、胯部、大腿、膝部的裤子中央线，2～3 人协力将伤员放到担架上并固定，此方法尤其适用于股骨骨折的伤员。抬担架行进时，走步要交叉，即先出左脚后出右脚。上坡（车）时伤员头部应在前，下坡（车）时头部应在后。冬季要保暖，夏季要防暑，经常观察伤员情况。

担架搬运法

（4）就便器材搬运法。在没有担架的情况下，可用门板、竹竿、扁担、衣服、绳子、布带等作临时担架。搬运方法同担架搬运。汽车运送时，应注意车要行驶得平稳，躺在担架上的伤员应被平放在车厢地板上，不可让他坐在车座上。

5. 心肺复苏的方法

心跳呼吸停止和意识丧失是最危急的情况。心跳呼吸突然停止，循环呼吸即告终止。脑细胞对缺氧十分敏感，一般在循环停止后 4～6 分钟即会发生严重的脑损伤，以至于不能恢复。心跳停止 10 分钟后，脑组织基本死亡。因此，为使伤病员得救，避免脑死亡，就必须在心跳停止 4～5 分钟以内实行心肺复苏。

对心跳呼吸骤停的急救，简称心肺复苏。心肺复苏是现场急救伤员的基本技术之一。

心肺复苏是一个连贯、系统的急救过程，应紧密结合不间断地进行。现场心肺复苏步骤包括三个方面，即意识和呼吸畅通的判断、人工呼吸、人工循环。

1）判断意识和呼吸畅通

（1）轻轻拍打、摇晃伤员，或呼唤伤员，如无反应，立即掐人中穴、合谷穴约5秒钟。

（2）呼救并叫人协助打电话通知救护单位。

（3）将病人摆放成仰卧体位。

（4）解开衣领、衣扣、胸罩，放松腰带，用仰头举颌法以开通气道（防止舌后坠造成的上呼吸道梗阻情况，如有舌后坠，先将舌拉出固定），保持气道畅通，口内若有异物或污物，应立即清除。

（5）确定有无自主呼吸。耳贴近病人鼻侧察看病人胸部和上腹部有无起伏，同时听病人口鼻有无呼吸声，也可用手背放在病人鼻孔处感觉有无热气呼出。如有自主呼吸，继续保持气道畅通；如无自主呼吸，立即施行人工呼吸。

（6）检查有无脉动。四指并拢贴于胸锁乳突肌中点前缘，检查颈动脉是否搏动，如无，立即施行人工循环。检查时应在5～10秒内完成，手要轻，不能重压。

仰头举颌

确定有无自主呼吸

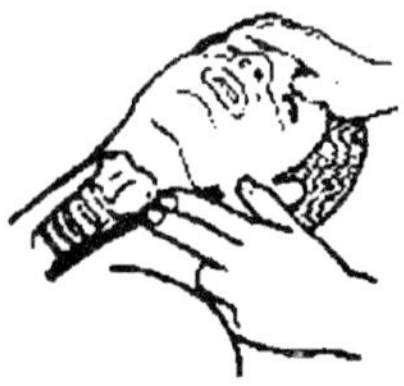
检查有无脉动

2）进行人工呼吸

人工呼吸常用方法有口对口人工呼吸、仰卧压胸法、仰卧牵臂法、俯卧压背法四种。这里仅介绍前三种，具体做法如下：

（1）口对口人工呼吸法。

口对口人工呼吸法

●抢救开始，抢救者首先吹气两口，以使萎缩的肺膨胀开来。

●掰开病人的口，盖上2～3层纱布，一手拇指和食指捏闭病人的鼻孔（捏紧鼻翼下端），另一只手轻按病人环状软骨以压迫食道，防止气流入胃。

●深吸一口气，迅速以自己的嘴贴紧病人的嘴（把病人的口部完全包住），用力将气吹入（吹气要快而深）。

●一次吹气完毕后，应立即与病人口部脱离，抬起头吸入新鲜空气，以便作下一次人工呼吸，同时将捏住鼻孔的手放开，以使病人肺内气体排出。

●观察病人胸部向下恢复，有气流从病人口内排出。如此反复有节律地进行，每分钟16～20次。如果患者牙关紧闭无法吹气时，也可对着鼻孔吹气。

（2）仰卧压胸法。

●救护者跨伤员髋部两侧跪下或跪于伤员身体一侧，两臂伸直，双手平放在患者胸脯下部，借身体重力向下向前用力推压患者的胸部，持续2秒钟，使胸廓缩小，排出肺内气体。

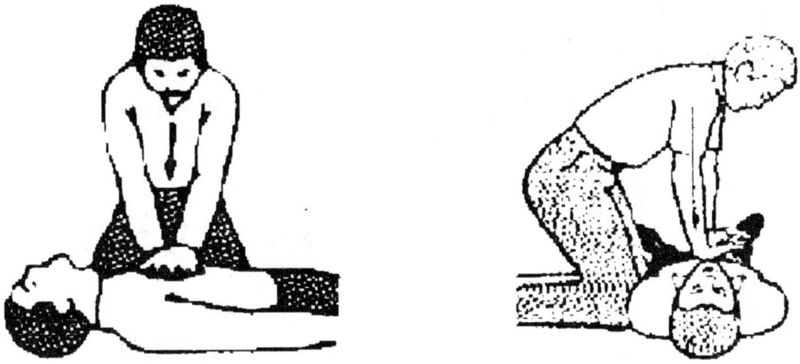

仰卧压胸法

●排气后，抢救者双手松开，上身挺起，暂停片刻，待伤员胸廓自行扩张，空气进入肺内，如此反复操作，每分钟 15 次左右。

注意，此种方法对溺水者及胸部创伤、肋骨骨折者不宜采用。

(3) 仰卧牵臂法。急救者跪在伤员头部，握住其手腕，先将患者双臂向上举，并向外伸展，而后将双臂回拢，用其手腕部挤其胸部下方，如此反复，每分钟 15 次左右。

施行人工呼吸时，往往需要较长时间才能见效，几分钟或几十分钟不一定有起色。因此，急救者应有耐心，才能取得较好的效果。

3) 进行人工循环

人工循环是指用人工的方法促使血液在血管内流动。人工循环有叩击心前区法和胸外心脏按压术两种，具体做法是：

(1) 叩击心前区法：发现患者脉搏没了，立即用拳叩击心前区 3～5 次，或用左手掌覆盖在患者心前区，右手拳击左手背 3～5 次。如无效，立即改作胸外心脏按压。

(2) 胸外心脏按压法：

●患者取仰卧位，使头稍低或稍抬高起下肢，以促进静脉回流。

●抢救者跪在患者身边，以右手食指和中指沿患者肋弓上移至胸骨下切迹（肋弓与胸骨结合处），中指置切迹处，食指紧靠中指。

●左手掌根紧靠食指，置于胸骨下 1/3 处，右手叠压在左手手背上，两手指抬起脱离胸壁。

●两肘伸直，以上身重量垂直下压胸骨，使之下陷 3～5 厘米，然后松开，手掌不脱离按压部位，也不能移位，如此反复有节奏地进行，按压速率 80～100 次/分钟（成人），100～120 次/分钟（儿童）。

●按压时切勿用力过猛，以免肋骨骨折。

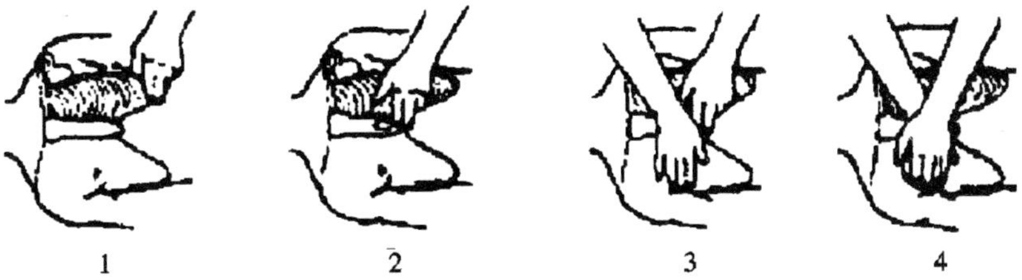

胸外心脏按压法

4）单双人心肺复苏法

（1）单人心肺复苏法。同一抢救者顺次完成口对口人工呼吸及胸外按压术，胸部按压数与人工呼吸的比例是15：2，即胸部按压7～8次做1次人工呼吸。做一轮按压和通气后，应检查复苏效果，即检查有无颈动脉搏动和自主呼吸。

单人心肺复苏法

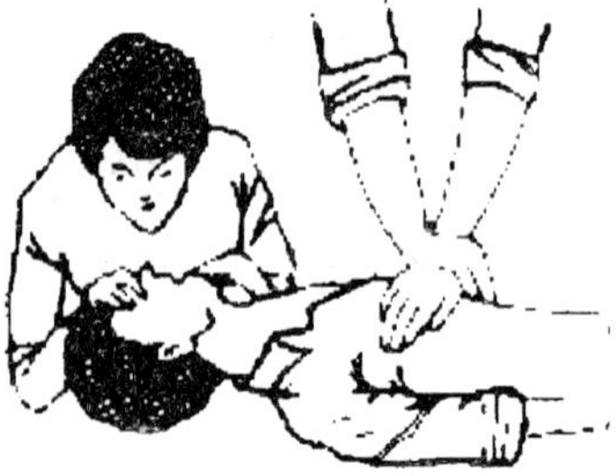

双人心肺复苏法

（2）双人心肺复苏法。由两位抢救者分别进行人工呼吸和胸外按压术，两位抢救者在同侧或两侧工作均可。胸部按压数与人工呼吸的比例同上，两人的工作要协调好，并检查病人自主呼吸和脉搏情况。

第九章　定向运动合理营养与保健

本章导读： 了解定向运动员膳食基本要求，注意运动员合理饮食，加强运动员训练与比赛的健康监督，确保运动员能科学合理地进行训练与比赛。

关键词： 运动员营养特点；饮食特点；夏季训练期；冬季训练期；健康监督；自我监督；时差反应；高原反应

一、高校定向运动队的合理营养

良好的营养是运动员取得优异运动成绩的重要因素之一。营养不当，会使运动员的生理功能和运动能力下降，影响训练效果和运动成绩的提高。随着体育科学的发展，人们对营养的认识已不仅仅是用来维护运动员的身体健康，而是进一步研究如何根据不同运动项目的运动员体内物质代谢的特点，科学利用营养因素以促进运动成绩的提高。

（一）运动员膳食的基本要求

（1）要求热量保持平衡。定向运动员的能量消耗较大，需要及时地补充充足的热量。一方面满足机体的正常需要，另一方面使运动员保持充沛的运动能力，并有一定的热能贮备。当然，热量也不宜过多，过多的热量将引起体脂增多，身体发胖，所以膳食要科学、合理。

（2）注意热能物质的比例适当。运动员的热能物质以糖为主，脂肪量最少，定向运动是一个耐力项目，糖的比例为 1∶0.7，做到高糖，低脂肪。

（3）充足的维生素。由于运动员的代谢旺盛，激素分泌增加，大量排汗，因而维生素的损失较多，所以要补充充足的维生素。同时，合理增加维生素还可提高运动成绩。定向运动员对维生素和维生素 C 的需要量很大。维生素需要量与运动量、机能状态及营养水平有关。高强度训练对维生素的需要量增加，可使维生素缺乏症提前出现，而运动员对维生素缺乏的耐受性又比一般人差；运动员的早期维生素缺乏症表现为运动能力下降，容易疲劳，免疫力减弱。一旦维生素得到补充时，因维生素缺乏而失去的能力将会随之得到恢复。过多服用某一种维生素可造成维生素之间的不平衡，长期过多服用维生素不但不能改善工作能力，还会产生不良影响，使机体维生素代谢水平提高，一旦维生素摄入量较少时，就更易出现缺乏症。各种维生素摄入量应保持适宜比例，才能使各种维生素在体内发挥良好作用（见表 9-1）。

表 9-1 不同项目运动员的维生素需要量（mg/d）

类　别	维生素 A	维生素 B_1	维生素 B_2	维生素 PP	维生素 C	维生素 D	维生素 E
非运动员	1.5	1.5	2	20	75	2	5
速度、力量运动员	2	4～6	3	25	100～200	2	7
耐力运动员	2	6～10	4	25～30	100～300	2	10

（4）合理的膳食制度。这包括严格的饮食时间、饮食质量以及饮食的分配。进食时间要与训练或比赛时间相适应，运动后应休息 30 分钟以上再进食，因为运动时体内血液集中于运动器官，消化器官相对缺血，此时进食对消化不利。进食后应休息 1.5～2.5 小时才能剧烈运动，因为进食后胃肠道被食物充盈，不利于运动，同时，由于运动也会影响消化功能的正常进行。

（5）正确地选择食物和烹调加工 。选择运动员食物要从营养学角度出发，选择那些易消化、易吸收、营养丰富的食物，同时注意酸碱性食物的搭配，烹调时尽量保留食物的营养成分，还要注意食物的色、香、味，增进运动员的食欲（见表 9-2、表 9-3）。

表 9-2 常见的碱性食物

食　物	碱　度*	食　物	碱　度*	食　物	碱　度*
海　带	+14.60	梨	+8.20	藕	
四季豆	+12.00	苹　果	+7.80	洋　葱	+3.40
西　瓜	+9.40	柿　子	+6.20	大　豆	+2.20
萝　卜	+9.28	南　瓜	+5.80	胡萝卜	+8.32
茶（5g）	+8.89	土　豆	+5.20	牛　奶	+0.32
香　蕉	+8.40	黄　瓜	+4.60	豆　腐	+0.20

* 碱度是以 100g 食物的灰分水溶液，用 0.1mol/L 酸溶液滴定所消耗的毫升数，“+”示碱。

表 9-3 常见的酸性食物

食　物	酸　度*	食　物	酸　度*	食　物	酸　度*
蛋　黄	−18.80	牛　肉	−5.70	啤　酒	−4.80
牡　蛎	−10.40	干　鱼	−4.80	花　生	−3.00
鸡　肉	−7.60	虾	−1.80	大　麦	−2.50
鳗　鱼	−6.60	大米（精）	−11.67	面　包	−0.80
鲤　鱼	−6.40	糙　米	−10.60	干紫菜	−0.60
猪　肉	−5.60	面　粉	−6.50	芦　笋	−0.20

* 酸度是以 100g 食物的灰分水溶液，用 0.1mol/L 碱溶液滴定所消耗的毫升数，“−”示酸。

（二）运动员一日三餐的食物分配

运动员一日三餐食物分配要合理（见表 9-4），其基本原则是：运动前的一餐，食物的量不宜过多，但要有一定的热量，要易消化，含有较多的糖、维生素和磷，少含脂肪和纤维素；运动后的一餐量可以大些。晚餐不宜过多，也不宜吃脂肪和蛋白质过多以及有刺激性的食物，以免影响睡眠。运动员的早餐应富含蛋白质和维生素，因为运动员早晨要进行早操训练，势必消耗一定的热量，且经过前一夜的消化，食物所剩无几，及时补充是十分必要的。

表 9-4 每日各餐的热量分配（%）

训练或比赛时间	早 餐	午 餐	点心	晚餐	夜餐
上午	30～35	35～40	5	25～30	—
下午	35～40	30～35	—	25～30	—
晚上	30～35	35～40	—	15～20	5～10

（三）定向运动的营养特点

定向运动属于中长跑和超长跑耐力性项目，运动时能量消耗大，热能主要来自糖原的有氧分解。因此，要供给充分的糖，保持充足的糖原储备。另外，耐力项目对循环呼吸等机能要求也高，血红蛋白要维持在较高水平，要保证蛋白质、维生素、无机盐，尤其是铁的充分供给。

（四）赛前运动员的饮食特点

比赛使运动员的机体处于高度紧张状态，能量消耗也很大。比赛期间的饮食十分重要，但往往因为比赛时的神经紧张，出现食欲不振、消化紊乱等现象，所以赛前就应该提高饮食质量。比赛前，饮食中要注意充分地补充糖，使糖原储备达到最高水平。同时，还要充分补充维生素、维生素 C、维生素 A 及无机盐，不要过分补充蛋白质及脂肪等酸性食物，以免体液偏酸，对运动不利。在比赛前可以食用葡萄糖和维生素 C，食用时间要根据比赛的项目不同而有所不同。短距离比赛项目在比赛前 40～60 分钟食用，而超长距离比赛可在开始比赛前食用，维生素 C 每日供给量为 140 毫克。

比赛前的饮食制度应逐步过渡到比赛期的膳食。但由于比赛前一般都是减量训练，能量消耗减少。所以，比赛前不宜吃得过多，以免体重增加，不利于比赛。

比赛前当天的饮食要求应当是食物体积少，发热量高，易消化吸收。不要多食难于消化及产气的食物，如肥肉、豆类等。食物应含磷、糖、维生素 C 丰富，以糖作为主要能源，特别是长时间耐力项目，除要在食物中含有丰富的糖外，还要有一定量的脂肪，以维持饱腹感，这是由于脂肪代谢参与能量供应，不致使血糖下降，可推迟疲劳的出现。

比赛前进餐的时间要根据比赛时间而定，一般要在比赛前 2.5～3 小时前完成。

（五）赛后运动员的饮食特点

比赛后，运动员需要补充热量和水分。超长距离赛跑后即刻可补充 100～150 克的葡萄糖，这不仅能补充运动员的能量消耗，还能促进肝糖原储备的扩充，预防肝脂肪浸润。比赛后 2～3 天应补充高热量的饮食以及维生素 B、C。主要热量是糖，其次是蛋白质、水分，无机盐也需连续补充，但饮食中脂肪应少些。少量多次地补充，水中可加适量食盐（一般为 0.2%较好），也可以蔗糖、钾、果汁等做成饮料，供运动员随时饮用。

（六）运动员比赛途中的饮料和饮料特点

定向运动员热量消耗较大，特别是标准距离的比赛，机体在运动过程中失去大量水分及能量，若不及时补充，不仅有损于健康，而且也直接影响运动成绩的提高。因此，为了维持机体的正常循环，调节体温，在比赛途中补充饮料和饮食，是十分必要的。

（七）夏季训练期的营养特点

夏季训练期气温较高，因此，水、盐、维生素及蛋白质的代谢都旺盛。同时，由于高温的影响，运动员的食欲下降，这势必造成体内热量的收支不平衡，从而影响运动能力以及身体健康。为了避免这些不良的影响，在饮食方面要特别加以注意。夏季训练期，因高温使蛋白质分解代谢加强，排汗量增加致使排氮量也相应增加，为此应增加蛋白质供给量。另外，由于代谢旺盛，维生素C等需要量也明显增加，再加上排汗量多，一些水溶性维生素损失也会增加，所以要额外补充维生素，特别是维生素C。由于气候炎热，加上运动量大，排汗量就会明显增大，水分损失较多。此时，无机盐也随水分的损失而损失较多。例如，四小时长跑训练可损失水分4.5L，补充水分非常必要。对水分的补充不能一次暴饮，而是少量多次地补充，水中可加适量食盐（一般为0.2%较好），也可以蔗糖、钾、果汁等做成饮料，供运动员随时饮用。

夏季训练期有关膳食的具体安排可注意以下几点：

（1）食物要调配好，多样化，清淡可口，促进食欲。

（2）适当地吃些凉拼盘，但要注意卫生，防止污染。黄瓜、西红柿、萝卜可以糖拌生吃。

（3）主副食要注意含丰富的B族维生素、维生素C和矿物质。

（4）可配制含盐分的清凉饮料，放在运动场供运动员随时饮用，但不可在饭前或饭后暴饮。

（5）主餐可放在早、晚凉爽的时间，也可采用一日四餐的办法，以增加热能的补充。

（八）冬季训练期的营养特点

冬季训练期正处在寒冷季节，由于气温低，机体的散热量大，基础代谢相应升高，加上运动量较大，所以热能消耗比较多，因此运动员一日需要的总热能较高，可达20 925～25 110 KJ。脂肪的摄入量也应增加，以保温御寒。同时还要增加维生素B_1、维生素B_2、维生素C的摄入量。维生素C、维生素B_1可增加30%～50%，维生素B_2可增加到5 mg/d。北方地区冬季青黄不接，蔬菜供应往往不足，为补充体内维生素的不足，可以补充维生素制剂。运动员冬训时膳食要注意以下几点：

（1）食物要温热、丰富、利于消化吸收。

（2）食物应保证充足的热能，可适当增加脂肪或肉类，缩小食物体积 。

二、高校定向运动队训练期间的保健工作

（一）高校定向运动队训练的保健要求

1. 参加高校定向运动队训练的健康要求

凡在健康分组中属基本组的学生，即身体发育和健康状况正常，功能检查良好，尤其是体质好，并在该项目上有特长的学生，可参加学校定向运动队训练。凡属准备组和医疗体育组的学生，不得参加训练。

2. 遵循运动训练的卫生原则

训练方法和手段应符合学生的性别、年龄特点，符合学生的生理和心理特点。训练要讲求全面性、系统性，要区别对待，注意身体的全面训练，以促进身体健康，提高功能水平，

为将来取得良好成绩打下稳固的基础，切忌“急功近利”的思想和犯“拔苗助长”的错误。

3. 合理安排训练负荷

大学生正处于生长发育阶段，机体新陈代谢过程旺盛，在训练过程中，虽有接受较大负荷训练的能力，但由于心血管系统和呼吸系统功能发展尚不完善，故容易出现疲劳，因此，训练时增加运动量和运动强度不能突然或过猛，应循序渐进，逐步提高要求，否则，长时间、大强度的运动训练会给学生的机体带来不良影响，造成过度训练或局部劳损。

4. 预防运动性伤病

定向运动训练中要重视对学生的安全教育，加强运动场地的安全检查，尽可能减少或避免伤害事故的发生，训练中除了重点预防急性损伤，还要注意预防骨关节肌腱的劳损。

5. 加强对女生的保健指导

训练要照顾到已来月经女生的生理特点，尤其是月经初潮不久的女生，月经期训练要减少运动量和运动强度。对经期出现病理性反应的女生应暂停参加训练。

6. 定向运动训练的禁忌症

凡有下列情况之一者，禁止参加定向运动训练：中枢神经系统和末梢神经系统疾病（如精神病和癫痫病等）；运动系统疾病（骨骼、关节、脊柱变形）；风湿性心脏病和先天性心脏病；高血压患者；高度近视眼患者。

（二）定向运动训练的保健措施和方法

1. 医学检查（身体发育和健康检查）

对参加定向运动训练的学生，在参加正式训练前，应作医学检查，其内容有体格检查，身体发育、皮肤、肌肉系统、皮脂厚度、身体形态、腿形、胸廓形状与足的检查等。健康检查有既往病史、心、肺、肝、肾等主要脏器的物理或化学检查等。有条件的还可以作心血管系统和呼吸系统的功能检查。医学检查最好每学期进行一次，至少每年一次。

2. 定期的生理功能检测与评定

对参加训练的学生，要经常或定期地监督和检查他们的身体功能状况，重点是心血管系统和呼吸系统的生理功能，其目的是判断运动员的身体功能水平，了解机体对运动量的适应能力，鉴别大运动量训练过程中出现的生理现象或病理状况，预防过度训练和运动性伤病，为改进训练提供科学依据。常用的检测指标有：脉搏、血压、肺活量、呼吸频率、握力、血色素、尿蛋白和心电图等。这种检测除了在实验室条件下进行外，还可以在训练过程中进行。

3. 日常健康监督

参加定向运动训练的学生，一般应写训练日记，清晨自测脉搏，并填写自我监督记录表，教师可在训练课前、中、后测量脉率、血压和肺活量等简易指标，也可以在训练过程中作运动量和运动强度的测定，并观察学生的疲劳反应，以摸清学生承受最大训练负荷的情况；对女生，要填写月经卡片，以便体育教师和教练员更好地安排训练和正确掌握运动量。

4. 建立运动伤病登记制度

凡训练中发生的运动损伤和运动性疾病，均应填写运动伤病登记卡，要按照登记卡中的各项内容逐项填写，以利于统计、分析和研究其与运动训练的关系，分析运动伤病发生的原因和机理，从而找到预防运动性伤病的有效方法，保证训练的正常进行，并为提高训练水平提供必要的保障。

5. 训练后的恢复措施

参加定向运动训练的学生，不仅要完成紧张的文化学习任务，还要承担较大的训练负荷，因而无论是在脑力上还是在体力上，消耗都是很大的。如果训练安排不合理，产生过度训练疲劳，不仅影响学习，而且还会损害身体健康。如果训练后不采取一些实际可行的恢复措施，疲劳就不能得到及时的消除，同样也会影响到第二天的文化学习，所以不论是从预防过度训练的角度，还是从保证文化学习的角度来看，训练后的恢复措施都是必不可少的。要重视训练后的整理活动，它是消除疲劳、促进体力恢复的一种好方法。训练后的整理活动，可使人体由紧张的运动状态更好地过渡到安静状态，缩短恢复过程。可采用按摩、洗热水澡等物理措施，以加速疲劳的消除，促进恢复过程。由于运动训练需要消耗更多的营养物质，所以，对参加训练的学生应适当增加营养，补充额外的消耗，同时搞好膳食安排，这对加速恢复过程也是很重要的。

（三） 自我监督

自我监督是体育活动参加者在锻炼过程中对自己的健康状况和身体功能状况经常进行观察的一种方法，自我监督是体格检查的重要补充措施。自我监督对体育活动参加者，尤其是经常参加运动训练的青少年有重要的意义。它可以间接地评定运动量的大小，为体育教师、教练员合理安排教学、训练以及掌握运动量提供重要依据；可以预防和早期发现过度训练和过度疲劳，从而及时调整训练量；同时，还能及早发现运动性伤病，以便尽早采取措施，保护运动员的健康。

自我监督的内容包括主观感觉和客观检查两个方面。

1. 主观感觉

一般感觉：反映整个机体的功能状况尤其是中枢神经系统的状况。一般感觉好的人在运动过程中总是精神饱满，精力充沛，心情愉快，积极性高。但在患病或过度训练时，就会感到精神萎靡不振、疲倦、乏力、头晕或心情易激动等，在进行自我监督时，根据情况可填写为良好、一般或不好。

运动心情：一个身体健康、精神状况良好的人，在参加体育锻炼时，总是心情愉悦、乐于参加运动的，若出现对运动不感兴趣，表现冷淡或厌倦，不服从教师或教练员的指导，情绪容易冲动，可能是教学和训练不当或出现疲劳，也可能是早期过度训练的征象。根据个人的运动心情，可填写为很想训练、不想训练、冷淡或厌倦等。

不良感觉：指运动训练或比赛后的不良感觉，如肌肉酸痛、关节疼痛、四肢无力等。一般来说，在强度较大的训练比赛后，由于机体疲劳，大部分人会产生一些不良的感觉，但这些现象经过适当休息后就会消失。如果运动时或运动后除上述不良感觉外，还有心悸、头晕、头痛、气喘、恶心甚至呕吐、心前区或上腹部疼痛等症状，说明机体对运动量不适应，或身体功能状况和健康状况不良。在自我监督记录表中，可填写具体的不良感觉。

睡眠：正常的睡眠状态应是入睡快，睡得深，不做或很少做梦。经常参加体育活动的青少年学生和运动员，睡眠应当是良好的。由于生活和工作没有规律，或训练和比赛负荷过大，偶然的一天或数天睡眠不好并不是异常现象，但长时间的睡眠不安静、失眠、多梦或者嗜睡，一般是健康状况不良或某种疾病潜伏期的一个征象。体育活动参加者和运动员中出现失眠、睡眠不好的现象，大多是对运动量不适应或是过度训练的早期反应。记录时可填写睡眠的时间以及睡眠状况，如良好、一般、不好，或失眠、多梦、易醒等。

食欲：生活规律、健康状况正常的青少年学生和运动员食欲应该是正常的，即在一定的时间间隔后，有饥饿感，想进食，同时食欲和食量在绝大多数情况是一致的。一时食欲不振或食欲缺乏，很多是由于饮食制度混乱和吃零食引起的；长期性的食欲不振，则可能是消化器官或全身慢性疾病的反应，如慢性胃肠病、传染性肝炎、肺结核等。经常参加体育活动的人或运动员，由于能量消耗多，一般食欲良好，食量也较大。但健康状况不良或过度训练时，食欲便会减退，食量减少。此外，运动训练刚结束后马上进餐，食欲也是较差的。记录时可填写食欲良好、一般、不好或厌食等。

排汗量：运动时人体排汗量的多少，与运动量（运动强度）、气温、湿度、风速、训练水平、情绪、衣着量、饮水量以及汗腺和数目等因素有关，剧烈运动和比赛时出汗多是正常的生理现象。当然，也有一些人因体质弱、疲劳或病后恢复期参加运动，也会出汗较多，这是体内调节功能弱的一种表现。如果其他因素相同，则没有经过训练的人运动时出汗多。随着训练水平的提高，出汗量会逐渐减少。如果训练水平较高的运动员，运动时重新出现大量排汗的情况，可能是过度训练的征象。根据排汗情况，记录时可填写为汗量较多、一般、不多或其他（大量、有盐迹或盗汗等）。

2. 客观检查

脉搏：经常从事运动的人，由于迷走神经紧张性增高，安静时脉搏频率常较缓慢，称为心动徐缓现象。定向运动运动员的心动徐缓现象，通常较其他运动项目的运动员更明显。脉搏频率与训练水平、运动年限和运动专项有关，随着运动年限的增长和训练水平的提高，脉搏频率也会减少，这是系统训练后的良好反应。脉搏作为心血管系统的一个重要功能指标，它可以一般地反映人体的健康状况。在健康状况不良或机体处于疾病潜伏期，人还没有明显感觉出来时，脉搏次数已明显增多了。在自我监督中，常用早晨脉搏（晨脉），又称基础脉搏来评定运动员的训练水平和身体功能状况。训练正常，运动员处于良好的健康状态时，脉搏次数一般保持在一个相对恒定的水平上或逐渐下降。若每分钟脉率增加 12 次以上，说明机体反应不良，可能是疲劳还未消除、夜间睡眠不好或身体有病等情况引起的。如果晨脉比过去明显增加，且较长时间不能恢复到原有水平，可能是早期过度训练的表现，需要深入查找原因。晨脉与自我感觉之间也有一定的联系。当晨脉每分钟增加 6 次时，约有 20%的人自我感觉不良；增加 12 次时，约有 40%的人自我感觉不良；增加 18 次时，约有 60%的人自我感觉不良。在测晨脉时，除注意频率外，还要注意脉搏的节律性，如果发现脉搏节律不齐或有停跳现象，可能是心脏功能异常现象，应采用心电图等方法作进一步检查。测晨脉可在清晨起床前进行，一般记录 10 秒的数值，求其稳定值即连续两次测得的数值相同，否则应继续测量，直到达到要求为止。也可沿用 30 秒的数值，然后换算成一分钟的脉率数。

体重：体重是评定体育活动参加者健康状况的标志之一。成年人的体重一般比较恒定，少年儿童随着年龄的增大，体重也逐渐增加。青少年学生和运动员在大运动量训练或激烈的比赛后，因体内水分的大量丧失，可以看到一时性的体重下降，但 1～2 天后就能恢复正常。如体重持续下降，并伴有其他异常现象，可能是早期过度训练或罹患慢性消耗性疾病，如慢性胃肠病、肺结核或营养不良等。少年儿童的体重如长期不增长，甚至下降，是健康状况不良的表现，应查明原因。进行自我监督时，每周应测体重 1～2 次（应在同一时间内进行）。此外，还可测运动前和运动后的体重，以观察运动对体重的影响。

运动成绩：坚持合理训练，运动成绩应能逐步提高，并且稳定在一定的水平上。如经较长时间训练，运动成绩没有提高，甚至出现下降，可能是身体功能状况不良或早期过度训练的表现。

在客观检查中，除上述指标外，还可根据情况和条件，选用其他一些指标（如握力、肺活量、呼吸频率等），一般来说，运动员自我监督选用的措施要多一些，并应每天进行自我监督。进行自我监督时，应填写自我监督卡或自我监督记录表（见表 9-5），运动员的自我监督记录可与训练日记结合在一起。自我监督表中的内容，有的是前一天的情况（如睡眠、食欲等），有的是当天的情况（如运动心情、不良感觉、脉搏和体重等）。大多数指标必须每天填写，有的指标，如体重可以一周或半月测一次。伤病情况和运动成绩则据实填写。女子还需填写月经卡片。

表 9-5　自我监督记录表

<table>
<tr><td colspan="3">姓名　　　　填写日期　　　　年　　月　　日</td></tr>
<tr><td rowspan="6">主观感觉</td><td>一般感觉</td><td>良好　一般　不好</td></tr>
<tr><td>运动心情</td><td>想训练　愿意训练　不想训练</td></tr>
<tr><td>不良感觉</td><td>肌肉酸痛　头晕　心悸　其他</td></tr>
<tr><td>睡　眠</td><td>良好　一般　不好</td></tr>
<tr><td>食　欲</td><td>良好　一般　不佳　厌食</td></tr>
<tr><td>排汗量</td><td>较多　一般　不多　有盐迹　盗汗</td></tr>
<tr><td rowspan="2">客观检查</td><td>脉　搏</td><td>次/分钟　节律齐　不规律</td></tr>
<tr><td>体　重</td><td>kg</td></tr>
<tr><td>其他</td><td>运动成绩和伤病情况</td><td></td></tr>
</table>

注：凡有征象的指标，可在相应表现上打“√”

三、高校定向运动队比赛期间的保健工作

大学生在定向运动比赛期间，神经系统处于高度紧张状态，心血管系统和呼吸系统以及内分泌功能也都处于较高水平，以适应比赛需要。定向运动比赛体力消耗很大，极易给机体带来一些不利的影响，因此，做好比赛期间（包括赛前、赛中和赛后）的保健工作，对保护大学生的身体健康，保证比赛的顺利进行有着十分重要的意义。

（一）全国学生定向锦标赛的保健要求和措施

1. 赛前健康检查

比赛前，应进行必要的健康审查和体格检查。身体发育正常，健康状况良好，有一定训练基础，体育健康分组中属基本组的学生，一般可参加比赛。属准备组和保健组的学生，或有伤病者，一律不许参加比赛，以免发生意外。

2. 合理的组织安排

场地选择和路线设计应符合安全条件；检查运动员的服装、鞋子是否符合比赛的要求；做好比赛期的伙食管理和膳食供应。

3. 现场救护

认真组织和实施比赛现场的救护工作，配备必要的救护人员和药物、器材，有条件的应

设立现场急救站，由医务人员负责现场救护工作，若无专业医务人员，也应指定专业人员负责，一旦发生伤病，应迅速送医院处理。此外，比赛期间要进行安全教育、遵守组织纪律教育和文明新风的宣传教育。

4. 赛前的准备活动

参加比赛的学生，赛前必须做好充分的准备活动，尤其是气温较低时，肌肉关节僵硬，做好准备活动可以预防运动损伤。准备活动强度和时间应根据运动员赛前状态和气候等因素而定。

5. 赛中保健要求和措施

赛中运动员的神经处于高度的紧张状态，各器官、系统的功能处于较高的水平，运动员的机体要消耗很大的体力和能量。场地裁判和工作人员要关注比赛现场的一切情况，对比赛中出现的伤病，如腹痛、休克、痉挛、挫伤、撕裂伤、擦伤、关节韧带扭伤等，要及时处理和向医务人员报告，以保证比赛的顺利进行。此外，要做好比赛中的饮料供应工作。

6. 赛后保健要求和措施

比赛结束后，对参加比赛的运动员的保健指导仍应继续。赛后应及时了解运动员的疲劳程度，伤病的发生和发展情况，消除疲劳的措施和方法以及生理功能有无异常变化，为安排下一阶段的训练和比赛提供依据。赛后及时采取恢复措施，如按摩、放松肌肉等，尽快消除运动员的疲劳，促进体力恢复。对带伤病参加比赛的运动员，赛后要仔细检查。赛中新发生的运动损伤，赛后要抓紧治疗，并做好对损伤的随访安排。

（二）比赛期间的几个特殊保健问题

1. 女运动员经期参加比赛问题

凡身体健康，月经周期正常并有月经期参加正常训练习惯的女运动员，月经期间可以照样参加比赛。对月经期身体有不适反应，竞技能力下降者或某些有心理障碍的女运动员，为了避免月经期身体反应对发挥运动技术水平的影响，可以采取改变周期的方法，推迟或提前月经期，以错开比赛来月经，这种方法称为“人工月经周期”。

目前，常用口服或注射激素类药物（如18-甲基炔诺酮、黄体酮等），来改变原来的月经周期。在使用前要了解运动员的月经周期规律，然后推算出下次月经的日期，根据所需要的日期，决定是提前还是推迟下次月经的到来。采用“人工月经期”应在医生的指导下进行，对月经初潮不久的女少年，最好不要采用，在实施人工周期的过程中，应对运动员的月经变化和身体反应状态进行严密的观察。实行“人工月经周期”，由于人为地改变正常的月经周期，可能会给女子的机体造成不利影响，所以不宜经常采用。

2. 时差反应

2004年1月，全国定向锦标赛在云南省安宁市举行。当地时间相对于北京时间要晚将近一个小时，对东部地区运动员同样产生了时差反应。

时差反应是由于地球自西向东自转，人体产生了与之相适应的一种与昼夜周期相适应的节奏——生物钟。人类的生物钟现象能使人对变化做出反应，影响人的活动能力。随着国际体育交往的增加，运动员要经常跨越时区到国外去参加比赛，新式的交通工具，如飞机能将人们在很短的时间内从一个国家载往另一个国家。科学研究发现，时差在三小时内一般不会产生很大的影响，时差变化越大，机体的反应也越强烈，因为人们迅速转移有较大东西向位移的新环境后，由于生物钟测时的误差，就会产生生理干扰，时差适应能力差的人就会出现时差反应：疲倦乏力，精神萎靡不振，食欲不佳，睡眠不良，情绪容易激动，注意力不集中，运动员往往感到心烦意乱。总之，时差反应使整个身体的机能和运动能力都会受到影响，如果运动员在这种情况下参加比赛，就会影响技术水平的发挥和运动成绩的提高。

有关时差适应的医学研究证明，人类不能适应昼夜交替太大的外界环境，必须经过一定的时间，体内才能发生完全的周相移动——生理节奏同步化。为了保证运动员在重大国际比赛中发挥最高水平，创造优异成绩，时差适应就成了比赛期间一项重要的保健工作。据研究，人类机体生物钟的完全颠倒约需 8～10 天，因此，为减轻和消除时差反应，可以采用提前到达比赛地点，有时则需要提前一周至十天就要到达比赛地点进行适应，抵达比赛地点后，应马上执行新的作息制度，按当地的时间用餐、训练和就寝，而不应逐步过渡，以尽快完成生物钟的调整。另一种方法是在国内预先适应，即改变作息时间，将训练时间和睡眠时间逐步向前或向后推移，以适应比赛时新的时间条件。研究资料表明，预先适应需要 2～3 周甚至更长一些时间。

3. 高原反应

2004 年在云南安宁市举行的全国定向锦标赛，使不少运动员产生了高原反应，运动员感到呕心、呼吸困难甚至鼻孔出血。

克服高原反应的方法，同样采取提前适应法，运动员一般应在一周之前到达比赛地进行适应性训练。

参考文献

[1] 王翔，彭光辉，张新，等. 定向运动. 北京：高等教育出版社，2009.

[2] 罗智勇，李启畅，张晓威. 定向运动 . 桂林：广西师范大学出版社，2012.

[3] 杨向东，沈荣桂 . 定向运动教程 . 南京：河海大学出版社，2006.

[4] 张惠红，陶于，李俊. 定向运动与野外生存. 北京：高等教育出版社，2020.

[5] 张晓威. 定向越野. 北京：星球地图出版社，2013.

[6] 胡久成，吴锡忠. 定向运动. 长沙：中南大学出版社，2003.

[7] 田麦久. 论运动训练计划. 北京：北京体育大学出版社，2002

[8] 国家测绘局 . 中华人民共和国测绘行业标准 CH/T 4016－2010. 定向运动地图规范 . 2010.

[9] 季浏，殷恒婵，颜军 . 体育心理学：第三版. 北京：高等教育出版社，2016.

[10] 潘绍伟，于可红. 学校体育学：第三版. 北京：高等教育出版社，2016.

[11] 高谊，张永荣. 普通高校体育与健康课程教材. 天津：南开大学出版社，2007.

[12] 赵斌，张钧，刘晓莉. 体育保健学：第六版. 北京：高等教育出版社，2018.

[13] 陈雁杨. 现代体育保健. 武汉：湖北科学技术出版社，2001.

[14] 张力为，毛志雄. 运动心理学：第二版. 上海：华东师范大学出版社，2018.

[15] 余竹生，沈勋章，朱学雷. 运动员科学选材 . 上海：上海浦江教育出版社有限公司，2006.

[16] 曲宗湖. 学生运动员的发现和培养. 北京：人民体育出版社，2002.

[17] 田麦久. 运动训练学. 北京：人民体育出版社，2008.

[18] 张瑞林. 体育管理学：第三版. 北京：高等教育出版社，2015.

[19] 魏荣，杨添朝，刘涛 . 运动训练计划制订与实施 . 长春：吉林大学出版社，2014.

后记

《定向运动教程》一书的出版，得益于许多关心和帮助我的人。

感谢湖南师范大学体育学院博士生导师李艳翎教授。在本书的构思、设计和写作的全过程中，得到了李教授不少的教诲和帮助，在此表示深深的感谢。

感谢韩山师范学院的王翔先生、中国定向运动协会的李德利先生、湖南科技大学的彭光辉先生、湖南大学的李飞龙及其他定向运动界的专家和学者。他们热情帮助，鼎力支持，为本书的写作提供了大量的资料和研究成果，在此深表感激。

感谢湖南人文科技学院体育学院的同事们，正是有了他们的鼓励和支持，才有了本书的顺利完成。

在此还要特别感谢我的家人对我的理解和支持，使我能一心一意投入写作。

感谢西南交通大学出版社的大力支持与热情帮助。

最后，感谢所有的队友们，他们为我的写作查找资料，并提供了许多精美的地图和精彩的照片。

再次感谢所有关心和支持我的人！

最后，为大家提供一些参考网站，希望对提高定向运动能力有所帮助。

国际定向运动联合会（IOF）网站

https：//orienteering. sport

国际定联地图委员会（MC）网站

http：//lazarus. elte. hu/mc

中国无线电和定向运动协会

http：//crsoa. sport. org. cn

香港定向总会网站（简体中文版）

http：//www. oahk. org. hk/cframe. html

世界定向新闻网

http：//news. worldofo. com

世界定向地图网

http：//omaps. worldofo. com

世界公园定向组织 PWT

https：//www. parkworldtour. org

瑞典五日赛

http：//oringen. s

刘玉江

2022 年 9 月于湘中